trainings

Christoph Warhanek

Professionell planen, auswählen, durchführen
Qualität sichern

UEBERREUTER

Die Deutsche Bibliothek – CIP-Einheitsaufnahme

Warhanek, Christoph:
Trainings : Professionell planen, auswählen, durchführen,
Qualität sichern / Christoph Warhanek. – Wien : Ueberreuter,
1997
ISBN 3-7064-0291-2

S 0272 1 2 3 / 99 98 97

Umschlag: Kurt Rendl
unter Verwendung eines Bildes der Bildagentur Image Bank

Printed in Slowenia

Inhalt

1 Vorwort

Training als Dienstleistung für *Wirtschafts-, Verwaltungs- und Non-profit-Organisationen* hat Hochkonjunktur: So wurde zum Beispiel allein in Deutschland der Aufwand für zugekaufte Weiterbildung für das Jahr 1994 auf 36 Milliarden DM geschätzt, und das Volumen scheint immer weiter zu wachsen. Dieser Boom ist jedoch von einer teilweise verblüffenden Unprofessionalität in puncto Planung, Durchführung und Qualitätssicherung begleitet.

So verfügen die Entscheidungsträger der Organisationen oft über nur wenig brauchbare Kriterien für den effektiven Einsatz der heute fast unübersehbaren Spielarten verschiedener Trainings, und nicht alle Trainer kennen und beherrschen wirklich die Anforderungen, die die jeweiligen Trainings speziell für Organisationen mit sich bringen. Dafür offerieren interne wie externe Anbieter und Veranstalter von Trainings eine Fülle von tatsächlichen und vermeintlichen Qualifikationen und Produkten, wodurch bei vielen das Gefühl entsteht, daß so gut wie jeder trainieren kann und darf.

Dieses Buch behandelt daher folgende Punkte:

- Verschiedene Trainings: Was leisten sie, was nicht?
- Das Zusammenspiel von Auftraggeber, Klient und Trainer
- Qualifikation, Auswahl und Ausbildung von Trainern
- Leitfaden zur Planung, Design- und Interventionstechnik

und richtet sich an alle anspruchsvollen Praktiker, die mit Trainings befaßt sind – zum einen an die Führungskräfte, Bildungs-, Entwicklungs- und Personalverantwortlichen aus den Organisationen, zum anderen an die Fach-, Verhaltens- und Managementtrainer sowie die Organisationsberater. Es soll diesen Lesern die Möglichkeit bieten, sich über den gegenwärtigen Stand und die Möglichkeiten der berufsbezogenen Trainings ein Gesamtbild zu verschaffen beziehungsweise sich auch über neue Praxiskonzepte und einschlägige Erfahrungen zu informieren.

Mit den „anspruchsvollen Praktikern" sind jene Leser gemeint, für die eine wissenschaftliche Fundierung ihrer Tätigkeit wichtig ist, aber nicht die Hauptbeschäftigung darstellt. In diesem Sinne werden neue oder noch wenig etablierte Sichtweisen im Zusammenhang mit Trainings durch historische und theoretische

Hinweise und Hintergrundinformationen ergänzt. Kurt Lewin hat einmal gesagt: *„Es gibt nichts Praktischeres als eine gute Theorie"* – dies war auch das Motto für dieses Buch.

Illustrationen aus dem persönlichen Erfahrungsbereich des Autors sind grau unterlegt. Literaturangaben finden sich in den Fußnoten, wobei sie weniger zur wissenschaftlichen Begründung jeder einzelnen Aussage gedacht sind, sondern als weiterführender Leserservice.

2 Einleitung: Was ist Training?

Trotz seiner offensichtlichen Bedeutung in dem heute fast unüberschaubaren Gebiet der Aus-, Fort- und Weiterbildung für Berufstätige ist der Begriff Training noch immer nicht einfach zu präzisieren. Grundsätzlich lassen sich drei Typen von berufsbezogenen Bildungsveranstaltungen als Training bezeichnen:

1. Die „klassische“, *fachliche Ausbildung* beziehungsweise *Weiterbildung* (in der Bandbreite vom Kostenrechnungskurs bis zu Rechtsfragen der Europäischen Union; sie ist heute eine unbestrittene Notwendigkeit für qualifizierte Mitarbeiter und schon seit längerem für Führungskräfte). Die Begriffe „Training“ und „Trainer“ sind hierfür zu Recht eher selten gebräuchlich gegenüber den traditionellen, treffenderen Bezeichnungen „Fachseminar“ beziehungsweise „Referent“.

2. Das *Training berufsnotwendiger, kommunikativer und sozialer Kompetenzen* (oft noch den Führungskräften und Spezialisten der Organisation vorbehalten; Themen sind beispielsweise: „Rhetorische Kommunikation“, „Mitarbeiterführung“, „Konfliktmanagement“).

3. Das Training spezieller Fähigkeiten und Kenntnisse als *Unterstützung von Projekten und Prozessen der Veränderung und Anpassung in Organisationen* (Beispiele hierfür sind: „Interne Kommunikation“, „Teamtraining des Außendienstes“, „Serviceorientierung in der zentralen Verwaltung“ und so weiter; in diesen Seminaren gibt es die wie bei Typ 2 häufige Trennung zwischen Führungskräften und Mitarbeitern nicht grundsätzlich).

Dieses Buch beschäftigt sich schwerpunktmäßig mit den Typen 2 und 3, deren Besonderheiten nicht nur der breiten Öffentlichkeit, sondern auch den Beteiligten selbst häufig unklar sind, und beginnt mit der Frage: Warum eigentlich müssen Führungskräfte führen, die Spezialisten eines Teams zusammenarbeiten oder „normalsterbliche“ Mitarbeiter kommunizieren lernen – und das nicht nur einmal, sondern immer wieder? In den folgenden Abschnitten der Einleitung wird versucht, hierauf Antworten zu geben und Hintergründe zu durchleuchten.

2.1 Warum müssen Professionals lernen?

Die Menschen im Berufsleben stehen heute vor Herausforderungen, für die es bis vor kurzer Zeit noch nicht einmal die Worte gegeben hat. So wie sich die gesamte „Umwelt“ in technischer oder logistischer Hinsicht und *vor allem in Richtung sozialer Komplexität* verändert hat, so stiegen auch die Anforderungen an die „soziale Kompetenz“[1] für das Arbeiten in den Organisationen.

Dieser Nachfrage kommen die Trainings heute, grob gesprochen, entgegen. Doch mit „Training“ ist noch vieles mehr verbunden, was sich nur aus dessen gesellschaftspolitischer und ideologischer Entstehungsgeschichte erklären läßt. Hier gibt es im wesentlichen drei Faktoren, die den Hintergrund für das moderne Trainingswesen bilden: der allgemeine Wertewandel bezüglich der Bildung, die sogenannte „Humanisierung der Arbeitswelt“ und schließlich die Emanzipationsbewegungen der jüngeren Geschichte.

2.1.1 Lebenslanges Lernen

Im Zuge des Aufschwunges der Erziehungswissenschaft seit dem Beginn unseres Jahrhunderts hat sich die Einsicht verbreitet, daß *Lernen keine lästige Angelegenheit unserer Kindheit und Jugend* ist, wie es heute traditionellerweise noch gelegentlich empfunden wird, wenn man zu einem Seminar „geschickt“ wird (näheres dazu im Abschnitt 3.2: Was soll trainiert werden? Funktionen und Ziele von Trainings). Der Philosoph Descartes, einer der wichtigsten Vordenker der Neuzeit, war sogar der Ansicht, daß man die Kindheit *überwinden* müsse, um Mensch zu werden.

Der Lernende galt also immer weniger als ein „halbfertiger“ und damit minderwertiger Mensch, welcher bestrebt ist, das Durchgangsstadium des Schülers, Lehrlings oder Studenten möglichst rasch zu durchlaufen, um endlich als Gelernter oder Gebildeter zu gelten. Im Gegenteil: das lebenslange Lernen wird nicht länger als Schande oder Kränkung, sondern sogar als eine der „edelsten Eigenschaften des Menschen“ und damit auch als normal für (gebildete) Erwachsene angesehen, so wie es die Aufklärer[2] unermüdlich wie ungehört schon seit Jahrhunderten gefordert hatten. Diese Einstellung wurde nun langsam auch zur

---

1 Diese Einsicht wird immer wieder neu „entdeckt“, popularisiert und vermarktet. Der letzte Schrei hierzu ist ein Bestseller: Goleman, D.: Emotionale Intelligenz. München 1996.

2 Ein geflügeltes Wort der französischen Aufklärer lautete „éducation permanente“.

Maxime für Manager und Spezialisten in fortschrittlichen Organisationen: permanente Weiterbildung als schlichte Notwendigkeit bis hin zur Prestigesache.

Allerdings: wenn heute vielerorts der (kostspielige) Anspruch einer permanenten Weiterbildung sogar in die Unternehmensleitbilder und Führungsrichtlinien der Organisationen eingezogen ist, dürfte dies weniger damit zusammenhängen, daß sich das humanistische Bildungsideal nun *als eigenständiger Wert* in Wirtschaft und Verwaltung etabliert hätte, sondern erstens damit, daß Weiterbildung schlicht funktional für die Arbeit ist und zweitens, daß sich die Organisationen einem mächtigen Trend aus ihrer Umwelt, also dem Markt und der Gesellschaft, *nicht länger widersetzen* konnten.

2.1.2 Humanisierung der Arbeitswelt

Auch der Wertewandel in der Industriegesellschaft seit der Zwischenkriegszeit trug zur heutigen Trainingskonjunktur bei. Insbesondere die von den USA ausgehende Human-relations-Bewegung[3] gab ein Signal zur Humanisierung der Arbeitswelt, das darauf fast alle politischen Lager ebenso selbstverständlich und gierig aufgriffen wie heute zum Beispiel das Attribut „ökologisch". So wurden in den Organisationen seit den dreißiger Jahren zunehmend Kompetenzen zur positiven Gestaltung des Arbeits- und Betriebsklimas nachgefragt. Dies bereitete mit den Boden für die heutige Vielfalt an Kommunikations- und Verhaltenstrainings.

2.1.3 Emanzipation des mündigen Mitarbeiters

Die dritte gesellschaftspolitische Wurzel der Trainingsbranche liegt in den Emanzipationsbewegungen der Intellektuellen beziehungsweise der Jugend seit den fünfziger und sechziger Jahren: Der Begriff vom mündigen Bürger (an dem auch viele demokratisch gesinnte Kräfte in der Politik bis zum Zweiten Weltkrieg nur begrenzt interessiert waren) wurde nun auch von den Organisationen als „mündiger Mitarbeiter" wohl oder übel adaptiert.

Als Bekämpferin althergebrachter Autoritätsauffassungen machte die Emanzipation bald auch nicht mehr halt vor so manchen angeblichen Grundelementen unserer Leistungsgesellschaft. Ein Merkmal in der *Struktur unserer Organisationen*

---

3 Diese Gegenbewegung zum Taylorismus namens *„human relations"* wurde in den dreißiger Jahren besonders durch die legendären Hawthorne-Experimente initiiert. Siehe dazu Mayo, E.: The human problems of an industrial civilization. New York 1933.

geriet besonders ins Kreuzfeuer: die Hierarchie, also das jahrtausendealte, „heilige" System[4] von Über- und Unterordnung als Basis für das Zusammenwirken und Zusammenarbeiten von Menschen in Staaten und Organisationen.

Die gesellschaftlichen Strömungen *lebenslanges Lernen, Humanisierung der Arbeitswelt* und *Emanzipation* bilden also den *Hintergrund* für die heutige Form und Verbreitung von berufsbezogenen Trainings. Es wurde zum Markenzeichen jeder fortschrittlichen Organisation, sich um mündige, ständig sich weiterbildende Mitarbeiter zu bemühen und die eigenen Strukturen kritisch zu hinterfragen.

2.1.4 Die Entwicklung der „Verhaltenstrainings"

Die Manager spielten in der Verwirklichung dieser drei gesellschaftlich vorgegebenen Ziele in der Organisation die Rolle der Vorreiter. Es ist in diesem Zusammenhang interessant, daß sich hier gleichzeitig das Verständnis von „Führung" grundlegend gewandelt hat: Wurde man früher – meist aufgrund hervorragender fachlicher Qualifikation – buchstäblich „Vor-Gesetzter" (im organigraphischen wie oft auch räumlichen Sinn), so wurde Führen zunehmend zu einer *eigenen Profession* jenseits fachlicher Anforderungen.

Die Führungskräfte mußten sich also zunehmend um soziale Fähigkeiten und Kenntnisse zusätzlich zur fachlichen Expertise bemühen. Praktiziert wurde dies eben in speziellen, zunächst *überbetrieblichen*[5] „Trainings", denn auf der Schule oder Universität hatte man Dinge wie Kommunikation, Menschenführung oder Konfliktmanagement ja nie gelernt. So kristallisierte sich also (neben der fachlichen Aus- und Weiterbildung) das *Verhaltenstraining* heraus.

Sehr bald schon wurden Trainings aber auch *innerbetrieblich,* jedoch von externen Trainern geleitet, durchgeführt. Federführend war hierbei die Schule der sogenannten „Gruppendynamik" und „Organisationsentwicklung", welche die Paradigmen der *Human-relations-Bewegung* und der Emanzipationsbewegung aufgriff und zu der extern angebotenen Dienstleistung „Innerbetriebliches Trai-

4 „Hierarchie" bedeutet wörtlich „Heilige Ordnung". Siehe dazu Schwarz, G.: Die „Heilige Ordnung" der Männer – Patriarchalische Hierarchie und Gruppendynamik. Opladen 1985.

5 Näheres zum Unterschied zwischen innerbetrieblichen und überbetrieblichen Trainings siehe Abschnitt 3.3: Wer soll trainiert werden? Die vier Klientensysteme.

ning" (und später auch zur „Beratung") weiterentwickelte[6]. Hierbei handelte es sich um Lernveranstaltungen mit folgenden zwei charakteristischen Merkmalen:

1. Sie fanden in *Lerngruppen*[7] (von selten mehr als 20 Personen) statt.

2. Sie erhoben Anspruch auf *Veränderung der Organisation* mittels Veränderung der Personen – und zwar nicht (nur) zur Effizienzsteigerung, sondern (auch) zur Humanisierung der Arbeit und zur Emanzipation der Mitarbeiter.

Um die heutige Vielfalt von Trainings am Markt zu verstehen, ist es sehr lohnend, die Tradition der sogenannten „Gruppendynamik" in den Grundzügen zu kennen. Diese wird daher eigens und etwas ausführlicher in Abschnitt 10.2.1: Die Anfänge der T-Gruppe behandelt. Für den aktuellen Zusammenhang unerläßlich ist nun aber das Thema „Organisationsentwicklung", denn es wirft die Frage nach dem Verhältnis speziell des innerbetrieblichen Trainings zur Beratung auf, deren Beantwortung viel Klarheit schaffen kann.

2.2 Training und Beratung – Ergänzung oder Konkurrenz?

Training und Beratung, speziell *innerbetriebliches Training und Prozeßberatung*[8], sind heute noch für viele mehr oder minder das Gleiche. Das hängt zunächst damit zusammen, daß sich die Zielsetzungen inhaltlich oft ähneln oder sogar decken – beispielsweise kann „Erhöhung der Führungskompetenz" sowohl das Ziel eines Beratungsprojektes als auch das Ziel eines innerbetrieblichen Trainings(-programmes) sein. Die jüngsten Entwicklungen des Trainingsmarktes

---

6 Die heute etablierten Verhaltenstrainings entstanden also im wesentlichen aus der Tradition der *NTL* (National Training Laboratories): Es handelte sich dabei um eine berufsbezogene Weiterentwicklung der klassischen T-Gruppe. Siehe dazu Bennis, W.G. & Schein, E.H.: Personal and organizational change through group methods: the laboratory approach. New York 1965. Näheres dazu wird im Abschnitt 10.2: Was ist Gruppendynamik? Trainingsgruppe und Organisationslaboratorium ausgeführt.

7 Die Vorteile insbesondere des sozialen Lernens mittels Kleingruppen wurde bereits von Kurt Lewin, dem „Vater der Gruppendynamik", und seinen frühen Schülern erkannt. Siehe dazu Cartwright, D.: Achieving change in people. Some applications of group dynamics theory. Hum. Relations 4, 1951.

8 ...in Abgrenzung zur *Fachberatung*. Siehe dazu Schein, E.H.: Process consultation Vol.1. Reading, MA 1969 und Wimmer, R.: Organisationsberatung – eine Wachstumsbranche ohne professionelles Selbstverständnis. In: Hofmann, M. [Hrsg.]: Theorie und Praxis der Unternehmensberatung – Bestandsaufnahme und Entwicklungsperspektiven. Heidelberg 1991.

lassen sogar einen klaren Trend in Richtung weiterer „Verschmelzung" von Training und Beratung erkennen.

Gerade dieses Phänomen der Verschmelzung wirft jedoch die Frage auf, worin nun eigentlich die Unterschiede und Besonderheiten von Training und Beratung liegen und, was hier speziell interessiert: Was kann innerbetriebliches Training leisten und was nicht? Hier erscheint eine gewisse Vorsicht gegenüber zu eiligen Schlüssen angebracht, denn es gab bereits in der historischen Entwicklung dieser beiden Dienstleistungen Verquickungen, die sich als nicht unproblematisch erwiesen haben, wie im folgenden ausgeführt wird.

2.2.1 Organisationsentwicklung und innerbetriebliches Training – der gruppendynamische Anspruch auf Veränderung

Die Paradigmen der „frühen" Trainings – Gruppenprinzip („Gruppenpädagogik") und der Anspruch auf Organisationsveränderung – waren auch die Schlüsselbegriffe jener Disziplin, welche als Abkömmling der Gruppendynamik entstand: der *Organisationsentwicklung („OE").* Die Gründerväter der Gruppendynamik, Kurt Lewin und seine Schüler, hatten schon recht bald erkannt, daß das soziale System „Gruppe"[9] nicht zuletzt deshalb so interessant und faszinierend wirkt, weil sie sich in einer Art „Feindschaft" zum sozialen System der Organisation (und speziell zu dem Prinzip der Hierarchie) befindet; dadurch etablierte sich rasch die Organisationsenwicklung als Anwendungsfeld gruppendynamischer Erkenntnisse[10]:

Die Organisation erkannte man als bewußt von Menschen geschaffenes, besonders unserer familiär geprägten Emotionalität künstlich und fremd erscheinendes soziales System, und sie galt im Zeitalter von Emanzipation und Humanisierung aller Lebensbereiche daher bald neben dem „Staat" als die Urheberin von Entfremdung und Arbeitsleid. Das Wiederaufleben des (Arbeits-)Gruppenprinzips, „die Gruppendynamik", galt somit als Gegengewicht zur menschenverachtenden Kälte unserer Organisationen, die nach betriebswirtschaftlicher Optimierung der Arbeitsteilung im Sinne von Ford und Taylor streben.

---

9 Siehe dazu Abschnitt 8.3.1: Was ist eine Gruppe?

10 Bennis, W.G. & Schein, E.H.: Personal and organizational change through group methods: the laboratory approach. New York 1965; Beckhard, R.: Organizational development: Strategies and Models. Reading, MA: 1969; French, W./Bell, C.H.: Veränderung und Entwicklung von Organisationsstrukturen. Bern/Stuttgart 1977.

Organizational Development in den sechziger und siebziger Jahren versuchte also im wesentlichen, durch eine von außen, von externen Beratern gesteuerte Einführung des Teamprinzips in die Hierarchien einen Entwicklungsprozeß großen Stils in Richtung „Humanisierung und Emanzipation“ auszulösen[11]. Da dies dem herrschenden Zeitgeist sehr entgegenkam, begann ein Boom für die OE-Beratung: Beinahe jede Organisation wollte fortschrittlich sein und beschäftigte sich in irgendeiner Form mit Organisationsentwicklung.

Als OE-Berater praktizierten zumeist Gruppendynamiker, die mit ihrem *vorhandenen* Know-how im Umgang mit Teams oft nahtlos als Organisationsentwickler aktiv wurden. Somit schien also die *direkt im Unternehmen intervenierende* OE-Beratung das nur „indirekt“, durch Verbreitung sozialer Kompetenz intervenierende Training hinsichtlich seines „zu weichen“ Veränderungsanspruches bald abzulösen. Dazu ist es jedoch nicht gekommen, da

1. die frühen Organisationsentwickler ihren Ansprüchen deshalb nicht genügen *konnten,* weil sie aus heutiger, systemtheoretischer Sicht[12] weder über einen angemessenen Begriff von „Organisation“ noch über die adäquaten Interventionswerkzeuge für ihre radikalen Veränderungsansprüche verfügten (siehe den nächsten Abschnitt), und darüber hinaus
2. die Organisationen sehr rasch in „Abwehrreaktion“ zu den teilweise rabiaten Veränderungsversuchen der Organisationsentwickler („change agents“) traten.

Dem anfänglichen Boom der „radikalen Organisationsentwicklung“ folgte also eine Ernüchterung, die häufig in Ablehnung umschlug: Viele Entscheidungsträger wollten von der Organisationsentwicklung überhaupt nichts mehr wissen, obwohl allen klar war, daß erfolgreiche Organisationen sich permanent weiterentwickeln *müssen* und daß externe Beratung dafür *unverzichtbar* ist. Es herrschte diesbezüglich eine ambivalente, unsichere Einstellung. In diesem Dilemma richtete sich der Blick wieder auf die *innerbetrieblichen Trainings,* die „alten Verwandten“ der Organisationsentwicklung: Hier wie dort geht es um organisationsbezogene Themen wie Kommunikation, Führung, Konflikt und so weiter. Doch

---

11 Siehe dazu Buchinger, K.: Die Stellung der Gruppendynamik in der Managementfortbildung und Organisationsberatung [1988]. In: Heintel, P. (ed): Gruppendynamik. Geschichte und Zukunft. Wien 1993, S 315ff; Fritz, J.: Emanzipatorische Gruppendynamik. München 1974; Smith, P.B.: Kleingruppen in Organisationen. Stuttgart 1976.

12 Siehe dazu Wimmer, R.: Organisationsberatung – eine Wachstumsbranche ohne professionelles Selbstverständnis. In: Hofmann, M. [Hrsg.]: Theorie und Praxis der Unternehmensberatung – Bestandsaufnahme und Entwicklungsperspektiven. Heidelberg 1991.

sind Trainings viel sanfter, indirekter und vor allem kontrollierbarer; somit ergab sich aus dieser unbefriedigenden Situation vieler Auftraggeber die scheinbar so naheliegende und einfache Möglichkeit einer „Organisationsentwicklung light".

Damit begann ein neuerlicher Aufschwung für die externen Anbieter von innerbetrieblichen Trainings – nun aber mit dem zusätzlichen Anspruch auf „Entwicklung der Organisation". Viele der bisherigen Veranstalter von Trainings im Bereich Personalentwicklung oder Managementfortbildung entdeckten sich selbst in dieser Zeit sogar als „Experten" in Sachen Organisationsentwicklung einzig aufgrund ihrer Erkenntnis, daß Bildung oder Persönlichkeitsentwicklung ja in hohem Maße *Auswirkungen* in der Organisation haben: Warum sollte man daher seine Seminarangebote nicht mit dem klingenden Titel „Organisationsentwicklung" aufwerten dürfen, wenn damit noch dazu ein Bedarf des Marktes trefflich beantwortet werden kann?

So überbieten sich jedenfalls bis heute manche externe Seminaranbieter in dem Versprechen, was und wieviel sich in der Organisation nicht alles zum Besseren *verändern* werde, wenn man die Abteilung X oder die Führungsebene Y in dieses oder jenes Seminar schickt. Aber auch das innerbetriebliche Training konnte die Erwartungen *nicht* erfüllen: Sowenig wie schon die „klassische" Organisationsentwicklung ihr Versprechen einer Humanisierung und Optimierung von Organisationen *nicht* einlösen konnte, sowenig konnten auch noch so sorgfältig ausgearbeitete Trainings(-programme) *die Organisationen selbst* wirklich verändern. Die Gründe dafür werden im nächsten Abschnitt untersucht.

2.2.2 Warum „ändern" Trainings die Organisationen nicht?

Der Hauptgrund für das Scheitern des *Veränderungsanspruches* von Organisationsenwicklung und (innerbetrieblichem) Training liegt kurz gesagt darin, daß Organisationen *nicht,* wie man lange glaubte, aus Personen oder Gruppen „bestehen", sondern aus Funktionen und Entscheidungsstrukturen[13]. Diese sind jedoch weder bei der klassischen Organisationsenwicklung noch bei Trainings

---

13 Luhmann, N.: „Organisation". In: Küpper, W. & Ortmann, G. [Hrsg.]: Mikropolitik – Rationalität, Macht und Spiele in Organisationen. Opladen 1988; Luhmann, N.: Organisation und Entscheidung. In: Soziologische Aufklärung 3, Opladen 1981. Näheres zur Organisation siehe Abschnitt 3.4.6: Mensch und Organisation – Die Wertschätzung der Person im Training sowie 10.2.5: Organisationslaboratorien – Läßt sich die Organisation simulieren?

Gegenstand der Arbeit und damit Veränderung[14]. Anders gewendet: durch die Beeinflussung von Personen oder Gruppen allein ändert sich die Organisation als solche nicht kalkulierbar. Die damit erzielbaren Effekte sind systemtheoretisch gesehen für das System der Organisation zwar *Inputs* (im nichttrivialen Sinn), aber sie entfalten *unvorhersehbare* Wirkungen, und die Möglichkeiten ihrer einfachen, „trivialen" Beeinflussung und Steuerung[15] sind zu gering.

Das Interventionsrepertoire der frühen Organisationsentwickler bestand jedoch entweder überhaupt nur in der (unreflektierten) Durchführung innerbetrieblicher Trainingsgruppen[16] beziehungsweise in der Veranstaltung von gruppendynamischen Organisationslaboratorien[17]; oder es wurden quer zur Hierarchie sogenannte *Projektgruppen* installiert, meist unter der Leitung des OE-Beraters als Katalysator und Impulsgeber („change agent") für „gruppendynamisch entstehende" Veränderungsideen. Die Organisationen als solche wurden in *keiner* der drei Varianten im Sinne einer gezielten, planbaren Intervention verändert.

Insbesondere die Geschichte der Organisationsentwicklung der siebziger Jahre in Deutschland liefert unzählige Negativbeweise und Anekdoten dazu. Es wurden damals Legionen gutgemeinter Trainingsprogramme mit dem Anspruch auf „Organisationsentwicklung" durchgeführt und meist sehr bald auch wieder abgebrochen: Viele Auftraggeber beklagten sich darüber, daß ihnen oder ihren Vorgesetzten die Sache zu sehr außer Kontrolle gerät, da einzelne Personen und Abteilungen nach den Seminaren begannen, gewisse „Fragen zu stellen und Ideen zu entwickeln", worauf weder die Organisation eingerichtet noch die Führungskräfte (und schon gar nicht die Trainer) gefaßt waren[18].

Diese (nicht *erzielbaren)* „Resultate" dürften übrigens maßgebend zum pauschal dubiosen Ruf der „Gruppendynamik" in manchen Kreisen beigetragen haben.

---

14 In einer Publikation des diesbezüglich renommierten Hernstein-Instituts aus dem Jahre 1983, inmitten der Hochkonjunktur der Organisationsentwicklung, findet sich dazu ein schöner Beleg unter der Überschrift „Die Organisation und ihre Subsysteme[:] Subsysteme wie Individuen, Zweierbeziehungen, Gruppen, Zwischengruppenbeziehungen in ihren Ansprüchen, ihrem Beziehungsgefüge und strukturellen Wirken setzen die Organisation zusammen" (Stüber, P.: Organisationsentwicklung... In: Hernstein 1/83, S 1).

15 Zum Modell der Trivialmaschine siehe Foerster, H.v.: Abbau und Aufbau. In: Simon, F.: Lebende Systeme. Berlin-Heidleberg, 1988.

16 Ein geflügeltes Wort vieler radikaler Organisationsentwickler lautete damals: „Wir müssen das Team in die Organisation einschießen..." (Mündliche Mitteilung von Traugott Lindner). Weniger radikale, aber kompetentere Organisationsentwickler achteten bereits damals darauf, daß sich die Teilnehmer ihrer T-Gruppen zumindest nicht kannten und auch nicht unmittelbar zusammenarbeiteten.

17 Siehe dazu Abschnitt 10.2.5: Organisationslaboratorien – Läßt sich die Organisation simulieren?

18 Siehe dazu Buchinger, K.: Die Stellung der Gruppendynamik in der Managementfortbildung und Organisationsberatung [1988]. In: Heintel, P. (ed): Gruppendynamik. Geschichte und Zukunft. Wien 1993, S 315ff.

Besonders unter der Patronanz der (soziologischen) Systemtheorie sowie der systemischen Familientherapie entwickelte sich langsam ein über den (Inter-)Gruppenaspekt hinausreichendes Wissen über Organisationen, das erstmals in der Lage zu sein schien, ein echtes Interventionsrepertoire zur Veränderung in Organisationen[19] zur Verfügung zu stellen.

Zusammengefaßt: Mit Trainings (überbetrieblich wie innerbetrieblich) kann man also höchstens Verbesserungen *im Rahmen* der Organisationsstruktur bewirken (so wie man damit auch Verschlechterungen auslösen kann, indem das *Falsche* oder *zuviel* gelernt wird oder wenn es eigentlich nötig wäre, etwas wieder zu *verlernen!)*, aber *keine Veränderung der Organisationsstruktur*, ganz im Gegenteil: *Training bewirkt grundsätzlich eine Anpassung der Menschen an die Erfordernisse der Organisation* (siehe dazu auch die Abschnitte 3.2: Was soll trainiert werden? Funktionen und Ziele von Trainings und 3.3.2: Die innerbetrieblichen Klientensysteme 2, 3 und 4).

Diese brutale Ernüchterung der emanzipatorischen Erwartungen vieler Organisationsentwickler – Auftraggeber, Trainer wie Berater – muß aber nicht unbedingt als Entwertung von Trainings verstanden werden: Auch Anpassung kann etwas Positives bewirken, während Veränderung per se keineswegs etwas Positives bedeuten muß! (Es scheint, daß bei dieser letzteren Grundannahme der Organisationsentwickler der unbedingte optimistische „Glaube an die Veränderung" als ein Nachkomme des dogmatischen Fortschrittsglaubens der Neuzeit wirksam gewesen ist.)

Als Schlußfolgerung zur Frage Training versus Beratung kann man also festhalten:

- Das innerbetriebliche Training kann zur klassischen „Organisationsentwicklung" sowohl in einem konkurrierenden als auch ergänzenden Verhältnis stehen, wobei aber *keines* der beiden in der Lage ist, den Anspruch auf *Veränderung der Organisation* einzulösen.
- Keine Konkurrenz kann demnach (im Prinzip) zwischen dem innerbetrieblichen Training und jenen neueren Beratungsansätzen bestehen, die sich aus der Organisationsentwicklung und der systemischen Familientherapie weiterentwickelt haben: Sie bearbeiten völlig unterschiedliche Ebenen. (In der

---

19 Siehe dazu Titscher, S.: Intervention – Zu Theorie und Techniken der Einmischung. In: Hofmann, M. [Hrsg.]: Theorie und Praxis der Unternehmensberatung – Bestandsaufnahme und Entwicklungsperspektiven. Heidelberg 1991.

Praxis treten Trainings aber sehr wohl noch als Konkurrenz zur Beratung auf, insoferne sie nämlich *suggerieren,* jene Probleme auf der Ebene der Organisationsstrukturen lösen zu können, die bestenfalls eine spezielle Beratung bearbeiten könnte.)

- Zur Beantwortung der Frage, inwieweit das innerbetriebliche Training die systemische Organisationsberatung vielleicht *ergänzen* kann, ist ein vorheriger analytischer Blick auf den *Prozeß* des Zustandekommens von Trainingsaufträgen (aus Sicht der Organisation) nützlich. Dies wird im folgenden Abschnitt versucht.

2.2.3 Innerbetriebliches Training aus der Perspektive des Auftraggebers

Was bewegt eigentlich die Entscheidungsträger aus Wirtschaft oder Verwaltung, speziell innerbetriebliches Training in Anspruch zu nehmen? Grundsätzlich und allgemein geantwortet: Sie tun es, weil es einen Bedarf gibt, und hinter diesem *Bedarf* steckt ein – häufig dem Entscheidungsträger selbst nicht ganz klares – *Problem.*

Dieses letzte Wort wird freilich nicht so gerne ausgesprochen, denn noch immer hängen viele, oft erfolgreiche Entscheidungsträger dem verständlichen, aber trügerischen Wunschdenken nach, daß eine gute Führungskraft „keine Probleme hat" oder haben sollte. Die fortschrittlichere Interpretation, daß nämlich Manager dafür da sind und dafür bezahlt werden, um Probleme zu lösen, hat es psychologisch gesehen nach wie vor schwer, sich durchzusetzen.

Der Anfang ist also das Vorhandensein eines – vielleicht noch diffusen – Problems. Welche Art von Problemen ist es nun, die den Blick speziell auf die vielen Angebote von *Trainings* lenkt? Aus der Erfahrung gibt es hier eine Reihe von Kriterien:

1. Das Problem muß zumindest äußerlich mit gewissen *Personen* oder mit einem gewissen Personenkreis verbunden sein (es betrifft also nicht direkt das Innerste der Organisation wie zum Beispiel die Führungs- oder Entscheidungsstrukturen, sondern die individuelle Führungs- und Entscheidungsschwäche der Personen X und Y...).

2. Die Inanspruchnahme speziell von extern angebotener Bildung muß für den *Entscheidungsträger* selbst außerhalb der Gefahrenzone einer augenfälligen Prestigeeinbuße im Unternehmen („Haben *Sie* hier nicht als Führungskraft versagt?") liegen.

3. Der etwaige Erfolg der Trainingsmaßnahmen muß sich zumindest zum gut Teil auf die *eigene Fahne* heften lassen, d. h., der Entscheidungsträger muß vor den Augen seiner Organisation gestärkt, als Erfolgreicher aus diesem Prozeß herausgehen.

4. Ein etwaiger Mißerfolg der Trainingsmaßnahmen muß sich glaubhaft auf das *Versagen der Trainierten* zurückführen lassen (weniger auf ein Versagen des Trainers und natürlich keinesfalls auf das Versagen des Trainingseinkäufers).

Aus dem Gesagten folgt, daß es sich bei den durch Training in Angriff zu nehmenden Problemen notwendigerweise also *nicht tatsächlich* (nur) um „Führungsschwäche", „Entscheidungsdefizite" oder um mangelnde „Teamfähigkeit" handeln muß. Wichtig ist allein, daß es im Realitätsverständnis der Organisation *plausibel* erscheinen muß, genau hier den Hebel anzusetzen. Hierin liegt nun ein großer Stolperstein.

Organisationen verändern nämlich grundsätzlich lieber Personen als die Organisation. Der Auftraggeber tendiert daher eher dazu, Probleme nicht (auch) in der Organisationsstruktur, sondern *ausschließlich* bei Einzelpersonen oder bei bestimmten Gruppierungen (also an Abteilungen, Teams, Führungsebenen etc.) zu lokalisieren. Wenn Trainingsanbieter und -veranstalter daher mit ihren Angeboten diese Tendenz unreflektiert aufgreifen, versprechen sie dadurch dem Kunden möglicherweise nicht nur die Lösung von Problemen *anderswo* als dort, wo sie herstammen (nämlich in der Struktur der Organisation), sondern versuchen darüber hinaus auch noch, die Personen an die Erfordernisse einer unpassenden Organisationsstruktur „anzupassen"!

An der Bezeichnung eines Problems allein kann man zumeist unmöglich erkennen, ob es wirklich rein ein Problem von Personen oder Gruppen ist oder ob es zusätzlich oder sogar ausschließlich als Strukturproblem zu bearbeiten wäre. Die wenigsten Insider würden daher bestreiten, daß heute aus gutem Glauben oder auch Augenzwinkerei oft viel Geld in viel Trainingsaktivität – um nicht zu sagen Trainingsaktivismus[20] – gesteckt wird, die, so hart es klingt, zwar alle möglichen Probleme bearbeiten können, aber unmöglich jene, deretwegen man sie veranstaltete. Darüber hinaus wird damit oft auch noch ein wichtiger struktureller Anpassungs- und Veränderungsbedarf der Organisation regelrecht zugedeckt.

---

20 Diesem liegt nicht selten das Prinzip des „Fire and Forget" zugrunde: „Trainings nach dem Muster des „Fire and Forget" tragen stärker dazu bei, Chaos zu erzeugen, als es zu bewältigen..." (Schwendner, R.: Wenn Trainer falsch ausbilden. In: Harvard Business Manager 1/1995, S. 33).

Ein gutes Beispiel hierfür liefert das *Feld der innerbetrieblichen Kommunikation.* Wenn strukturbedingte Schwierigkeiten mit im Spiel sind, dann kann man die agierenden Personen zu Tode trainieren, und dennoch wird das Problem erneut auftreten, solange nicht (auch) das dahinterliegende strukturelle Problem bearbeitet wird. Ebenso verhält es sich mit der Frage der *Konflikte in der Organisation.* Hier zeigt sich oft: Je höher der Auftraggeber in der Hierarchie placiert ist und je integrativer sein Aufgabenfeld ist, desto panischer reagiert er, wenn es Konflikte gibt. Daher macht man diese gerne an Personen fest, woraus eine Nachfrage für überbetriebliche, psychologische Konflikttrainings und hohe Hemmschwellen gegen Konfliktbearbeitung unter Einbeziehung organisatorischer Strukturen resultieren.

Ob nun also mit Trainings ein Problem der Organisation seriös bearbeitet sein kann oder nicht, hängt von seiner richtigen Diagnose ab: Insoferne die Diagnose ergibt, daß das Problem eines der *Kenntnisse und Fähigkeiten von Personen beziehungsweise Gruppen* ist, ist der Einsatz von Training sinnvoll; insoferne das Problem in der Organisationsstruktur begründet ist, werden darauf direkt abzielende Maßnahmen (mit oder ohne Unterstützung durch Organisationsberater) notwendig sein.

Die nächste Frage ist daher: Wie kommt man zur richtigen Diagnose? Hierfür gibt es leider keine Rezepte, sehr wohl aber kann dazu folgender, ziemlich verläßlicher Erfahrungswert angeführt werden: *Wenn ein Problem immer wieder in ähnlicher Weise auftritt, obwohl damit verbundene Personen schon ausgetauscht, geschult, trainiert, motiviert etc. wurden, dann ist dies meist ein Indikator dafür, daß die Organisationsstruktur für das Problem (mit) verantwortlich ist.*

Ansonsten liegt es klarerweise in der Professionalität einer Organisation, inwieweit sie grundsätzlich in der Lage zur passenden Problemdiagnose ist. Gerade dafür wird die systemische Organisationsberatung in letzter Zeit immer häufiger in Anspruch genommen, weil sie ja darauf spezialisiert ist, das Klientensystem in Richtung einer angemessenen Selbstwahrnehmung zu unterstützen. Anbieter von Trainings, die auch über diesbezügliche Kompetenzen verfügen, können daher der Organisation oft viel „Lehrgeld“ ersparen, indem sie der Nachfrage nach Training *nicht sofort und nicht unreflektiert nachkommen.* Drastisch formuliert: Professionelle Anbieter und Veranstalter innerbetrieblicher Trainings müssen auch nein sagen“ und ihre Absage dem Auftraggeber auch richtig erklären können.

2.2.4 Wie intervenieren innerbetriebliche Trainings?

Auch wenn man sich von der Hoffnung der Organisationsentwickler verabschiedet, strukturelle Veränderungen durch Beeinflussung von Personen oder Gruppen steuern zu können, bedeutet dies jedoch keineswegs, daß Trainings nichts bewirken. Es stellt sich vielmehr die Frage auf einer neuen Ebene: Was „bewirken" innerbetrieblich organisierte Trainings *in* der Organisation? Die positive Antwort darauf lautet: Trainings haben *einen hohen Interventionseffekt für die Arbeits- und Führungskultur* einer Organisation, und zwar unabhängig davon, ob dies den Auftraggebern, Trainern und Teilnehmern nun bewußt ist oder nicht. Insoferne hatten die Gruppendynamiker also recht, sie *überschätzten* nur den steuerbaren Einfluß der Arbeits- und Führungskultur auf die formalen Strukturen der Organisation.

Daher sollte man diese Effekte auch nicht, wie es technokratische, oft „gruppendynamisch geschädigte" Skeptiker hier gerne tun, leugnen oder bagatellisieren, sondern unbedingt kennen. Zum Beispiel ist selbst ein einmaliges innerbetriebliches Training kein „neutrales Ereignis":

1. Es schafft temporär eine neue *Gruppe* in der Organisation. Gruppen entwikkeln bekanntlich ein Eigenleben und tendieren leicht dazu, sich gegen andere Gruppen oder gegen eine „Umwelt" abzugrenzen[21].

2. Aus Sicht vieler Mitglieder der Organisation ist man im Seminar entweder mit dabei oder *nicht* dabei, beides läßt einen selbst und die Umgebung nicht oft gleichgültig.

3. Ist man im Seminar mit dabei, so geschieht das manchmal durch freiwillige Meldung, manchmal aber auch durch passive Auswahl, zum Beispiel durch bestimmte hierarchische Kriterien oder „von oben" ausgewählt (und dies möglicherweise unfreiwillig). Niemanden, ob betroffen oder nicht betroffen, läßt eine derartige Auswahl kalt.

4. Die Seminarinhalte werden für die Arbeit positiv oder negativ bewertet; diejenigen, welche also dabei waren, haben daher *immer* einen gewissen Erfahrungs- oder Erlebnisvorsprung gegenüber denen, die nicht dabei waren.

---

21 Näheres dazu siehe im Abschnitt 8.3.1: Was ist eine Gruppe?

Handelt es sich um innerbetriebliche *Trainingsprogramme,* so gelten diese Aussagen noch in einem verstärkten Sinn. Aufgrund der speziellen Dynamik *aller* innerbetrieblichen Trainings erscheint es somit nach heutigem Wissenstand beinahe fahrlässig, das innerbetriebliche Bildungswesen einer Organisation nur bildungspädagogisch zu sehen beziehungsweise zu steuern[22] zu versuchen, weil durch die internen Bildungsveranstaltungen entweder laufend „wilde Interventionen" für die Arbeits- und Führungskultur passieren können, oder aber, weil jemand damit quasi *unbemerkt* intervenieren kann. Wenn Wissen Macht ist, so ist Bildung beziehungsweise Training immer ein wichtiger Faktor im Machtgefüge von Organisationen.

Wenn daher auch die externen Veranstalter und Trainer, sei es aus geschäftlichen Gründen, sei es nur unreflektiert oder schlicht mangels einschlägiger Kenntnis, bei der Überschätzung oder Bagatellisierung der Interventionsdimension innerbetrieblicher Seminare beziehungsweise Seminarreihen mitspielen, wie es in Organisationen generell und seitens vieler Auftraggeber speziell nicht selten vorkommt, so ist grobe Unprofessionalität mit der Gefahr von Mehr- und Folgekosten nahezu unausweichlich. (Näheres zu den möglichen *Funktionen von Trainings* für die Organisation wird in Abschnitt 3.2 ausgeführt.)

Ein Beispiel aus meiner Erfahrung: Ein Geldinstitut veranstaltete für alle neuen Führungskräfte verpflichtend einen Managementlehrgang. Auf den ersten Blick ging es in diesem Lehrgang inhaltlich „nur" um den flächendeckenden Erwerb von sozialer Führungskompetenz. Dennoch hatte der Kurs Effekte, mit denen seitens der Organisation und der Trainer professionell umgegangen werden mußte. Einige markante Aspekte davon waren:

1. Alle Führungskräfte ab einer bestimmten Generation haben an einer (Lern-)Gruppe teilgenommen, in der *Sichtweisen und Standards* entwickelt werden, welche für die Organisation *neu* sind oder sich sogar im *Widerspruch* zu dieser befinden. Zum Beispiel tauchte in fast jedem Kursteil einmal die Frage auf, weshalb die betreffenden Standards des Kurses in der Mitarbeiter- und Unternehmensführung nicht auch für die Vertreter der Topebene gelten, deren Aktivitäten häufig als im Gegensatz dazu erkannt beziehungsweise erlebt wurden.

2. Die linien- und gebietsübergreifende Querkommunikation im Konzern bedeutete für die Organisation ein neues Element im Wirkungsgefüge ihrer (zentralen) Steuerung. Beispielsweise sieht sich die Regionaldirektion X mit der Frage einer jungen Führungskraft aus dem Kurs konfrontiert, weshalb eine bestimmte Richtlinie hier als rigide Vorschrift gehandelt wird, wo doch dem Vernehmen nach dieselbe Richtlinie in der Regionaldirektion Y nur als Empfehlung gilt;

---

22 In einem namhaften Handelsunternehmen, für das ich als Trainer und Berater tätig war, wurde bezeichnenderweise *jede* außer Haus stattfindende Veranstaltung einer Gruppe als *Seminar* bezeichnet, egal, ob es sich um einen EDV-Kurs für die Lohnverrechnung oder um eine Strategieklausur der Führungsspitze handelte.

3. Der Bildungsabteilung als Planungs- und Durchführungsinstanz des Kurses fiel aus der Sicht hoher Konzernverantwortlicher unvermittelt eine starke Machtposition zu, weshalb sich in der Organisation zunehmend Kräfte entwickeln, die die „Kontrolle" der Bildungsabteilung beziehungsweise der von dieser transferierten Inhalte verstärken wollen.

Trotz all dieser starken *Effekte* konnte man jedoch *nicht* von einer gezielten Intervention in Richtung „Veränderung auf struktureller Ebene" aufgrund der Kurse sprechen. Zeitweise war es dabei nicht einfach, diesen Unterschied den Teilnehmern klarzumachen, insbesonders, wenn sich die Gruppe gerade in „Hochstimmung" befand: Man dachte vor allem nach gelungener Bearbeitung „heißer", organisationsrelevanter Themen immer wieder, daß sich von jetzt an doch manches ändern *müsse*, und war nur widerstrebend bereit zu erkennen, daß strukturelle Änderungen in der Organisation nicht durch Gruppenbildungen, Aufklärung oder Kommunikationsverbesserung (allein) erreichbar sind.

2.2.5 Schlußfolgerung zum Unterschied von Training und Beratung

Analytisch betrachtet scheinen aus heutiger Sicht die wichtigen Unterschiede zwischen innerbetrieblichem Training und Beratung klar zu sein:

(Organisations-)Beratung	(Innerbetriebliches) Training
...wird für jene Probleme gekauft, von denen man annimmt, daß sie strukturelle Probleme der Organisation sind und daß sie nur „innerhalb" der Organisation lösbar sind.	...wird für jene Probleme gekauft, von denen man annimmt, daß sie Probleme der sozialen oder kognitiven Kompetenz einzelner Personen oder Abteilungen sind.
Die Diagnose der Situation beziehungsweise des Problems ist nicht klar und stellt eine Hauptaufgabe für die Beratung dar.	Die Diagnose, daß das Problem auf der Personen- oder Gruppenebene liegt, steht seltener zur Debatte; sie wird vom Auftraggeber oft „geliefert" und ist nicht unmittelbare Aufgabe des Trainers.
Die „Therapie" des Problems *kann*, muß aber kein Teil des Beratungsauftrages sein.	Die „Therapie" des (Teil-)Problems *ist* der Auftrag für den Trainer.

...bedeutet einen verhältnismäßig großen Eingriff für die Organisation.	...bedeutet eine verhältnismäßig sanfte Maßnahme für die Organisation.
...schließt die Position des Auftraggebers aus der Arbeit des Beraters meist nicht aus.	...schließt die Position des Auftraggebers aus der Arbeit des Trainers meist aus.

Zu dieser Unterscheidung lassen sich jedoch einige Anmerkungen hinzufügen.

1. In großen Organisationen wissen die Trainer oft wenig oder gar nichts von den gleichzeitig dort tätigen Beratern, die möglicherweise sogar von einem anderen Entscheidungsträger beauftragt wurden. Als Externer ist man immer wieder überrascht von der peinlichen Heimlichtuerei, die mit der Inanspruchnahme von Beratung und Training getrieben wird. Offenbar ist das Engagement von Externen grundsätzlich zwiespältig für den Auftraggeber: Einerseits befindet man sich zumindest nach der Optik leicht im Feld der *potentiellen Verlierer beziehungsweise Versager*[23] (nach einem gängigen Motto: „Wer braucht schon die Hilfe Externer? Doch nur, wer sich selber nicht zu helfen weiß!"), andererseits stellt es einen gewissen Prestige- und Einflußfaktor in der Organisation dar, auf den niemand gerne verzichtet.
   Viele der Heimlichkeit anhängenden Entscheidungsträger haben daher anscheinend Angst vor jenen Effekten, die ihrer Meinung nach durch zu gute Querinformation und Koordination von externen Beratern und Trainern entstehen können. Divide et impera[24] lautet das Motto – sie bewahren zwar eifersüchtig ihren Einfluß, aber die Organisation verliert dabei mitunter Zeit und Geld.

2. Die Klarheit der obigen Unterscheidung zwischen Trainings und Beratungsleistungen findet – wie die Ausführungen im Abschnitt 2.2.1: Organisationsentwicklung und innerbetriebliches Training: der gruppendynamische Anspruch auf Veränderung über den (nicht einlösbaren) OE-Anspruch vieler Trainer gezeigt haben – bis heute nur selten eine Entsprechung im Angebot der externen *Trainingsanbieter*. Viele Anbieter verwenden das, milde ausgedrückt, irreführende Attribut der „Organisationsentwicklung" für ihre Trainings (die Anbieter von systemischer Organisationsberatung sind hier verhältnismäßig klar).

---

23 Näheres dazu siehe auch in Abschnitt 6: Hinweise zum Zusammenspiel Trainer-Auftraggeber.
24 Lateinisch „Teile und herrsche".

3. Mit dem allgemeinen Trainingsboom wächst heute gleichermaßen die Skepsis vieler Entscheidungsträger, was den *Nutzen* der Trainings anbelangt. Viele von ihnen nehmen den, wie man häufig hört, *Seminarrummel* und die damit verbundenen Erwartungen und Versprechungen nicht mehr allzu ernst (siehe dazu Abschnitt 3.3.3: Innerbetriebliches Training als Minimierung des Transferproblems).

Somit kann die Frage, ob Trainings eine Ergänzung zur Organisationsberatung sein können, abschließend so beantwortet werden: Sie sind dann Ergänzung und Unterstützung der Problemlösung, wenn sie sich in einem *Gesamtrahmen* von koordinierten Maßnahmen in der Organisation bewegen *und bestimmten, professionellen Anforderungen genügen* (wie sie im Abschnitt 3: Wer und was soll trainiert werden? Eine organisationsbezogene Systematik noch genauer entwickelt werden).

2.3 Lernen oder Arbeiten? Anforderungen an ein modernes Bildungswesen

Speziell die *Klienten* von innerbetrieblichen Trainings empfinden das „Lernen“ häufig als etwas von ihrer „Arbeit“ Getrenntes. Dem steht jedoch die Einsicht gegenüber, daß *Lernen ein Bestandteil der Arbeit* ist: Die Arbeit in der Organisation besteht nämlich, so könnte man sagen, im wesentlichen aus *Entscheidungen*[25] *und Lernprozessen* (es läßt sich keine originelle, also von der Routine abweichende Entscheidung erzielen, ohne daß man daraus[26] lernt). Je nach Art der Tätigkeit und Anforderung der aktuellen Situation sind dabei die Anteile von „Lernen“ und „Entscheiden“ verteilt, beide spielen jedoch *immer* eine gewisse Rolle:

---

25 In Anlehnung an Luhmann, N.: Soziale Systeme – Grundriß einer allgemeinen Theorie. Frankfurt 1984. Siehe auch Titscher, S., Königswieser, R.: Entscheidungen in Unternehmen. Zur Theorie und Praxis des Umganges mit Krisen wechselseitiger Abhängigkeit. Wien 1985.

26 Lernen im Sinne einer Informationsaufnahme. Bateson bezeichnet dies als Lernen 1. Siehe Bateson, G.: Ökologie des Geistes. [1972] Frankfurt [5]1983.

Komponenten der „Arbeit" in der Organisation

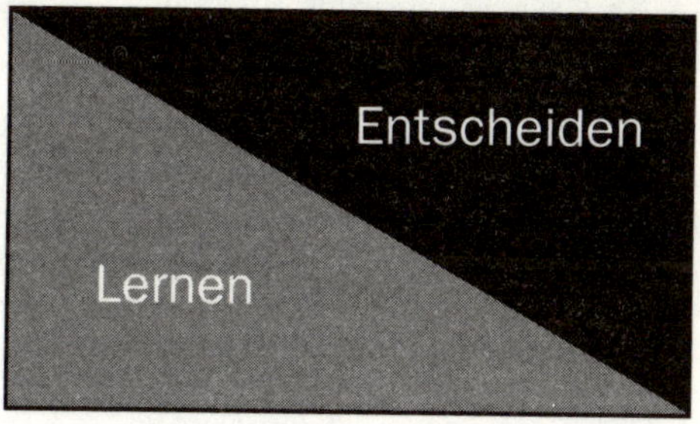

Welche Funktion haben dabei nun externe Berater und Trainer? Nach der hier vertretenen Interpretation besteht die Aufgabe...

von Organisationsberatern darin, die Klienten bei der *Entscheidungsfindung (und* natürlich bei den damit verknüpften Lernprozessen) zu unterstützen, sich jedoch aus den Entscheidungen selbst „herauszuhalten" (obwohl häufig genau das Gegenteil davon von den Klienten gewünscht wird!).

von Trainern (innerbetrieblicher Seminare) darin, die Klienten bei Lernprozessen zu unterstützen, welche die Organisation vorgibt und die mehr oder minder „nahe" an der Arbeitsrealität angesiedelt sind (auch in Trainings versuchten Teilnehmer oft, den Trainer zu einer „Stellungnahme" zu gerade virulenten Entscheidungsalternativen zu bewegen, was er natürlich ablehnen sollte).

Zur Illustration dieses Unterschiedes dient die folgende, beispielhafte Gegenüberstellung der Tätigkeiten des Managers, des Organisationsberaters und der Trainer innerbetrieblicher beziehungsweise überbetrieblicher Seminare:

Manager	Berater	Trainer inner-betr. Seminare	Trainer über-betr. Seminare
sollen *Entscheidungen* treffen beziehungsweise organisieren und diese mitverantworten	sollen *keine Entscheidungen* treffen oder nahelegen(!), sondern 1. die Organisation dabei unterstützen, ihre *Entscheidungshorizonte* zu erweitern beziehungsweise 2. ihren Managern *Entscheidungshilfen* anbieten	treffen ebenso wie die Berater *keine Entscheidungen*, sondern eröffnen den Mitgliedern der Organisation (in ihrer Funktion und vor dem Hintergrund der Organisation!) *Lernchancen* (ev. als Unterstützung und Begleitung von Entwicklungs- und Veränderungsprozessen)	sollen der Person die notwendigen *tools and skills* für ihre Aufgaben vermitteln

Mit der Änderung des Stellenwertes des „Lernens“[27] für die Arbeitspraxis und dem Anspruch, daß die Bildung bei Bedarf auch die Veränderung und Entwicklung von Organisationsstrukturen *unterstützen und begleiten* soll, haben sich naturgemäß auch die Aufgaben der Bildungsarbeit für die Organisationen ganz wesentlich verändert:

1. Das Bildungswesen muß berücksichtigen, daß Lernen ein Teil der „Arbeit“ ist, wenn man effizient vorgehen und sich nicht allzu sehr mit dem Problem des „Transfers“ der Lerninhalte in die Arbeitsrealität[28] herumschlagen will.

---

27 Siehe dazu Abschnitt 2.1.1: Lebenslanges Lernen.
28 Siehe dazu Abschnitt 3.3.3: Innerbetriebliches Training als Minimierung des Transferproblems.

2. Das Bildungswesen kann durch *spezielle* (!) Trainings Gruppen, Segmente oder sogar *alle* Vertreter einer Organisation bei Veränderungs- und Anpassungsprozessen wirksam unterstützen.

Wie lassen sich nun diese veränderten Anforderungen an das Trainingswesen im Detail bewältigen? Die Ausführungen des folgenden Abschnitts 3 versuchen, die für die Beantwortung dieser Frage notwendige Klarheit und Systematik in die oft schillernden Bezeichnungen und Begriffe der „chaotischen" Wachstumsbranche Training und des Modeberufes Trainer zu bringen.

3 Wer und was soll trainiert werden? Eine organisationsbezogene Systematik

Die unzureichende Kenntnis beziehungsweise Beachtung *aller* wichtigen Dimensionen des Lernens in der Organisation ist eine häufige Ursache von Unprofessionalität auf dem Trainingssektor. So kommt es, daß beispielsweise weniger erfahrene Einkäufer – von der Tatsache überrascht, daß Trainings zu ein und demselben „Thema“ auf dem Markt für kraß unterschiedliche Honorare und mit den verschiedensten Trainerqualifikationen angeboten werden – nicht selten mit dem vermeintlich „günstigsten“ Offert ein für ihre Ziele unpassendes Training mit unpassenden Trainern für eine unpassende Auswahl an Teilnehmern kaufen. Aber auch den Trainern und vor allem den Teilnehmern ist oft nur scheinbar klar, welchem Ziel und Zweck die Veranstaltung nun wirklich dient.

Wie läßt sich daher die Vielfalt der Spielarten, Ziele und Methoden berufsbezogener Trainings sinnvoll systematisieren und damit leichter durchblicken? Zur Beantwortung dieser Frage soll zunächst einmal die Praxis genauer durchleuchtet werden.

3.1 Grunddimensionen von Trainings

Aus der Perspektive der Organisation dürfte es insgesamt *vier Kriterien* im Zusammenhang mit Trainings geben:

1. **Was soll trainiert werden? (Die „Trainingsziele“)**
   Dies ist die Frage nach den *Zielen und Funktionen* von Trainings *für die Organisation.* Sie umfassen, wie noch näher ausgeführt werden wird, vier basale Varianten:
   a. Ressourcenentwicklung
   b. Stratifikation
   c. Organisationshygiene
   d. Anpassung

2. **Wer soll trainiert werden? (Das „Klientensystem“)**
   Das Spektrum der sogenannten Klientensysteme reicht von

a. *Einzelpersonen verschiedener Organisationen (überbetriebliches Klientensystem)*
zu drei „innerbetrieblichen Klientensystemen“:

b. *Einzelpersonen einer Organisation*
c. *Abteilungen und Teams aus einer Organisation*
d. *Funktionsgruppen aus einer Organisation*

3. **Wer soll trainieren? (Das „Trainersystem“)**
Hier gibt es die Möglichkeit des Einsatzes von internen beziehungsweise externen Trainern (mit ihren grundverschiedenen Positionen in der *Beziehung* zu Auftraggeber und Teilnehmern) sowie des Einsatzes von einem Trainer beziehungsweise mehreren Trainern.

4. **Wie soll trainiert werden? (Das „Lernsystem“)**
Hier liegen die Hauptunterschiede in der Beziehung zwischen Klienten und Trainer beziehungsweise zwischen Auftraggeber und Klienten, also im „Lernsystem“:
a. Sollen von einem *Experten* oder Referenten den Einzelpersonen Wissens- oder Verhaltensinhalte nach Ermessen des Auftraggebers transferiert werden (hierfür ist eher der Begriff „Schulung“ als „Training“ gebräuchlich und auch angebracht)?
b. Soll ein *Trainer vorhandene* Kompetenzen von Personen, Teams oder Funktionsgruppen eher *partnerschaftlich* – im Sinne von Auftraggeber, Klienten und seinen eigenen Grundsätzen – entwickeln und fördern?

Die *Komplexität* aufgrund dieser vier Dimensionen stiftet nun ein regelrechtes Begriffschaos und damit einhergehend auch viel Unprofessionalität in der Trainingsbranche. Es klingt hart, aber tatsächlich wissen oft weder die Organisation noch die Trainer und am allerwenigsten der Teilnehmer, was mit dem Training genau erreicht werden soll, was dadurch von wem abverlangt wird und so weiter. Die offene Frage lautet dabei immer gleich: Wer ist Kunde, wer ist Klient? (Man darf *niemals* glauben, daß dies ohnehin „logisch“ ist: Immer wieder erlebt man, wie Teilnehmer schockiert oder entrüstet sind, wenn man klarstellt, daß *nicht sie* die Kunden des Trainers sind, die über Training oder über Trainer daher „bestimmen können“ sondern vielmehr der Auftraggeber, also oft meist einer ihrer Vorgesetzten in der Organisation!)

Nun taugt die geläufige Einteilung von Trainings nach den *Lerninhalten* (z.B. Verkaufstraining, Führungstraining, Rhetoriktraining...) bei näherem Hinsehen nicht sehr viel, weil sich Lerninhalte

- immer mehreren Trainingszielen zuordnen lassen,
- sich oft mittels *verschiedener Methoden* bearbeiten lassen sowie vor allem
- in ihrem Charakter drastisch je nach dem betreffenden *Klientensystem* variieren.

Daher ist es auch kein Wunder, daß in der Praxis immer wieder Unklarheiten entstehen, was mit einer Veranstaltung gerade für wen und wie trainiert werden soll, was sich leicht am Beispiel „Verkaufstraining" demonstrieren läßt. Dieses läßt sich zunächst (a) durchführen zwecks Verbesserungen in allen vier angeführten Klientensystemen:

1. Verkaufstraining zur *allgemeinen, firmenübergreifenden Berufsqualifikation* einzelner Verkäufer (Klientensystem 1),
2. Verkaufstraining zur *firmenspezifischen Berufsqualifikation* einzelner Verkäufer (Klientensystem 2),
3. Verkaufstraining zur Steigerung der *Teamqualität* etwa einer Verkaufsabteilung (Klientensystem 3) und
4. Verkaufstraining zur Verbesserung der *Gesamtqualität* in der Organisation im Sinne einer Grundorientierung, zum Beispiel die Verwirklichung des Leitbildes einer allgemeinen „Kunden- und Verkaufsorientierung" des gesamten Verkaufssegmentes oder sogar aller Mitarbeiter (Klientensystem 4).

Nun muß man sich weiters klarmachen, daß noch (b) für *jedes* der 4 Klientensysteme des obigen Beispieles der Einsatz sowohl *interner wie externer Trainer* denkbar ist (Dimension 3, „Trainersystem"), sowie auch (c) die Anwendung *beider möglichen Lernsysteme* und pädagogischen Methoden (Dimension 4). Das ergibt also insgesamt 16 Varianten von „Verkaufstrainings"!

Die Bezeichnung von Trainings nach ihren Inhalten ist auf das *Produkt* oder den *Anbieter* beziehungsweise den Veranstalter bezogen, nicht jedoch auf den Kunden oder Klienten. Sie ist dadurch sowohl verwirrend als auch wenig kundenfreundlich. Es sollte deswegen ein *brauchbareres* Unterscheidungskriterium für die Vielzahl von Trainings herangezogen werden. Da der richtige Einsatz von Inhalten und Methoden und die richtige Auswahl von Trainern schließlich erst dann wirklich effizient und professionell wird, wenn allen Beteiligten, also dem Auftraggeber, dem Trainer und den Teilnehmern von Anfang an klar ist, *für welches*

Klientensystem in der Organisation dieses Training steht, wer also der Kunde und wer der Klient ist, bieten sich hierfür nun die vier Klientensysteme an.

Die vorgeschlagene Unterscheidung der Trainings nach dem jeweiligen Klientensystem eignet sich – so wird sich im folgenden erweisen – für eine praxisgerechte Vereinfachung dieser entmutigenden Komplexität aber deshalb besser, weil dadurch die *Zielsetzungen der Organisation und der Charakter der Intervention* zum Ausdruck kommen:

- *Was soll mit dem Training in der Organisation erreicht werden?*
- *Wer soll daher trainiert werden?*
- *Wer bestimmt über das Training?*

Es ist natürlich zuzugeben, daß diese neue, selbstverständlich noch näher zu erläuternde Systematik von Trainings für das Alltagsverständnis etwas gewöhnungsbedürftig sein kann. Auf diese Weise sind aber sowohl die Organisation als auch die einzelnen Teilnehmer eines Trainings besser in der Lage zu verstehen, was Sinn und Zweck der betreffenden Trainingsveranstaltung ist oder sein soll. Eine Einteilung der Trainings nach dem Kriterium des Klientensystems ist daher nicht nur sachlich aussagekräftiger, sondern auch organisationsbezogener und kundenfreundlicher.

Im folgenden werden daher die Fragen: „Was soll trainiert werden?" und „Wer soll trainiert werden?" näher erörtert, um daraus die besagte, vereinfachende Systematik zu entwickeln. Die anderen beiden Fragen: „Wer soll trainieren (welches Trainersystem ist zu wählen)?" und „Wie soll trainiert werden (welches Lernsystem ist zu wählen)?" werden danach in Abschnitt 4 und 5 behandelt.

3.2 Was soll trainiert werden? Funktionen und Ziele von Trainings

„Sie brauchen nichts zu wissen, Sie sind ein reicher Mann;
aber ich bin ein armer Teufel, mir muß was einfallen..."
Johann Nestroy, Eulenspiegel 4,6 (1835)

Welchen *Sinn* und welche *Funktion* haben Trainings im Wirkungsgefüge der Organisation? *Was* soll eigentlich – im Sinne der Organisation – trainiert werden? Es gibt im wesentlichen *vier grundlegende Funktionen von Trainings für den einzelnen und für das System.*

Die 4 Funktionen von Trainings

Funktion für die Organisation	Einschätzung in der Organisation	Individuell erlebt als
1. Ressourcenentwicklung	positiv: Qualitätssicherung; negativ: Nachsitzen	positiv: Chance/notw. Belastung; negativ: Bestrafung
2. Stratifikation (Hierarchieerhaltung)	Initiation für Aufstieg	Bewährung, Zertifikation
3. Organisationshygiene: a. Motivation b. Bindungsstärkung c. Entlastung	Wertschätzung der Organisation, Belohnung...	a. Anreiz b. Orientierungshilfe c. *fringe benefit*
4. Anpassung	Hilfestellung	Arbeit

Die Funktionen 1 und 4 als die „eigentlichen" Bildungsfunktionen sollen hier daher als *lernorientierte Funktionen* bezeichnet werden. Sie sind als Investitionen in die *human ressources* quasi die „offiziellen" Beweg- und Entscheidungsgründe für die Durchführung von Trainings in der Organisation, daher könnte man sie auch „öffentliche" oder „rationale" Funktionen nennen.

Trainings, die den Funktionen 2 und 3 dienen, werden von und in der Organisation hingegen gerne mit „Lernen" psychologisch *rationalisiert.* Die Funktion 2 dabei dient der sozialen Strukturierung beziehungsweise Schichtung in der Organisation. Man kann dies so verstehen, daß ein Preis dafür verlangt wird, daß man in die „Klasse der Oberen hineinkommt". Sie läßt sich daher auch als *hierarchieerhaltende Funktion* bezeichnen. Die Funktionen der Gruppe 3 sollen schließlich als *organisationshygienische Funktionen*[29] bezeichnet werden, da sie für das *Betriebsklima* wichtig sind.

Im Prinzip können *sämtliche vier Funktionen sinnvoll* im Sinne von funktional für die Organisation sein. Sie sind auch alle (in unterschiedlichem Ausmaß) oft gleichzeitig Dimensionen von Trainings, das heißt, daß in der Zielsetzung ein und derselben Veranstaltung häufig eine *Mischung* aus allen vier Funktionen vorliegt.

Wichtig ist dabei jedoch, daß sich die Entscheidungsverantwortlichen, der Auftraggeber und die Trainer über das Vorhandensein und den *Sinn der nicht lernorientierten Funktionen* halbwegs im klaren sind. Damit ist es erst möglich, eine Vielzahl von psychologischen Widerständen der Teilnehmer richtig zu identifizieren und nutzbringend zu bearbeiten (siehe dazu auch Abschnitt 8.4.1: Grundwiderstände durch Selbstverantwortung, Teilnahmepflicht, Defizitorientierung). Unwissenheit über beziehungsweise psychologische Rationalisierung der hierarchieerhaltenden und organisationshygienischen Funktionen von Trainings hingegen erweisen sich für den Trainingserfolg und damit für die Organisation fast immer als dysfunktional.

3.2.1 Trainingsfunktion 1: Ressourcenentwicklung

Die Trainingsfunktion der Ressourcenentwicklung scheint offensichtlich und problemlos auf der Hand zu liegen: Ein Beispiel ist im fachlichen Bereich eine Schulung für ein bestimmtes EDV-Programm, im sozialen Bereich eine Verkaufsschulung für neue Kundenbetreuer. Trotzdem: Trainings mit Schwerpunkt auf dieser Funktion bergen nicht unbeträchtliche Tücken für Organisation, Trainer und Teilnehmer, weil sie der traditionellen Funktion des Lernens, der *Defizitbehebung,* nahezustehen scheinen: Man lernt etwas, das man noch nicht kann, aber können sollte.

Dies ist freilich ein unzureichendes und eingeschränktes Verständnis von Lernen und Bildung[30], denn genau in der negativen Konnotation des hier gerne verwendeten Begriffes „Defizit" liegt eine massive Problematik: Teilnehmer empfinden es oft *nicht als Chance,* sondern als eine Peinlichkeit, quasi zum Nachsitzen (daher oft buchstäblich) *geschickt* zu werden. Kommt man aus diesem Verständnis des Nachsitzens heraus zu einem Training, so schließt man leicht, daß die Organisation der Meinung ist, man habe versagt oder könnte versagen. Daher

---

29 Nicht zu verwechseln mit Herzbergs Hygienefaktoren der Motivation (Herzberg, F./Mausner, B./ Snyderman, B.: The Motivation to Work. New York 1959).

30 Siehe auch den Abschnitt 2.1.1: Lebenslanges Lernen.

trachtet man, im Seminar möglichst das Gegenteil zu beweisen und macht sich damit leicht gegen alles Neue und Nützliche regelrecht „lernresistent".

Die psychologischen Widerstände, welche man als Trainer dann im Seminar alle erleben kann, sind bemerkenswert. Darauf wird an anderer Stelle noch näher eingegangen (Abschnitt 8). Sie können manchmal – soferne sich das Seminarthema dafür eignet und der Trainer prozeßorientiert, also reflexiv arbeitet[31] und darauf eingeht – eine hohe Lernchance bieten; im anderen Fall können sie jedoch das Niveau der gesamten Veranstaltung herabdrücken und bei einzelnen ganz sicher einen echten Lernerfolg *verhindern,* da dies ja einen persönlichen *Mißerfolg* „bedeuten" würde.

Dabei ist in vielen Fällen dieses Gefühl des *Nachsitzens* beziehungsweise des *Zwanges* von niemandem beabsichtigt. Es handelt sich jedoch bei dem Thema „Lernen" um ein klassisches Tabuthema in Organisationen – besonders wenn es dort kein professionelles Mitarbeitergespräch gibt, wo Entwicklungsfelder besprochen werden können. So redet daher oft der Teilnehmer nicht mit seinem Vorgesetzten und der Trainer nicht mit den Teilnehmern darüber, aber alle wundern sich hinterher über schlechte Trainingserfolge. Wer als Trainer hier nicht ganz besonders auf der Hut ist, muß daher oft Schläge wegen vermeintlich „schlecher Ergebnisse" einstecken, die einzig und allein von der Organisation verursacht wurden.

Obwohl aus rein rationaler Sicht gegen Bildung zur Verringerung von „Defiziten" nichts einzuwenden ist, bevorzugt die moderne Pädagogik hier doch positive Begriffe wie eben Ressourcenentwicklung.

3.2.2. Trainingsfunktion 2: Stratifikation

Es gibt heute ein zunehmendes Angebot an Seminaren, von denen man sich wahre Horror- oder Heldengeschichten erzählt: Thema, Dauer und Belastung wären so hart gewesen, daß man froh ist, es gut überstanden zu haben. Hier ist indes nicht die Rede von den „echten" *survival trainings* für Manager im Dschungel, in der Wüste, auf Berggipfeln oder auf einem reißenden Gebirgsfluß, welche eher der nächsten Funktion, der *Organisationshygiene,* zuzuordnen sein dürften; es geht mehr um eine Art *„soziales Überlebenstraining"* im Verständnis der Organisation.

31 Siehe Abschnitt 5: Wie soll trainiert werden? Die Trainer-Klient-Beziehung.

Als klassische Beispiele für vermeintliche soziale Härtetrainings gelten oft die T-Gruppe nach dem NTL-Modell und die GRID-Seminare[32] nach Blake/Mouton.

Wenn man der Sache nachgeht und sich derartige *Härteseminare* als seriöse Lernveranstaltungen erweisen (oft sind sie es natürlich nicht, denn viele Anbieter und Veranstalter haben auf diesen Bedarf ebenso prompt wie oberflächlich reagiert), dann drängt sich fast zwangsläufig die Frage auf, ob dies nicht ein bestimmtes *Initiationsritual* dieser Organisationskultur ist: Hierbei geht es dann um sogenannte *Stratifikation,* also um eine *hierarchieerhaltende* Funktion.

Dies läßt sich an einem Vergleich demonstrieren. Eines der bekanntesten Initiationsrituale unserer westlichen Zivilisation ist die Reifeprüfung. Hier weisen ernstzunehmende Pädagogen schon seit langem darauf hin, daß diese Veranstaltungen aus Sicht des Lerneffektes überflüssig bis kontraproduktiv sind. Trotzdem besteht man in unserer Gesellschaft weiterhin darauf; und dies läßt sich schwer anders erklären, als daß der Sinn der Reifeprüfung eine „Initiation" für einen höheren gesellschaftlichen Status ist.

Wenn die Stratifikation nun für Organisationen eine bewußte, von den Bildungsfunktionen (1 und 4) unterschiedene Absicht ist, so ist gegen diese Funktionalisierung von Trainings grundsätzlich nichts einzuwenden. Ist eine derartige Initiation aber – wie nicht selten – *tabuisiert,* kann sie sehr leicht destruktive, demotivierende Folgen haben.

Dazu zwei Beispiele, wo ich mehrmals Zeuge der Auswirkungen dieser hierarchieerhaltenden Funktion von Trainings wurde. Sie standen in Zusammenhang mit der „Gruppendynamik", die sich für derartige Funktionen offenbar besonders zu eignen scheint.

Ein konstruktiv verlaufener Fall: Ein Teilnehmer meinte einmal zu Beginn einer T-Gruppe auf die Frage aus der Runde, warum man persönlich eigentlich hier sei:
„Ich soll befördert werden, und mein Chef hat gesagt: Vorher machen Sie aber noch unbedingt eine Gruppendynamik in Soundso!"
Der Mann flog also an die tausend Kilometer, opferte eine ganze Arbeitswoche sowie einen Teil des darauffolgenden Wochenendes, um diese Hürde seines Aufstiegs zu absolvieren (er konnte übrigens in weiterer Folge auch sehr von dem *Inhalt* des Seminars profitieren, was im Falle der Tabuisierung der Initiationsfunktion nicht immer so ist).

Ein Beispiel für einen destruktiv verlaufenen Fall: In einem größeren Beratungsunternehmen war ich gerade anwesend, als einem angehenden Senior Consultant, einem feinen, zurückhaltenden Herrn Anfang fünfzig, vom zuständigen Direktor enthusiastisch erklärt wurde, daß „wir alle hier eine Gruppendynamik in Soundso gemacht haben" und daß dies ihm daher obligat bevorstünde.
Ich bin mir bis heute nicht ganz sicher, ob der Direktor dabei nur die Bildungsfunktion,

32 Siehe dazu Abschnitt 10.2: Was ist Gruppendynamik? Trainingsgruppe und Organisationslaboratorium beziehungsweise Blake, R.R., Mouton, J.S.: The Managerial Grid. Houston 1964.

für welche einige Sachargumente sprachen, oder auch eine Initiation bewußt im Sinn hatte. Der unausgesprochene Druck der *de facto* Initiation dürfte für diesen Mann persönlich jedoch gewaltig gewesen sein: Er kam von der Gruppendynamik nicht direkt in die Arbeit, weil er wochenlang eine schwere Gürtelrose – eine einschlägige psychosomatische Erkrankung – auskurieren mußte, die gegen Ende des Seminars ausgebrochen war. Meinen nachfolgenden Recherchen zufolge war das Seminar absolut „normal" verlaufen und von einem internationalen Spitzentrainer geleitet worden. Hier hat die Tabuisierung der Initiationsfunktion – geschürt durch die modische Hysterie rund um die Härtetrainings – möglicherweise dazu beigetragen, die Lernfunktion dieses Seminars zu konterkarieren und die Initiationsfunktion destruktiv zu wenden.

3.2.3 Trainingsfunktion 3: Organisationshygiene

Auch bei dieser Funktion geht es um Ziele und Zwecke von Bildungsveranstaltungen, die wenig mit der „Verbesserung von Wissen und Können" zu tun zu haben scheinen. Von einem streng puristischen Standpunkt der Pädagogik gesehen ist es natürlich die reinste Dekadenz, mittels Trainings unter dem Deckmantel von Bildung und Entwicklung etwas ganz anderes als dieses zu tun; doch vom organisationstheoretischen Standpunkt gesehen erfüllen die organisationshygienischen Funktionen ganz offensichtlich einen herrschenden *Bedarf* der Organisationen, nämlich die Arbeitsbereitschaft zu unterstützen.

Warum aber wird nun diese durchaus nicht ehrenrührige Funktion in Organisationen so häufig mit dem Attribut „Bildung" *verschleiert?* Offensichtlich ist hier ein typischer Verdrängungsprozeß wirksam, wenn ein (für das Selbstverständnis einer Organisation oft unangenehmer, peinlicher) Bedarf an Motivation, Bindung und Entlastung besteht. Dabei gibt es zwei verschiedene Motive der Verdrängung:

1. Organisationen – auch die *Non-profit*-Organisationen – sind bekanntlich keine humanitären Vereinigungen, sondern soziale Systeme zur Lösung von Sachaufgaben. Wenn dies daher dem offiziellen Selbstbild der Organisation entspricht, dann „darf" natürlich weder Zeit noch Geld für *nicht aufgabenbezogene Aktivitäten* verwendet werden. Da die Organisationshygiene jedoch grundsätzlich funktional für die Erfüllung der Aufgaben ist, wird auf deren Beförderung mittels Trainings nicht verzichtet, sondern diese müssen vielmehr in die unverdächtige Kategorie „Bildung" gebracht werden.

2. Wenn im Selbstbild der Organisation „der Mensch[33] im Mittelpunkt" ist, so kann ein Bedarf an *Motivation, Bindung und Entlastung* allzu leicht als ein Versagen der Führung interpretiert werden („Wir tun doch alles für unsere Mitarbeiter!"). Unter dem Attribut „Bildung" ist diese Gefahr natürlich wesentlich geringer.

Zusammenfassend könnte man dieses Tabu, Mitglieder der Organisation offen zu Zwecken der Motivation, Bindung und Entlastung auf Trainings zu schicken, daher so ironisieren:

„Wer lernt, sündigt nicht (gegen die offizielle Leistungsmoral)!"

Die drei organisationshygienischen Funktionen Motivation, Bindung und Entlastung lassen sich in der Praxis selten genau auseinanderhalten. Dennoch soll im folgenden versucht werden, diese unterschiedlichen Dimensionen zu beschreiben.

3.2.3.1 Motivation

Die Veranstaltung von Trainings zu Motivationszwecken – nicht zu verwechseln mit Trainings *über* Selbst- und Fremdmotivation – ist keine neue Gepflogenheit. Hierbei handelt es sich wie bei der Stratifikation um eine an sich „unpädagogische" Funktion, wo häufig offiziell als Lernveranstaltungen laufende Trainings zu mehr oder minder verdeckten Zwecken der Motivation umfunktioniert werden. Dieser Zweck wird oft jedoch nicht oder nur scheinbar erfüllt, weil von ebenso populären wie problematischen Mißverständnissen bezüglich der Motivation ausgegangen wird.

1. Die Motivation von Organisationsmitgliedern ist erfahrungsgemäß nur selten ein allein personen- oder abteilungsspezifisches Problem, sondern liegt meist auch in strukturellen Problemen der Organisation begründet. Problematisch ist daher der Glaube, daß man die Mitglieder einer Organisation mittels Trainings allein zu mehr Leistungsbereitschaft motivieren könne – nicht nur als Impuls oder flankierende Maßnahme oder dort, wo ein echtes Defizit als Demotivator wirkt. Es ist bei professionellen Anbietern und Einkäufern also längst kein Geheimnis mehr, daß Seminare zu Motivationszwecken als Einzelmaßnahmen keinen notwendigen Effekt auf der strukturellen Ebene der Organisation haben.

---

33 Dies ist meist ein Selbstbetrug von Organisationen. Siehe dazu auch den Abschnitt 3.4.6: Mensch und Organisation – Die Wertschätzung der Person im Training.

2. Selbst wenn das Motivationsproblem nur ein Problem von Einzelpersonen oder von einer Gruppe ist, können „Motivationsseminare“ kontraproduktiv auf die Leistungskultur wirken. Dieser Effekt beruht auf einem fragwürdigen Trivialmodell der Motivation, nämlich auf dem Glauben, daß die Leistungsbereitschaft durch Verstärkung von Anreizen erhöht werde. Dies stimmt in der Praxis jedoch nicht[34] – häufig ist gerade das Gegenteil der Fall: Die Anreize machen ebenso „süchtig“ wie zum Beispiel Kaffeegenuß, wo das Aufputschmittel nach Gewöhnung auch nur noch dazu taugt, den *normalen* Leistungspegel aufrecht zu erhalten.

3. Doch sogar für den Fall, daß sich die Motivation durch Verstärkung von Anreizen mittels eines Trainings verbessern ließe, hätte dieses schon deshalb keinen sicheren Motivationseffekt, weil hier zu leicht ein temporärer Gruppeneffekt – eine euphorische Stimmung – mit einem Organisationseffekt verwechselt wird: Jeder nur halbwegs fähige Trainer kann es nämlich kaum verhindern, daß in vielen Gruppen, soferne sie sich *nicht* mit ihren realen Beziehungen beziehungsweise Problemen beschäftigen, ein gewisser Enthusiasmus entsteht. Diese Hochstimmung in der Seminargruppe hat daher nicht unbedingt mit echter Motivation in der rauhen Organisationsrealität zu tun.

Jeder Auftraggeber beziehungsweise Trainer mit einer gewissen Organisationserfahrung kennt also bestens den Effekt, daß Teilnehmer, die „hochmotiviert“ vom Seminar kommen, spätestens nach ein paar Arbeitstagen von der Motivation und den guten Vorsätzen nichts mehr erkennen lassen. Hier lohnt es sich meist, die tieferen strukturellen Ursachen von Demotivation zu ergründen anstatt mühsame wissenschaftliche Untersuchungen zum vielzitierten „Transferproblem“ (das ist die Frage nach der *Umsetzung* der Seminarinhalte in der Organisation[35]) zur Erklärung der mangelnden „Effizienz“ von Motivationsseminaren zu suchen.

3.2.3.2 Bindungsstärkung

Ähnlich wie bei der Frage der Motivation gibt es auch die Ansicht, daß einschlägige Seminarbesuche die Bindung innerlich gekündigter Mitglieder an die Organisation *(commitment)* verbessern helfen, daß sie zumindest eine gewisse Orientierungshilfe für „Organisationsmitglieder in einer Sinnkrise“ bieten kön-

---

34 Vgl. dazu Sprenger, R.K.: Mythos Motivation. Wege aus einer Sackgasse. Frankfurt/New York 1992.

35 Siehe zur Transferfrage auch die die Abschnitte 3.3.3: Innerbetriebliches Training als Minimierung des Transferproblems und 6.3: Erfolg von Trainings: Bewertung und Evaluierung.

nen. Es gibt noch zuwenig Erfahrungswerte, die diese Frage befriedigend im Sinne ihrer längerfristigen Effekte beantworten lassen; kurzfristig sind gewisse Erfolge offensichtlich. Fest steht auch, daß diese Funktion von Trainings sehr im Trend liegt; was steckt nun eigentlich hinter dieser modernen Sinnkrise?

Grundsätzlich wird das Phänomen der schwindenden inneren *Bindung* der Menschen an die arbeitgebenden Organisationen sicher nicht von den Organisationen allein hervorgerufen, sondern dürfte auch gesamtgesellschaftliche Gründe haben: Fast immer erfreut sich in Zeiten abnehmender Lebensnot die Frage nach dem „Sinn" steigender Konjunktur. Konnten früher die Erwerbsarbeit und damit die Arbeit gebenden Organisationen eine handfeste *Verminderung der Lebensnot* anbieten und damit Sicherheit und Bindung stiften (das „Motivationsproblem" hat sich in der heutigen Form daher auch kaum gestellt), so hat sich diese Situation heute durch Wohlstand, (relativ) geringe Arbeitslosenquoten und durch das soziale Netz radikal verändert.

Speziell wurde der „Sinn" der Arbeit eigentlich schon relativ früh mit der eingangs zitierten Human-relations[36]-Bewegung der Zwischenkriegszeit hinterfragt, die versuchte, die Produktivität durch mehr „Menschlichkeit" in der Arbeitsrealität zu verbessern. Die Emanzipationsbewegungen bis zum Ende der siebziger Jahre beeinflußten die Organisationen diesbezüglich mit der Maxime von den „mündigen Mitarbeitern in eigenverantwortlichen Teams" ebenso wie der sogenannte „Psychoboom" mit dem Wert der „Selbstverwirklichung" seit den achtziger Jahren.

Heute hat die allgemeine Suche nach persönlicher Motivation, nach Sinn und Orientierung also auch das Arbeitsleben in Wirschaft und Verwaltung direkt erfaßt. Leben wir, um zu arbeiten, oder arbeiten wir, um zu leben? Erschöpft sich der Sinn des Lebens in einer gelungenen Karriere? Ist der Erfolg in der Arbeit den Preis der eigenen Gesundheit und des eigenen privaten Glücks wert? Dient meine Arbeit nur der Produktivität oder hat sie auch noch darüber hinaus einen „Sinn"? Solche existenziellen Fragen können Organisationen ihrem Wesen nach *niemals* glaubwürdig beantworten geschweige denn befriedigend lösen, da für sie alles „Menschliche" ja nicht Gegenstand, sondern „Umwelt" ist. Auf der anderen Seite *müssen* die Organisationen dieser Thematik zwangsläufig eine gewisse Aufmerksamkeit widmen, weil sonst de facto die Bindung ihrer Mitglieder dahinschwindet, was sich in Phänomenen wie „innerer Kündigung" und „Fluktuation" auf der Kostenseite negativ bemerkbar macht.

---

36 Siehe dazu Titscher, S.: Gruppenforschung. In: Gaugler, E./Weber, W. [Hrsg.]: Handwörterbuch des Personalwesens. Stuttgart 1992.

Was liegt hier also näher, als sich qualifizierter – will heißen: wirtschaftserfahrener „Orientierungshelfer" zu bedienen? Unter *diesem* Titel, quasi als „Bindungsverstärkung durch spirituelle Orientierungshilfe", lassen sich derartige Veranstaltungen freilich aus Gründen der „Optik" nicht durchführen – weder vor den Mitarbeitern und Managern noch vor dem Aufsichtsrat oder der Öffentlichkeit. Einmal mehr bieten sich hierfür die Bildungsfunktionen als Deckmantel an:

1. Wer lernt, sündigt bekanntlich nicht gegen die offizielle Leistungsmoral;
2. „Lehrern" wird instinktiv ohnehin eine gewisse „natürliche Kompetenz" in Orientierungsfragen[37] zugeschrieben.

Diese Verschiebung in den Bereich der „Bildung" ermöglicht es der Organisation offenbar leichter, mit einschlägigen Trainingsbesuchen auf das Problem schwindender Bindungen zu reagieren.

3.2.3.3 Entlastung

Trainings sind noch aus weiteren Gründen nicht bloß zum Lernen da: Man kann mit ihnen auch, gewissermaßen als *fringe benefit,* Organisationsmitglieder belohnen oder damit in der Organisation großflächig Entlastung stiften. Dafür gibt es viele Beispiele. So ist etwa der geniale britische Entertainer John Cleese Zeitungsberichten zufolge[38] unter die erfolgreichen „Managementtrainer" gegangen und vertreibt ergänzend auch Videos zum Thema Führungsverhalten. Hat dies noch mit dem Thema Training für die Zwecke der Organisation zu tun? Aus Sicht der Pädagogik sehr wenig, aus Sicht zumindest des Marktes[39] offenbar schon. Hier lautet daher die Frage: Woher resultiert dieser sichtlich große Bedarf der Organisationen nach Entlastung durch „Training"?

Eine Erklärung dafür könnte folgendermaßen lauten: Lernen, Bildung und Anpassung stehen auf der den *Druck verstärkenden* Seite der „emotionalen Bilanz" von Mitarbeitern und Führungskräften[40]. So gesehen ist es nicht weiter verwunder-

---

37 Näheres dazu siehe in Abschnitt 4.2.2: Wer wird Trainer? Versuch einer Charakteranalyse.

38 John Cleese war Mitglied der legendären Komikertruppe „Monty Pythons". Siehe den Bericht auf Seite 27 der Tageszeitung *Die Presse* vom 14. 8. 1993.

39 Ein findiger österreichischer Trainingsanbieter reagierte auf diese Situation dadurch, daß er sich die Wortmarke „Entertraining" schützen ließ. Siehe den Bericht auf Seite 49 der Zeitschrift *Trend spezial* 3/1994, Wien.

40 Diese Erklärung will übrigens nicht die Debatte darüber bereichern, ob die Organisationen heute den Menschen *tatsächlich* mehr unter Druck setzen als früher, oder ob die Menschen infolge der Veränderung gesellschaftlicher Rahmenbedingungen den Druck der Organisation nur härter *empfinden* als früher: Es genügt, davon auszugehen, daß unsere Organisationen viel Druck erzeugen, die Entlastung von diesem aber dem Privatbereich jedes einzelnen überlassen.

lich, daß sich im Trainingsbereich auch die organisationshygienische Funktion der Entlastung mittels schöner Hotels, gutem Essen und attraktiver Freizeitangebote als Gegengewicht etabliert hat (hier hat sich bereits das sarkastische Wort vom *Seminartourismus* durchgesetzt).

Diese Lösung ist für die Organisation oft bestechend elegant, denn auf diese Weise fühlen sich schließlich die wenigsten Seminarteilnehmer gestört, eher manchesmal die Trainer, wenn sie unerfahren, gutgläubig oder naiv der Meinung sind, daß die Veranstaltung ernsthaft einem *Lernziel* dienen soll. Einem alten Bonmot der Psychoanalytiker zufolge ist das *Über-Ich* gut „alkohollöslich"; nach der hier vertretenen Auffassung sind jedenfalls so manche Härten der Organisation offenbar sehr gut trainingslöslich. Aus Sicht der Organisationslogik kann *Entlastung durch Trainings* durchaus funktional sein, solange sich niemand dabei einredet, daß damit „gelernt" im ursprünglichen Sinn des Wortes wird.

Abschließend eine fast exemplarische Erfahrung hierzu. Ich trainierte einmal eine Gruppe von Führungskräften aus der Hotelbranche im Rahmen eines General-Management-Lehrganges einer Privatakademie. Es ging bei meinem Part um Führung und Motivation von Mitarbeitern. Die Seminare waren aufgrund des gewünschten Pensums sehr arbeitsintensiv, den Teilnehmern wurde auch dementsprechend viel abverlangt. Aus den Rückmeldungen sprach letztlich jedoch durchwegs hohe Zustimmung.
Die Gruppe beschloß am Ende des Lehrganges, sich informell auch weiterhin zu treffen, mindestens einmal pro Jahr. Bei diesen Treffen sollten neben Fachvorträgen auch ein oder zwei Tage in Seminarform mit externer Leitung gestaltet werden. Das erste dieser „Seminare" fand in einem überaus luxuriösen Hotel statt, dessen Besitzer ebendort gleich selbst Trainings in Sachen „Spiritualität, Entspannung, Umgang mit seinen persönlichen Ressourcen" etc. anbot und dieses auch für die besagte Gruppe zu deren bester Zufriedenheit durchführte.
Im Jahr darauf war nun wiederum eine Entscheidung fällig, wen man mit dem diesjährigen Kurzseminar betreuen wollte. Ein Teilnehmer schlug dabei mich vor, erstens ein bißchen der Reminiszenz oder Sentimentalität wegen – ich war ja bei der Entstehung dieser Gruppe dabeigewesen – und zweitens weil er der Ansicht war, daß in meinen Seminaren doch einiges für die Praxis enthalten gewesen sei.
Die Gruppe reagierte auf diesen Vorschlag dem Bericht zufolge „betreten" und ließ diesen schließlich durch ein „Nichtweiterverfolgen" quasi einschlafen, um daraufhin erneut einen *Entertainer* auszuwählen. Der Teilnehmer, der mich vorgeschlagen hatte, war verärgert und erstaunt zugleich. Er kontaktierte mich, und wir versuchten, gemeinsam eine Erklärung zu finden.
Dabei stellte sich folgendes heraus. Fast alle Gruppenmitglieder stehen als Nachwuchshoteliers im Familienbetrieb unter einem (nicht nur in der Branche) bekannt mörderischen Druck. Diesen müssen sie nicht nur meistern, sondern auch noch dabei lächeln, um vor den Hotelgästen nicht geschäftsschädigend zu wirken. Mit einem Wort: Ihre Arbeit ist psychologisch in hohem Maß als *masochistisch*[41] zu bezeichnen.

41 Eine leicht verständliche und dennoch anspruchsvolle Theorie des Masochismus findet sich in Lowen, A.: Körperausdruck und Persönlichkeit. Grundlagen und Praxis der Bioenergetik. [1958] München 1991.

Vor diesem Hintergrund ist möglicherweise die „Konkurrenz“ der *Entertainer* zu erklären: Jahraus, jahrein mußten diese Hoteliers mit ihren spezifischen Belastungen fertigwerden, den Gästen ständig ihre Wünsche von den Augen ablesen, ohne dabei einen Moment mit dem Lächeln aufzuhören. Nun wird ihnen im „Training“ signalisert:
„Ihr braucht hier einmal nur auf euch zu schauen und dürft es euch gutgehen lassen, ihr habt es ja ohnenhin schwer genug das ganze Jahr über... Und ihr braucht kein schlechtes Gewissen wegen der Arbeit dabei zu haben: Ihr seid ja auf Seminar!“
Diese Interpretationen klärten für uns jedenfalls, weshalb diese Gruppe offenbar ihrer persönlichen Psychohygiene zuliebe auf eine direkt arbeitsbezogene, mühevolle Lernchance verzichtete.

3.2.3.4 Resumee der organisationshygienischen Funktionen von Trainings

Die bisherigen Ausführungen zu den organisationshygienischen Funktionen wollen nicht unterstellen, daß sie überwiegend als problematisch einzustufen wären. In gewisser Hinsicht können Trainings mit Erfolg und durchaus sinnvoll zu Motivations-, Bindungs- und Entlastungszwecken *adaptiert* werden. Etwa dort, wo in der Organisation, aus welchen Gründen auch immer, weder Zeit noch Möglichkeit zur Entwicklung zum Beispiel von „Teamgeist“ gegeben ist, lassen sich die gruppendynamischen (Neben-)Effekte von externen Trainings durchaus nutzen, solange allerdings damit kein prätentiöser Bildungs- oder Anpassungseffekt angestrebt wird.

Dazu ein Beispiel. Eine Führungskraft eines erfolgreichen Handelsunternehmens meinte auf meine Skepsis, inwiefern Verkaufstrainings denn die Verkäufer auch motivieren würden, hinter halb vorgehaltener Hand:
„Schauen Sie, wir haben erstens eine hohe Fluktuation unter unseren Verkäufern und zweitens arbeiten alle auf Erfolgsbasis, daher stehen sie in großer Konkurrenz zueinander. Jetzt machen wir von Zeit zu Zeit Verkaufstrainings, immer mit neuen Trainern natürlich: nicht so sehr, um das Verkaufen zu schulen (das müssen die jungen Verkäufer durch Abschauen von den älteren lernen!), sondern zur Motivationsauffrischung.
Das funktioniert bestens. Die Leute kommen einmal hinaus aus der Firma in ein schönes Hotel (viele von ihnen fahren ja kaum auf Urlaub, schon gar nicht in ein gehobenes Hotel), arbeiten in der Gruppe und nicht gegeneinander; dort können sie auch kreuz und quer vögeln, wenn sie wollen, haben eine Hetz und so weiter. Dann kommen sie wieder frisch motiviert vom Verkaufstraining...“
Wer lernt, sündigt also doch? Mit Lernen hat dieses Beispiel natürlich recht wenig zu tun. Nach meiner Interpretation läßt man hier die betreffenden Personen im Seminar genau das tun, was ihnen in der normalen Arbeit nicht möglich ist. In ihrer Arbeit werden von der Organisation individueller Erfolg oder sogar Egoismus massiv begünstigt; bei Verkäufern auf Provisionsbasis kann das selbstbezogene Denken und Handeln sogar die Bindung und Loyalität zu Kollegen und Firma überwuchern, wenn nicht gezielt gegengesteuert wird. Das Problem wird also durch Spaltung in eine ichorientierte Welt „in der Firma“ (der Verkauf) und in eine sozial orientierte Welt „außerhalb der Firma“ gelöst in der Hoffnung,

damit sowohl eine maximale Verkaufsleistung als auch eine noch ausreichende Firmenloyalität zu erreichen, *ohne die Organisation als solche zu ändern.*
Bei diesem Fall handelt es sich freilich nicht um Motivation nach dem Trivialmodell[42] oder um einen gruppendynamischen Pseudoeffekt, sondern um Motivation durch temporäre *Neutralisierung der Demotivatoren*[43] (der übergroße Konkurrenz- und Leistungsdruck) beziehungsweise um Entlastung von einer an sich demotivierenden Organisationsrealität. Es scheint nicht an den Haaren herbeigezogen, derartige „Trainings" als organisationsstabilisierende Steuerungs- oder Führungsintervention durchaus ernstzunehmen.

Warum also soll ein hochverdienter Mitarbeiter oder Manager nicht auch zur Belohnung auf ein Seminar fahren dürfen, wenn er das ganze Jahr über alle möglichen Belastungen gemeistert hat? (Ein bißchen für die Sache der Trainer gesprochen: Es gibt für die Organisationen wesentlich unsinnigere Möglichkeiten, Geld für Belohnungen auszugeben...) *Last but not least* kann eine derartige Verschleierung sogar im Sinne einer „Einstiegsdroge" zur Milderung von Widerständen gegen bestimmte „heikle" Trainingsprogramme indirekt höchst funktional sein! Über die *Etikettierung* derartiger Veranstaltungen als „Training" ließe sich schon eher streiten. Vielleicht sollte man dabei ehrlicherweise von „organisationshygienischem Ausgleichssport" sprechen; aber das könnte ihren Effekt konterkarieren, der ja auf Tabuisierung des Belohnungscharakters beruht.

Wichtig scheint also bei allen nicht lernorientierten Trainingsfunktionen 2 und 3 zu sein, daß sich niemand einbildet, daß Bildung oder Lernen das *primäre* Ziel *aller* Trainings ist, wie es häufig dargestellt wird. Besonders als professioneller Einkäufer oder Leiter von Trainings ist man gut beraten, sich nicht nur über Inhalte und Designs, sondern auch über alle ihre möglichen *„lernfremden" Funktionen für die Organisation* ausreichend im klaren zu sein.

3.2.4 Trainingsfunktion 4: Anpassung

Zunehmend werden heute Trainings mit dem Anspruch verbunden, daß nicht nur individuelle oder abteilungsbezogene Ressourcen entwickelt werden (Trainingsfunktion 1), sondern daß speziell mit dem innerbetrieblichen Training auch *direkte Unterstützung für (einmalige oder laufende) Anpassungserfordernisse der Organisation* geleistet wird, beispielsweise anläßlich einer Restrukturierung. Sol-

42 Im Sinne einer „Verstärkung von extrinsischen Anreizen". Siehe Sprenger, R.K.: Mythos Motivation. Wege aus einer Sackgasse. Frankfurt/New York 1992 und Janes, A.: Was leistet die Leistungsbeurteilung in neuen Arbeitssystemen? In: Heintel, P. (ed): Gruppendynamik. Geschichte und Zukunft. Wien 1993.

43 Zur sogenannten „Kraftfeldtheorie" siehe Lewin, K.: Feldtheorie in den Sozialwissenschaften. Bern 1963.

che Anpassungserfordernisse scheinen heute oft schon vom Ausnahmefall zum Normalfall der Arbeitsroutine zu avancieren. Dies hängt mit der steigenden Schnellebigkeit der Umweltbedingungen unserer Organisationen zusammen, die einen Zwang zur laufenden Anpassung von Organisationsstrukturen bewirkt. War in früheren Zeiten noch die „Bildung" und in etwas späteren Zeiten die „Weiterentwicklung" häufig etwas Fremdes für die Organisationen, so gilt heute beides als überlebenswichtiger Faktor in der modernen Arbeitswelt und daher als normaler[44] Teil der Arbeit.

Diese vierte Trainingsfunktion dient also *dem professionell geplanten Lernen im Sinne der Anpassung an neue oder veränderte Erfordernisse der Organisation, oft als Begleitung und Unterstützung von Veränderungs- und Entwicklungsprozessen.* Sie kommt bei den innerbetrieblich organisierten Trainings (oder meist sogar Trainingsprogrammen) zum Tragen und richtet sich an die von den Veränderungen betroffenen Funktionsgruppen beziehungsweise Segmente der Organisation, manchmal werden sogar alle Mitglieder „flächendeckend" erfaßt (siehe Abschnitt 3.3: Wer soll trainiert werden? Die vier Klientensysteme).

Man könnte diesen Begriff dahingehend kritisieren, daß es sich hierbei um kein Training im eigentlichen Sinn, sondern um eine Lernveranstaltung als Teil einer Organisations*beratung* handelt. Diesem Einwand ist zu entgegnen, daß Training eben Training und Beratung eben Beratung bleiben, auch bei wechselseitigen Überschneidungen und Ergänzungen[45]. Der Anspruch auf Realisierung der Trainingsfunktion 4 bedeutet aber sicher eine *qualitative Erweiterung* des herkömmlichen Lern- beziehungsweise Trainingsbegriffes von Organisationen. Soll dieser eingelöst werden, so wäre dies im Training dadurch zu konkretisieren, daß

1. die teilnehmenden Personen oder Gruppen vornehmlich (auch) in ihrer Eigenschaft als Funktionsträger der Organisation verstanden werden müssen (siehe Klientensystem 4),
2. die Ziele und Inhalte des Trainings in hohem Maße von den in der Organisation stattfindenden Veränderungs- und Entwicklungsprozessen bestimmt werden,
3. der „Hintergrund" des Trainings, nämlich die Organisation mit ihren Strukturen, aber auch ihren Anforderungen an die Veranstaltung, eine zentrale Rolle spielt,

---

44 Wie im Abschnitt 2.3: Lernen oder Arbeiten? Anforderungen an ein modernes Bildungswesen ausgeführt.

45 Siehe Abschnitt 2.2: Training und Beratung – Ergänzung oder Konkurrenz?

4. die Inhalte beziehungsweise „Resultate“ oder Schlüsse aus den Trainings der Organisation in geeigneter Weise rückzukoppeln sind. (Dies klingt trivial, ist jedoch keineswegs dasselbe wie die üblichen Seminar-Feedbacks oder -auswertungen[46] an den Auftraggeber oder an die Personalabteilung: Hier wird das Training beziehungsweise Trainingsprogramm direkt und institutionalisiert in eine Veränderungs- oder Entwicklungsaktivität der Organisation eingebunden.)

Die Erfüllung dieser Kriterien ermöglicht einerseits einen bisher undenkbaren Grad an Unterstützung von Entwicklungszielen der Organisation mittels Trainings, andererseits jedoch ist dadurch diese Art von Training für viele Lernziele im Bereich der Persönlichkeitsentwicklung, wo absolute Vertraulichkeit und ein geschütztes Lernklima[47] notwendig sind, ungeeignet.

Was ist nun aber der Unterschied zur ersten Trainingsfunktion, der Ressourcenentwicklung? Bei der Ressourcenentwicklung geht es um die *Anpassung von einzelnen Organisationsmitgliedern an einen bestehenden Standard* (Ist-Zustand) in der Organisation. Beispielsweise kann für einen Mitarbeiter der Aufstieg zur Führungskraft mit dem Vorhandensein gewisser fachlicher oder sozialer Kompetenzen verbunden sein, die als Standard in der neuen Position festgelegt sind; bringt die betreffende Person etwas davon nicht ausreichend mit, so kann sie dies durch ein Training beheben (versuchen). Dies ist natürlich nicht mit Stratifikation (Trainingsfunktion 2) zu verwechseln, wo nur das „Überstehen“ eines bestimmten Trainings zählt, nicht jedoch, ob etwas dazugelernt wurde.

Bei der vierten Trainingsfunktion geht es um Anpassung an *neue Standards,* gewissermaßen an einen *Soll*-Zustand. Dies kann dann der Fall sein, wenn die Organisation infolge von Veränderungen in der Umwelt neue Strukturen oder Fähigkeiten der Problemlösung entwickeln muß und dadurch die Vertreter gewisser Funktionen nun etwas können müssen, was vorher nicht notwendig war. Sie betrifft daher auch selten einzelne Personen, sondern alle Vertreter von (möglicherweise sogar neu entstandenen) Hierarchieebenen, Unternehmenssegmenten oder Geschäftsfeldbereichen.

Diese Funktion unterscheidet sich daher auch deutlich in der *Konnotation* von der Ressourcenentwicklung, die durch die Nähe zur traditionellen Defizitbehebung häufig negativ ist: Dieser Anpassungsbedarf ist in der heutigen Arbeitsrealität weder eine „Verfehlung“ noch ein „Manko“ der einzelnen Person, sondern

---

46 Siehe dazu Abschnitt 6.3: Erfolg von Trainings: Bewertung und Evaluierung.

47 Siehe dazu Abschnitt 10.1.2: Persönlichkeitsentwicklung.

er ergibt sich laufend aus den rasanten Veränderungen in den Organisationen und deren Umwelt.

Wenn man so will, sind Trainings mit dem Schwerpunkt auf dieser Anpassungsfunktion die „Nachfahren" der Organisationsentwicklung, wie sie im Abschnitt 2.2.1: Organisationsentwicklung und innerbetriebliches Training – der gruppendynamische Anspruch auf Veränderung beschrieben und kritisiert wurde. Sie beanspruchen aus sich heraus *keine* Veränderungen, sondern sie laufen meist als Begleit- und Unterstützungsmaßnahmen im Rahmen gezielter Entwicklungs- und Veränderungsprozesse. Damit implizieren sie die Einbeziehung von Segmenten der Organisation beziehungsweise sogar *aller* Organisationsmitglieder. Wenn die Organisation hierfür externe Organisationsberatung in Anspruch nimmt, so betraut sie auch häufig ein und denselben Auftragnehmer mit Beratung *und* Training.

Gerade weil diese Trainingsfunktion für viele Trainer und Organisationen zwar häufig mit hohen Erwartungen, aber weniger mit konkreten Erfahrungswerten und professionellem Selbstverständnis verbunden ist, sollte hier bei den Bildungsverantwortlichen ein besonders hoher Grad an Professionalität bei der Festsetzung der Trainingsziele, Planung der Trainingsprogramme und Auswahl der Trainer gegeben sein.

3.3 Wer soll trainiert werden? Die vier Klientensysteme

3.3.1 Das überbetriebliche Klientensystem (1)

Beim überbetrieblichen Training kennen die Teilnehmer einander in der Regel nicht, da sie aus verschiedenen Organisationen kommen und nur für ein einziges Mal, nämlich zum Lernzweck, zusammenarbeiten. Das scheint heute etwas aus der Mode gekommen zu sein. Die Gründe dafür könnten laut Auskunft namhafter Trainingsinstitute folgendermaßen lauten:

1. der Kostennachteil gegenüber innerbetrieblich organisierten Seminaren (für die Kosten von zehn überbetrieblichen Einzelanmeldungen lassen sich mit demselben Trainer oft doppelt so viele Personen innerbetrieblich trainieren);

2. ein „Nachteil“ für die Organisation hinsichtlich ihrer geringeren Einfluß- und Kontrollmöglichkeit[48] auf die Inhalte des Seminars;

3. der in letzter Zeit bei vielen Organisationen gestiegene Bedarf an Unterstützung von Entwicklungs- und Veränderungsprozessen (Trainingsfunktion 4) durch innerbetriebliche Trainings[49], ohne daß das zeitliche und monetäre Bildungsbudget angehoben werden konnte und daher auf Kosten der überbetrieblichen Seminarbesuche geht.

Überbetriebliche Trainings bieten jedoch eine Reihe von *spezifischen Vorteilen.* Die Teilnehmer können hier – geschützt vor der „Kontrolle“ durch andere Mitglieder der eigenen Organisation – abhängig vom Seminarthema:

1. ihre (unspezifische) Neugier befriedigen, die Abwechslung vom Alltagstrott genießen (bis hin zum *Seminartourismus);*

2. im Schutze der Anonymität persönliche Unsicherheiten in einem bestimmten Bereich beheben;

3. quasi von dritter Stelle die Bestätigung einholen, daß man ohnehin richtig liegt, zum Beispiel in der Mitarbeiterführung (diese Teilnehmer sind natürlich besonders leicht frustriert, wenn das Seminar überwiegend darauf aufbaut, was man selbst einbringt);

4. Argumente sammeln, um eigene Vorstellungen im Unternehmen besser durchsetzen zu können;

5. anonym sich einen Überblick verschaffen über ein Fachgebiet, in dem man einen Nachholbedarf hat (zum Beispiel weil man einen Posten übernehmen will, wo diese Kenntnisse erforderlich sind);

6. Erfahrungen mit Unternehmensfremden austauschen, Vergleiche[50] zu anderen Organisationen ziehen;

---

48 Siehe dazu Abschnitt 6.4.1: Das Kontrollbedürfnis der Organisation.

49 Siehe dazu auch die Meinung des Chefs eines österreichischen Traininginstitutes, die im Abschnitt 2.2: Training und Beratung – Ergänzung oder Konkurrenz? zitiert ist.

50 Ein Entscheidungsträger eines großen Handelsunternehmens, für das ich tätig war, versicherte mir einmal: „Wissen Sie, *was* das Seminar behandelt, ist ja gar nicht so wichtig... Das Wichtigste ist mir immer, mich mit Leuten in ähnlicher Lage auszutauschen!“
Daß dies keine Einzelmeinung ist, bestätigte auch eine Studie des deutschen „Kienbein Forum“ (Düsseldorf): Auf die Frage an deutsche Vorstände, wer oder was bei ihnen Verhaltensänderungen auslöst, antworteten 77 %: Das Gespräch mit erfolgreichen gleichrangigen Kollegen aus anderen Firmen...“ (Berth, R.: Sind Topmanager noch lernfähig? In: Harvard Manager 4/1991, SS 9–13.)

7. Kontakte knüpfen, welche aktuell oder später von Nutzen sein könnten;

8. probehandeln: bei derartigen „Thekenseminaren"[51] probiert man eine Rolle aus, um zu sehen, wie andere darauf reagieren (etwa nach dem Motto: „Wie würde ich wirken, wenn ich so oder so wäre? Etwa ein einfühlsamer Chef, ein harter Kerl, ein cooler troubleshooter..."));

9. psychohygienische Jammerzirkel und Leidgenossenschaften bilden („... wir Innenrevisionisten sind, wo man auch hinschaut, die Unbedanktesten von allen!");

10. als interne Trainer oder Berater sich so manch Erfolgreiches oder Aktuelles „abkupfern".

Beim überbetrieblichen Training gibt es grundsätzlich auch mehr Möglichkeiten, betont prozeßorientierte Designs wie zum Beispiel die klassische T-Gruppe anzuwenden, was bei Teilnehmern, die sich kennen und nach dem Seminar weiter zusammenarbeiten müssen, oft ausgeschlossen ist (siehe dazu die Abschnitte 5.2.4: Prozeßorientierte Trainingsmethode und 10.2: Was ist Gruppendynamik? Trainingsgruppe und Organisationslaboratorium).

In großen Organisationen werden viele Trainings zwar innerbetrieblich organisiert, gleichen jedoch in gewissen Aspekten den überbetrieblichen Veranstaltungen. Wenn beispielsweise Personen aus einem Großkonzern, die sich vorher und nachher niemals in arbeitsbezogenem Kontakt befinden, ein Training absolvieren, so ist dies zwar nicht dasselbe, als täten sie dies wie bei einer Durchmischung der Teilnehmerschaft nach Firmen und Branchen; trotzdem lasssen sich hier so heikle Trainings wie eben die T-Gruppe mit Erfolg durchführen, was eine Quasi-Überbetrieblichkeit bedeutet. Daher kann diese Art von Training als quasiüberbetrieblich bezeichnet werden.

3.3.2 Die innerbetrieblichen Klientensysteme (2, 3 und 4)

Insbesondere große Organisationen haben in den vergangenen Jahrzehnten ein bedeutendes innerbetriebliches Bildungswesen institutionalisiert. „Produzierten" diese Bildungsabteilungen zunächst nur ähnliche Seminare wie die renommierten Trainingsinstitute, um sich primär den Kostenvorteil zunutze zu machen,

---

51 Vgl. Laermann, K.: Verhalten und Gespräche an der Theke. Über einige Kommunikationsformen in Kneipen und Bars. In: Die Psychologie des 20. Jahrhunderts. Verlegt bei Kindler, Zürich 1979.

so haben sich mit der Zeit die Ansprüche an das moderne Bildungswesen beträchtlich erweitert: Die Organisationen setzen heute immer stärkere Anstrengungen zur direkten Unterstützung ihrer Mitarbeiter und Spezialisten für Erfordernisse ihrer Aufgaben, was sich mit innerbetrieblich organisierten Trainings leichter bewerkstelligen läßt.

Für Trainer und Teilnehmer rückt dadurch der Bezugsrahmen, in welchem die bearbeiteten Inhalte stehen, immer mehr in die Nähe zur Organisationsrealität. Das reduziert zwar auf der einen Seite das Problem des Transfers von Lerninhalten in die Arbeitsrealität, erhöht aber auf der anderen Seite die Komplexität des Settings: Nunmehr müssen gegenüber dem überbetrieblichen Training nicht nur die Berufsethik des Trainersystems und die Erwartungen des Klientensystems aufeinander abgestimmt werden, sondern beide auch noch mit den Erwartungen des Auftraggebers, sprich der Organisation.

Bei *innerbetrieblichen Klientensystemen* hat man also die Möglichkeit, die Trainingsinhalte und -ziele in den Bezugsrahmen der Organisation, also der konkreten Arbeitsrealität zu stellen. Dabei gibt es mehrere Möglichkeiten beziehungsweise Abstufungen:

- Wenn die Teilnehmer mehr oder minder beliebig ausgewählt werden, dann fungieren sie im Training *„nur" in ihrer Eigenschaft als Mitglieder der Organisation* (Klientensystem 2). Dies ist auch dann der Fall, wenn gewisse Seminarthemen nur gewissen Hierarchieebenen oder Mitarbeitergruppen vorbehalten sein sollten, solange ihre ähnlichen Funktionen *für das Training keine Rolle spielen.*

- Werden dagegen komplette Teams oder Abteilungen für ein Training nominiert, so bedeutet das, daß man mit jenen Personen, welche in der Realität kooperieren, im Seminar auch als Gruppe arbeitet (Klientensystem 3). Die Teilnehmer kennen sich daher (oft nur allzu) gut, was große Unterschiede zum Klientensystem 2 macht: Themen und Methoden, die einander unbekannte Teilnehmer erfordern, lassen sich nicht realisieren, dafür wird das spezielle Training besonders abteilungsbezogener Inhalte möglich.

- Dasselbe gilt nun auch für das Klientensystem 4, wo mit *Personen in ihrer Funktion* als Mitglieder einer speziellen Hierarchieebene, eines bestimmten Segmentes der Organisation (etwa „Vertrieb") oder sogar flächendeckend (zum Beispiel als Begleitmaßnahme bei der Einführung einer neuen Unternehmensstrategie) gearbeitet werden kann.

Der Bezugsrahmen des Trainings variiert dabei je nach dem jeweiligen Klientensystem hinsichtlich der Bedeutung von Individuum, Gruppe und Organisation: Im Klientensystem 2 steht die Individualität des Teilnehmers im Vordergrund, seine Gruppen- und Organisationszugehörigkeit rangieren darunter; im Klientensystem 4 dagegen steht die Organisationszugehörigkeit im Vordergrund, die Individualität und Gruppenzugehörigkeit rangieren darunter. Analog dazu verhält sich das Training für das Klientensystem 3. Schematisch läßt sich dies folgendermaßen darstellen:

Innerbetriebliches Training

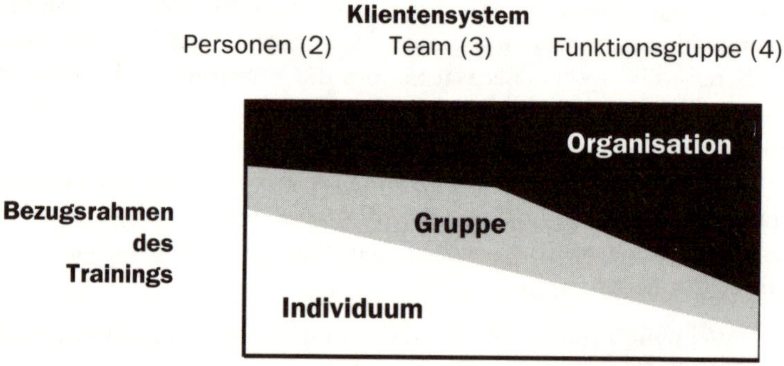

Auch wenn so manche Trainingsanbieter und Einkäufer der Ansicht sind, daß die Organisationsform der Innerbetrieblichkeit ausreicht, einem Seminar auch Prädikate wie „Organisationsentwicklung“ zu verleihen, muß noch einmal betont werden, daß dies *kein Seminar* leisten kann: Innerbetriebliche Seminare haben natürlich *Effekte* in der Organisation, doch diese sind nicht wirklich steuerbar[52] und daher nicht zu verwechseln mit einer gezielten, professionellen *Intervention* in der Struktur einer Organisation.

Man ist zeitweise versucht zu sagen: Es wäre nicht die Trainings- und Beratungsbranche, wenn auch hier keine gründliche Begriffsverwirrung herrschte. Die *überbetrieblichen* Veranstaltungen werden häufig als *„offene Seminare“* bezeichnet, womit gemeint ist, daß diese für jedermann, quasi „öffentlich“, zugänglich sind. Im Unterschied dazu werden die *innerbetrieblichen* Veranstaltungen als *„geschlossene Seminare“* bezeichnet. Die Verwirrung entsteht dadurch, daß die Bezeichnungen „offen“ und „geschlossen“ auch im pädagogischen und methodischen Sinne gebräuchlich sind, wo sie eine völlig andere Bedeutung haben. Damit beschäftigt sich der Abschnitt 7: Planung innerbetrieblicher Trainings.

52 Siehe dazu Abschnitt 2.2.2: Warum „ändern“ Trainings die Organisationen nicht?

3.3.3 Innerbetriebliches Training als Minimierung des Transferproblems

Die Transferproblematik war das ewige Sorgenkind aller Auftraggeber, seit es Verhaltensseminare gibt[53]: Wie wird das in der Sondersituation eines Seminars Gelernte in der Praxis umgesetzt? Das innerbetriebliche Training ist nun genau der Versuch, dieses Manko durch Lernarbeit nahe an der Organisationsrealität (Themenwahl, Teilnehmerauswahl etc.) prinzipiell[54] zu verbessern. Strenggenommen *gibt* es daher bei professionellen innerbetrieblichen Trainings kaum ein „Transferproblem", insbesondere wenn das Training als unterstützender Bestandteil der *Arbeit* (Trainingsfunktion 4) konzipiert ist.

Dies verhält sich ähnlich wie in der Prozeßberatung beziehungsweise Organisationsberatung: Auch dort werden nicht nur Konzepte erarbeitet und „abgeliefert", sondern gemeinsam mit den Klienten erarbeitet, und *die Umsetzung von Konzepten ist essentieller Teil der Beratungsleistung.* Wenn daher bei innerbetrieblichen Trainings die Frage nach der „Umsetzung" virulent ist, handelt es sich möglicherweise um kein ausreichend professionelles Training, denn dort *steht* die Frage der „Umsetzung" im Mittelpunkt.

Natürlich kann auch das innerbetriebliche Training das Handicap, eine „Sondersituation[55] außer Haus" zu sein, nicht loswerden, aber doch folgendermaßen minimieren:

1. Es ist von Beginn weg zu betonen, daß es hier um die eigene, konkrete Arbeit und nicht um „das Seminar" geht.

2. Alle Übungen und Rollenspiele, das ganze Design muß immer so nahe wie möglich an der Praxis der Teilnehmer angesetzt sein. (Das klingt auf den ersten Blick trivial, weil natürlich *alle* Seminaranbieter dies von ihren Veranstaltungen behaupten. In der Realität ist es aber alles andere als leicht, derartige Übungen und Rollenspiele zu entwickeln.)

3. Die Frage der *Anwendung des Gelernten (auf im Seminar nicht bearbeitbare Situationen)* sollte stets im Mittelpunkt aller Interventionen des Trainers bleiben.

---

53 Zur „Hoffnungslosigkeit" des Transferproblems siehe Etzel, G., Frank-Oestreich, H., Rußland, W., Welz, F.G.: Führungsverhaltenstraining in Intervallen und Lerntransfer: Erprobung eines neuen Konzeptes. In: Zeitschrift f. Arbeits- und Organisationspsychologie, 37. Jg. (N.F.11) 1, 1993.

54 Zum Umstand, daß Anspruch und Wirksamkeit von Führungsverhaltenstraining auf psychologischer Grundlage weit auseinanderklaffen, siehe Schelp, T., Penning, S.: Führungsverhaltensseminare. In: Personal, 41 (2), S. 2ff.

55 Siehe dazu Abschnitt 7.4: Settings: Veranstaltungsformen und Gruppengröße.

Diese Punkte bedeuten, daß, einfach gesagt, niemals die Teilnehmer für das Seminar oder für das Rollenspiel etc. einstellungsmäßig „da sein“ sollen, weil sie sonst trachten, die „Aufgaben“ möglichst gut, das heißt freilich nur vermeintlich im Sinne des Trainers zu lösen. Man glaubt sich durch dieses „Bravsein“ ein Erfolgserlebnis[56] zu verschaffen, beispielsweise indem man im Rollenspiel nicht „normal“, sondern der projizierten Erwartung des Trainers entsprechend agiert – und in Wahrheit befindet man sich im Widerstand[57].

Diese subtilen Widerstände zu erkennen erfordert höchste Professionalität und stellt den Trainer nur allzu oft vor die undankbare Aufgabe, bestehende Erwartungen zu frustrieren. Daher ist es immer besser, der Dialektik von Lernen und Arbeiten[58] von Anfang an einen zentralen Platz einzuräumen, beispielsweise durch Einrichtung von Erfahrungsaustauschgruppen mit speziellen, nur aus der Binnenperspektive der Organisation bearbeitbaren Aufgabenstellungen. Näheres dazu findet sich in den Abschnitten 8: Interventionstechnik und 9: Designtechnik. Eine Erörterung der Möglichkeit einer *qualitativen Evaluierung* von Trainings findet sich im Abschitt 7.7: Qualitätssicherung und qualitative Evaluation im Trainingswesen.

3.4 Das Trainings-Kontinuum: Die vier Grundtypen von Trainings

In diesem Abschnitt wird versucht, die Fülle an Spielarten arbeitsbezogener Trainings zu *vier Grundtypen* zu vereinfachen und deren wichtigste Merkmale in einer komprimierten Gegenüberstellung zusammenzufassen.

---

56 Dieses Verhaltensmuster ist natürlich ein Abbild der jeweiligen Organisationskultur. In Führungsseminaren ist das Bravsein der Mitarbeiter als Ausdruck von Abhängigkeitswünschen eine immer wieder zu hörende Klage der Manager. Daher ist die elementare Autoritätssituation zwischen Teilnehmern und Trainern in Seminaren ein so hervorragendes (Teil-)Modell der Führungsrealität.

57 Siehe dazu Abschnitt 8.4.1: Grundwiderstände durch Selbstverantwortung, Teilnahmepflicht, Defizitorientierung.

58 Dialektik bedeutet, daß es sich um einen logischen Widerspruch handelt, obwohl beide Positionen für sich richtig oder berechtigt sind. Siehe dazu Abschnitt 2.3: Lernen oder Arbeiten? Anforderungen für ein modernes Bildungswesen.

3.4.1 Trainingstyp 1: „Überbetriebliches Personaltraining“

Trainings für *Einzelpersonen verschiedener Organisationen* (Klientensystem 1) kann man als *überbetriebliches Personaltraining* titulieren. Der Terminus „überbetrieblich“ ist naheliegend und entspricht auch dem üblichen Sprachgebrauch, während der weniger geläufige Terminus „Personaltraining“ darauf verweist, daß es bei *allen* Trainings für dieses Klientensystem um die Verbesserung der Fähigkeiten und Kenntnisse von Einzelpersonen geht.

Klassische Themen von Trainings dieses Typs sind:

- Rhetorik
- Trainingsgruppe (T-Gruppe)[59]
- Organisationslaboratorium
- General Management Kurs
- Persönlichkeitsentwicklung

weil hier der überbetriebliche, also vor der Organisation geschützte Rahmen unverzichtbar ist (siehe Abschnitt 3.3.1). Mögliche Funktionen beziehungsweise Ziele derartiger Trainings für die Organisation sind Ressourcenentwicklung, Stratifikation und Organisationshygiene (Trainingsfunktionen 1, 2 und 3).

3.4.2 Trainingstyp 2: „Innerbetriebliches Personaltraining“

Trainings für *Einzelpersonen einer Organisation* (Klientensystem 2) lassen sich analog als *innerbetriebliches Personaltraining* bezeichnen. Auch bei diesem Klientensystem geht es in *allen* Trainings um Einzelpersonen, allerdings um die *organisationsbezogene* Verbesserung derer Fähigkeiten und Kenntnisse.

Klassische Themen von Trainings dieses Typs können sein:

- Verkauf und Kundenbetreuung
- Kommunikation als Führungsinstrument

---

59 Siehe dazu Abschnitt 10.2: Was ist Gruppendynamik? Trainingsgruppe und Organisationslaboratorium.

welche in einem stark organisationsbezogenen Rahmen bearbeitet werden. Mögliche Funktionen beziehungsweise Ziele derartiger Trainings für die Organisation sind Ressourcenentwicklung und Organisationshygiene (Trainingsfunktionen 1 und 3).

3.4.3 Trainingstyp 3: „Teamtraining“

Häufig wird für Trainings von Abteilungen und Teams einer Organisation (Klientensystem 2) der Begriff *Teamtraining* verwendet – er ist jedoch leider mehrdeutig. Erstens bezeichnet er Trainings eines gewissen *Inhaltes* – nämlich Team*fähigkeiten* – und ist deswegen sehr unpräzise, weil darunter nicht nur *alle Klientensysteme,* sondern auch ,eine *Fülle von Trainingsinhalten* fallen können. Zweitens bezeichnet er Trainings *für* ein gewisses Klientensystem, nämlich Trainings *von Teams und Abteilungen,* und grenzt die Vielfalt von Trainings viel besser ein. In der vorliegenden Arbeit ist der Begriff Teamtraining daher der Bezeichnung des *Klientensystems 3* und nicht einer Gruppe von Trainings zum Thema Team vorbehalten.

Bei Trainings für dieses Klientensystem geht es um eine *gruppenbezogene* Verbesserung der *kommunikativen Fähigkeiten* von „real existierenden“ Teams beziehungsweise Abteilungen. Man bleibt also noch in der Binnenperspektive der Gruppe, obwohl sich natürlich die Organisation als relevante Umwelt jedes Teams noch weniger ausklammern läßt als beim innerbetrieblichen Training von Einzelpersonen. Sie liegen daher zwischen dem Klientensystem 2 (Ausrichtung auf Einzelpersonen) und dem Klientensystem 4 (stärkste Ausrichtung auf die Organisation, wie oben in der Grafik des Abschnitts 3.3.2 dargestellt):

1. Die *Seminarinhalte* sind zum Teil durch die Organisation beziehungsweise durch den Auftraggeber vorgegeben, zum Teil wird bei den konkreten Fragen und *Themen aus der Teampraxis* der Teilnehmer angesetzt.

2. Der Teamtrainer richtet sich stark nach den Interessen der *Teilnehmergruppe.* Diese muß daher auch Mitverantwortung bei der Definition der Lernziele und auch der Gestaltung des Trainingsablaufes übernehmen.

Beispiele für Themen von Trainings dieses Typs wären:

- Kommunikationstraining der Serviceabteilung
- Kooperation in der Einkaufsabteilung

wo die Teilnehmer als Zugehörige dieser bestimmten Abteilung mit ihren Aufgaben und Funktionen in der Organisation trainiert werden. Mögliche Funktionen beziehungsweise Ziele derartiger Trainings für die Organisation sind Ressourcenentwicklung, Organisationshygiene und Anpassung (Trainingsfunktionen 1, 3 und 4).

Neben dem Teamtraining hat sich auch die „Teamsupervision"[60] etabliert, wobei aber letztere keinerlei Seminarcharakter aufweist und eigentlich der Beratung zuzurechnen ist. Die Unterschiede sollen hier der Vollständigkeit halber kurz aufgelistet werden:

Teamtraining...	Teamsupervision...
kommt vor allem bei *neu* konstituierten Arbeitsteams zum Einsatz. Oftmals sind die fachlichen Ressourcen sowie die konstruktive Einstellung der Gruppe in Summe ausgezeichnet, dennoch fehlt es noch für den erwünschten Erfolg an der „gemeinsamen Chemie". Als „Kick-off" dient erfahrungsgemäß am besten eine vier- bis fünftägige Teamklausur unter der Leitung externer Trainer. Danach kann die Gruppe eventuell in Form der Teamsupervision (siehe rechts) zunächst regelmäßig, dann anlaßbezogen weiterbetreut werden.	dient bestehenden Arbeitsteams zur konkreten, gruppenpsychologischen Problembearbeitung sowie zur laufenden „Teamhygiene" und wird vor Ort meist halbtägig durchgeführt. Diese Beratungsform bedeutet dadurch verhältnismäßig wenig Aufwand für die Organisation, ist von Beginn weg problem- und arbeitsplatzbezogen und gerade deshalb oft besonders wirkungsvoll. Geleitet werden die Sitzungen in der Regel von ein bis zwei externen Spezialisten, häufig empfiehlt sich zusätzlich die Kooperation mit einem internen Berater.

3.4.4 Trainingstyp 4: „Funktionsgruppen-Training"

Trainings für bestimmte Funktionsgruppen aus einer Organisation (Klientensystem 4) schließlich lassen sich als *Funktionsgruppen-Training* bezeichnen. Hier geht es entweder um funktionsbezogene Ressourcenentwicklung (Trainingsfunktion 1) oder um Erfordernisse der Anpassung (Trainingsfunktion 4) besonders im Zuge von Entwicklungs- und Veränderungsprozessen in der Organisation.

---

60 Siehe dazu Brandau, H. (ed): Supervision aus systemischer Sicht. Salzburg 1991 und Buchinger, K.: Supervision in Organisationen. Heidelberg 1996.

Beispiele für Themen von Trainings dieses Typs wären:

- Management-Kurs für alle neuen Führungskräfte (Trainingsfunktion 1)
- Kommunikations-Training für Abteilungsleiter im Zuge der Einführung des regelmäßigen Mitarbeiter-Gespräches (Trainingsfunktion 4)

Besonders Funktionsgruppen-Trainings, deren Funktion die Anpassung (4) ist, *beanspruchen* oft bereits nur aus ihrem Titel oder aus ihrer innerbetrieblichen Organisationsform das uneinlösbare Attribut der Organisationsentwicklung, wie bereits mehrfach kritisiert wurde[61]. Damit sind seriöse Funktionsgruppen-Trainings *nicht* zu verwechseln. Man erkennt sie folgendermaßen „von außen“:

1. Sie sind kein „normales“ Trainingsprojekt, sondern wirbeln als Spielart oder Teil „normaler“ Veränderungs- oder Entwicklungsprojekte intern oft ebensoviel Staub wie diese auf, da es keinen wirklich von der „normalen Arbeit“ geschützten Raum für Lernen und Bildung gibt;
2. die „harten“ Lernfunktionen der Ressourcenentwicklung und vor allem der Anpassungsarbeit (Funktionen 1 und 4) sind hier betont, und damit ist das Trainingsprojekt naturgemäß konfliktträchtig;
3. die „weichen“, inoffiziellen Funktionen der Organisationshygiene (3) und jene der Stratifikation (2) sind relativ unwichtig.

Zusammengefaßt: Funktionsgruppen-Trainings können als Unterstützung und Begleitung bei der Veränderung und Entwicklung von Organisationsstrukturen besonders dann erfolgreich eingesetzt werden, wenn

1. die Veranstaltung(-sserie) in der Vorbereitungs- oder Startphase eines Prozesses der Veränderung und Entwicklung von Organisationsstrukturen placiert ist (als sogenannter Kick-off);
2. Widerstände, Ängste oder Hemmschwellen bezüglich des Veränderungsprozesses in der verhältnismäßig „geschützten Lernatmosphäre“ besser abbaubar sind;
3. in fortgeschritteneren Stadien des Veränderungsprozesses bewußt wieder ein „Trainingscamp“ ein- oder zwischengeschaltet werden soll.

---

61 Siehe Abschnitt 2.2: Training und Beratung – Ergänzung oder Konkurrenz?

3.4.5 Das Modell des „Trainings-Kontinuums"

Die vier Grundtypen von arbeitsbezogenen Trainings bilden insofern nun ein „Kontinuum", weil von Typ 1 weg der *Bezug zur Funktion* des Teilnehmers wichtiger wird, während der *Bezug zur Person* abnimmt:

Bezug zur Funktion wird wichtiger <<<<<<<<<<<<

1. „Überbetriebliches Personaltraining"
   (für Einzelpersonen *verschiedener* Organisationen, Klientensystem 1)

2. „Innerbetriebliches Personaltraining"
   (für Einzelpersonen *einer* Organisation, Klientensystem 2)

3. „Teamtraining"
   (für *Abteilungen und Teams* einer Organisation, Klientensystem 3)

4. „Funktionsgruppen-Training"
   (für Repräsentanten bestimmter *Funktionsgruppen* einer Organisation, Klientensystem 4)

>>>>>>>>>>>> Bezug zur Person wird wichtiger

Somit lassen sich mit diesem Modell eines „Trainings-Kontinuums" sämtliche Trainingsaktivitäten der Organisationen mittels der vier Grundtypen von Trainings sinnvoll abgrenzen und beschreiben.

Das Trainings-Kontinuum

	Typus des Trainings/ Beschreibung des Klientensystems	***Trainersystem***	***Beispiele für Themen***	***Mögliche Trainingsfunktionen (Ziele der Organisation)***
v v v v zunehmender Bezug zur Funktion v v v v	**TRAININGSTYP 1** **ÜBERBETRIEBLICHES PERSONALTRAINING** Mitglieder *verschiedener* Organisationen werden als individuelle *Teilnehmer eines öffentlich zugänglichen Seminars* trainiert.	externe Verhaltenstrainer	• Rhetorik • T-Gruppe • Organisationslaboratorium • General Management Kurs • Persönlichkeitsentwicklung	**1. Ressourcenentwicklung: oft** (Qualitätssteigerung und -sicherung durch Optimierung von Humanressourcen, *Human/ Management Resources Development)* **2. Stratifikation: oft** **3. Organisationshygiene: oft** **4. Anpassung: nein**
	TRAININGSTYP 2 **INNERBETRIEBLICHES PERSONALTRAINING** Mitglieder einer Organisation werden als individuelle *Teilnehmer eines Trainings dieser Organisation* trainiert.	interne/ externe Verhaltenstrainer	• Verkauf und Kundenbetreuung • Kommunikation als Führungsinstrument	**1. Ressourcenentwicklung: oft** (wie oben) **2. Stratifikation: nein** (sie wäre innerbetrieblich dysfunktional für das Betriebsklima) **3. Organisationshygiene: oft** **4. Anpassung: ja**
	TRAININGSTYP 3 **TEAM-TRAINING** Mitglieder der Organisation werden als *Zugehörige einer bestimmten Abteilung* oder eines bestimmten Teams trainiert.	interne/ externe Teamtrainer	• Kommunikationstraining der Serviceabteilung • Kooperation in der Einkaufsabteilung	**1. Ressourcenentwicklung: oft** (Qualitätssteigerung und -sicherung durch Optimierung und Entwicklung der Team-Ressourcen, *Team Development)* **2. Stratifikation: nein** **3. Organisationshygiene: ja** **4. Anpassung: ja**
	TRAININGSTYP 4 **FUNKTIONSGRUPPEN-TRAINING** Mitglieder der Organisation werden als *Repräsentanten bestimmter Funktionsgruppen* trainiert (z.B. Hierarchieebenen oder Segmente wie Vertrieb, Fertigung).	interne/ externe Trainer [Berater] (die Trainer sind oft gleichzeitig als Organisationsberater tätig)	• Managementkurs für alle neuen Führungskräfte • Kommunikationstraining für Abteilungsleiter zur Einführung des Mitarbeitergespräches	**1. Ressourcenentwicklung: oft** **2. Stratifikation: nein** **3. Organisationshygiene: nein** **4. Anpassung: oft** (Unterstützung von Entwicklungs- und Veränderungsprozessen, *Project support training)*

3.4.6 Mensch und Organisation – Die Wertschätzung der Person im Training

Die soeben beschriebene „abnehmende Bedeutung des Individuums" bei den Klientensystemen 3 und besonders 4 wirft die Frage nach der Wertschätzung der Klienten auf. Was bedeutet es, wenn sich etwa im Funktionsgruppen-Training der Trainer mit den Teilnehmern nicht vornehmlich „in ihrer Eigenschaft als Individuen" befassen soll, sondern in ihrer Eigenschaft als *Funktionsträger der Organisation?* Bedeutet dies nicht so wie der bekannte Satz Luhmanns, daß *Menschen für die Organisation Umwelt*[62] sind, einen blanken Zynismus gegenüber den Klienten?

Nach der hier vertretenen Auffassung handelt es sich in diesem Fall um eine *Fehlinterpretation,* die freilich aufgrund des hohen Abstraktionsgrades der systemischen Theorie begünstigt wird. Es soll damit keineswegs eine menschenverachtende Gesinnung ausgedrückt werden, wie viele Trainer, Auftraggeber und auch Klienten zunächst entrüstet meinen, sondern der Tatsache Rechnung getragen werden, daß Menschen nicht *nur* in sozialen Systemen mit instinktiven Grundlagen für Wahrnehmung und Verhalten leben (vor allem Personen- und Gruppenbeziehungen empfinden wir als „menschlich"), sondern daß sie mit der Organisation ein abstrakt-anonymes Sozialsystem geschaffen haben, dessen innere Gesetzmäßigkeiten uns Menschen folgendermaßen bestimmen:

3.4.6.1 Das Prinzip der Funktionalität

Organisationen sind Gefüge aus koordinierten Funktionen. Die Personen kommen in dieser Definition *nicht* vor. Die Leistung der Organisation besteht darin, daß sie Menschen zu Arbeitszwecken koordiniert, die sich nicht kennen und von *sich aus* dies niemals tun würden. Der historische Prozeß weg vom Aspekt des Individuums zum Aspekt der Funktion hat sich folgendermaßen entwickelt:

Person → Arbeitsfähigkeit → Arbeitsleistung → Funktion

Gerade dieser Aspekt der Austauschbarkeit des Individuums muß daher heute, im Zeitalter von „Selbstverwirklichung in der Arbeit", mehr denn je von den Organisationen mit einer regelrechten „Lebenslüge" entschärft werden. Die Unternehmensleitbilder und Führungsrichtlinien strotzen oft nur so von Formulierungen wie:

---

62 Luhmann, N.: Funktion und Folgen formaler Organisation. Berlin 1964, S. 24f.

„Bei uns steht der Mensch – als Mitarbeiter und Kunde – im Mittelpunkt...“
oder
„Wir wollen den bei uns beschäftigten Menschen ein hohes Maß an Lebensqualität und Selbstverwirklichung geben...“

Wenn man sich dagegen vor Augen hält, daß Organisationen soziale Systeme zur koordinierten Verrichtung von Arbeit darstellen, versteht man psychologisch, warum diese Realität mit derartigen „Gegenmitteln“ kompensiert und damit besser lebbar gemacht werden muß. Einem Kenner dieser immanenten Logik der Organisationen dürfte dies zu dem bekannten, zynischen Aphorismus veranlaßt haben:

„Für uns ist der Mensch Mittel. Punkt!“

3.4.6.2 Die spezifische Herrschaftsform

Organisationen sind hochentwickelte Herrschaftsformen, in welchen *Gewalt* zur Herrschaftsausübung[63] nicht mehr offen vorkommt. Der historische Prozeß hat sich folgendermaßen entwickelt:

gewaltsame Unterdrückung ...
↓
autoritäre Herrschafts- und Staatsformen ...
↓
anonyme Organisation (abstrakte, daher dauerhafte und „ewige“ Herrschaftsform).

Das bedeutet: Wir unterwerfen uns in der Organisation einer abstrakten Herrschaftsform, die deswegen und vor allem wegen ihrer Anonymität so schwer zu erkennen ist.

3.4.6.3 Das Prinzip der Traditionalität

Organisationen sind soziale Systeme, die unter anderem deswegen unabhängig von zwischenmenschlichen Beziehungen funktionieren können, weil sie die Menschen emotional[64] durch ihre Traditionen, Normen, Prestigewerte etc. *an sich*

63 Diese Ansicht geht auf Max Weber zurück. Siehe Weber, M.: Wirtschaft und Gesellschaft. Tübingen 1972.

64 Zur Kontroverse um die emotionale Bedeutung der Organisation im Unterschied zur Gruppe zwischen T. Lindner und G. Schwarz siehe Heintel, P. (ed): Gruppendynamik. Geschichte und Zukunft. Wien 1993, S 17ff.

binden, ohne sie dabei unersetzlich zu machen: Jede Organisation hat eine Geschichte, mit der die dort beschäftigten Menschen selbst nichts zu tun haben und die auch weiter bestehen kann, wenn Personen ausgetauscht werden.

3.4.6.4 Schlußfolgerung

Wenn man nun die Erfindung der Organisation nicht wieder „abschaffen" möchte, entspricht es nur einer realistischen Haltung, die Auswirkungen der Organisation auf die Menschen zu erkennen und ihnen angemessen Rechnung zu tragen – *zum Beispiel im innerbetrieblichen Training.* Viele „unmenschliche" Auswirkungen der Organisationen sind heute auf die *mangelnde Einsicht* zurückzuführen, daß der Mensch für sie „nur" Umwelt darstellt (nach Jahrzehnten fast „verzweifelter" Selbstüberschätzung etwa durch die *„human relations"* und die „Maxime der Menschlichkeit" in den Leitbildern). Kurz gesagt: Es lebt sich wahrscheinlich menschlicher in und mit den Organisationen, wenn man zur Einsicht gekommen ist, daß Menschlichkeit für die Organisationen nur Mittel, aber nie Zweck ist.

Genau dies könnte professionelles Training also unterstützen, und zwar nicht nur, indem theoretisch darauf hingewiesen wird, sondern dadurch, daß auch im Hier und Jetzt des Trainings zwischen personenbezogenen und funktionsorientierten Aspekten in der Beziehung zwischen Trainer und Klienten sowie im gesamten Setting klar unterschieden wird. Dies zu lernen ist für Klienten nicht nur nützlich im Sinne ihrer Produktivität für die Organisation, sondern auch menschlich entlastend, weil damit eine realitätsbezogenere Einschätzung der eigenen Stellung in der Organisation gefördert wird. Dieses neue Bewußtsein ermöglicht es dann auch, zu erkennen, daß – bei aller anfänglichen Schwierigkeit des emotionalen Nachvollzugs – das „Menschliche" im Training bei *jedem* Klientensystem *wichtig* bleibt, freilich aus verschiedenen Perspektiven:

Innerbetriebliche Personaltrainings (Klientensystem 2)	Teamtrainings (Klientensystem 3)	Funktionsgruppen-Trainings (Klientensystem 4)
beschäftigen sich mit der Wirkung der Organisation auf den einzelnen Menschen.	beschäftigen sich mit der Wechselwirkung zwischen Individuum und Gruppe in der Umwelt der Organisation.	beschäftigen sich mit der Wirkung der „menschlichen Umwelt" auf die Organisation.

Man kann sich als Trainer (oder Berater) mit Individuen, Gruppen oder Organisationen beschäftigen, jedoch schwer alles gleichzeitig tun. Um so wichtiger ist es, ausgehend vom Auftragsziel mit dem Auftraggeber[65] *genau festzulegen, wer der Klient ist:* Einzelpersonen, Teams oder Funktionsgruppen der Organisation. Dadurch sollte von vornherein feststehen, welcher Bezugsrahmen zu wählen ist, und dies sollte man auch vor und während des Trainings deklarieren und kontraktieren.

65 Siehe dazu Abschnitt 6.2: Contracting.

4 Wer soll trainieren?

4.1 Trainersysteme

4.1.1 Externalität und das „kritische Beziehungsdreieck“

„...obwohl Generationen von Vorgesetzten an Führungsseminaren teilgenommen haben, hört man in fast jedem Seminar für Nachwuchsführungskräfte immer wieder den Satz: ‚Hervorragend, dieses Seminar, aber das sollten Sie auch mal unseren Chefs andienen!‘“[66]

Dieses Zitat spiegelt in seiner Schärfe und Aggressivität eine Facette der Dynamik in der Beziehung zwischen Trainer, Klienten und der Organisation wider, wie sie immer wieder, nicht nur in Extremfällen, vorkommt. Nirgendwo ist daher auch der Unterschied zwischen dem überbetrieblichen und dem innerbetrieblichen Training krasser zu spüren und deutlicher zu erkennen als in dieser Beziehungsdynamik: Im innerbetrieblichen Training spielt das Verhältnis zwischen dem Trainer und den Teilnehmern (Klienten) eine ungleich *komplexere* Rolle als in den überbetrieblichen Seminaren, wo die Organisation keinen direkten Einfluß nimmt.

Wenn man die Aufgabe eines Trainers innerbetrieblicher Seminare kurz definiert als *Unterstützung von (seitens der Organisation vorgegebenen) Maßnahmen zur Ressourcenentwicklung, Stratifikation, Organisationshygiene beziehungsweise Anpassung eines bestimmten Klientensystems bei gleichzeitiger Enthaltsamkeit bezüglich irgendwelcher Entscheidungen,* so liegt es auf der Hand, daß dazu die *Externalität* eine beinahe unverzichtbare Voraussetzung ist. Sie ist quasi das Gegengewicht zu den Ansprüchen der Organisation an die Klienten (was ja im Training bearbeitet werden soll) und ermöglicht diesen, die *Neutralität* des Trainers in ihrem „Überlebenskampf anfallender Entscheidungen“ emotional zu akzeptieren und zu

---

66 Etzel, G., Frank-Oestreich, H., Rußland, W., Welz, F.G.: Führungsverhaltenstraining in Intervallen und Lerntransfer: Erprobung eines neuen Konzeptes. In: Zeitschrift f. Arbeits- und Organisationspsychologie, 37. Jg. (N.F.11) 1, 1993.

nutzen. Notwendig dafür ist, daß sich der Trainer gegenüber den Klienten in folgenden Punkten deklariert:

1. Was ist seine Verpflichtung gegenüber dem Auftraggeber beziehungsweise der Organisation?

2. Was sind seine Berufsgrundsätze und Arbeitsmethoden, denen er sich verpflichtet fühlt?

3. Worin fühlt er sich gegenüber den Klienten verpflichtet?

Dies schafft eine delikate Beziehungsstruktur. Hier haben wir es mit einer Dreiecksbeziehung zu tun, einer der schwierigsten[67] Kommunikations- und Beziehungsformen:

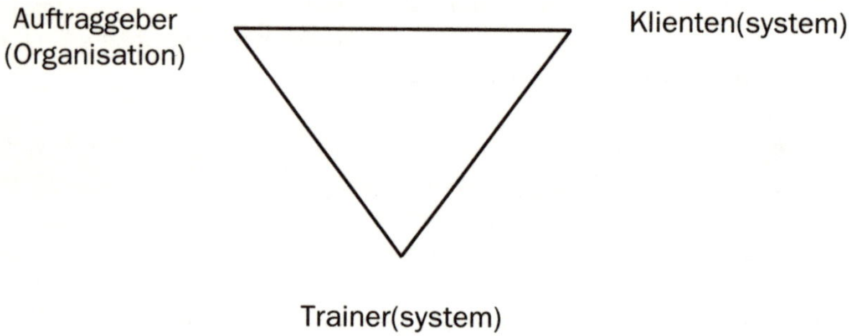

Der professionelle Umgang in und mit diesem „kritischen Beziehungsdreieck“ ist daher eine notwendige Voraussetzung für das Gelingen innerbetrieblicher Trainings. Wenn diese spezifische Anforderung jedoch weder dem Trainer noch dem Auftraggeber hinlänglich klar ist, dann wird zwar oft viel und sorgfältig über Trainingsinhalte und Arbeitszeiten diskutiert und verhandelt, und dennoch strotzt dann das Resultat von Unprofessionalität und Unzufriedenheit. Daher läßt sich der Wert klarer Verhältnisse und bewußter Kommunikationsformen hierbei gar nicht hoch genug einschätzen. Näheres dazu findet sich daher in den Abschnitten 8: Interventionstechnik, 9: Designtechnik und 6: Hinweise zum Zusammenspiel Trainer-Auftraggeber[68].

---

67 Siehe dazu Hoffmann, L.: Grundlagen der Familientherapie: Konzepte für die Entwicklung von Systemen. Hamburg 1984.

68 Insbesondere im Abschnitt 6.2: Contracting.

4.1.2 Die Rollenproblematik interner Trainer

Keine größere Organisation mit professionellem Bildungswesen kann heute auf interne Trainer verzichten. Neben der Kostenfrage – interne Trainer kommen, die entsprechende Auslastung vorausgesetzt, gewöhnlich günstiger – spielen hier auch die zunehmenden Anforderungen nach *Wissensmanagement* in der Organisation[69] eine Rolle. Wenn also geeignete Fachleute zeitweise oder sogar hauptamtlich eine interne Referenten- oder Trainerfunktion ausüben, vernetzen und tradieren sie damit das vorhandene *Know-how.* Auch als Maßnahme der Mitarbeiter und Führungskräfteentwicklung spielen interne Bildungsfunktionen eine zunehmende Rolle. Im Bereich Ausbildung und Fachschulung haben interne Referenten daher traditionell einen hohen Stellenwert und verhältnismäßig wenig Probleme mit ihrer Funktion.

Delikater verhält es sich im Bereich Persönlichkeits- oder Teamentwicklung, wo zum Beispiel die Bearbeitung psychologischer Widerstände und Ängste der Teilnehmer, aber auch heikler Tabus in der Organisation etc. zum täglichen Brot der Bildungsarbeit gehören. Hier sind *interne Trainer* als Organisationsmitglieder auch deren Bedingungen (disziplinäre Autoritätbeziehungen, Zugehörigkeit zu bestimmten Hierarchieebenen und so weiter) untergeordnet. Sie sind dadurch in einer *grundsätzlich anderen Position* als ihre externen Kollegen. Wenn interne Trainer im Bereich Persönlichkeits- und Teamentwicklung daher nicht klar abgesicherte Rahmenbedingungen (wie Unabhängigkeit, Gestaltungsfreiheit, Ausschluß höherer Hierarchieebenen etc.) vorfinden, ist ihre Tätigkeit zumeist mehr von Schwierigkeiten als von Erfolgen gekennzeichnet:

1. Interne Trainer bekommen ihren Auftrag von der Organisation als Mitglied derselben. Während sich ein Externer nicht allein seinem Auftraggeber, sondern auch seinen *eigenen Berufsgrundsätzen* verpflichtet deklariert, gerät der Interne als Organisationsmitglied in den Augen skeptischer Teilnehmer leicht in die vertrauenshemmende Position des willfährigen Handlangers der Obrigkeit. Oft gestattet es die Bereitschaft der Teilnehmer nur, zum engumrissenen Seminarthema und auf der Ebene der individuellen Persönlichkeit zu arbeiten, ohne jedoch die Ebene heikler Organisationsdimensionen ansprechen zu können.

2. Hierarchisch höherstehende Teilnehmer lassen sich erfahrungsgemäß oft nicht so ohne weiteres von Tieferstehenden „trainieren". Sie kommen daher

---

69 Siehe dazu etwa Pedler, M./Burgoyne, J./Bodyell, T.: Das lernende Unternehmen. Potentiale freilegen – Wettbewerbsvorteile sichern. Frankfurt/New York 1994.

entweder aus Prestigedenken[70] prinzipiell *nicht* zu organisationsinternen Veranstaltungen oder machen dort dem Trainer die Arbeit und der Gruppe das Lernen schwer. Beides beeinflußt den Stellenwert von Trainings in der Organisation ungünstig.

3. Bei Konflikten zwischen Angehörigen verschiedener Abteilungen entsteht für den internen Trainer ein Dilemma: Sich einer Stellungnahme zu enthalten ist schwer möglich, Stellung zu beziehen problematisch. Was immer der Interne hier tut, es kann Mißtrauen und Vorurteile verstärken.

4. Nicht alle Teilnehmer sind in der Lage, restlos darauf zu vertrauen, daß der Interne keine Fragen über Einzelpersonen *nach* dem Seminar beantwortet.

5. Häufig ist die interne Bildungsabteilung eine hierarchisch recht hoch angesiedelte Stabsstelle: zum einen aufgrund ihres integrativen Aufgabenbereiches, zum anderen, um deren oft geringes Ansehen und niedrigen Einfluß in der Organisation wenigstens hierarchisch abzufedern. Dies kann einen Teufelskreis ergeben. Das Ansehen *kann* oft (trotz hervorragender Qualität ihrer Arbeit) nicht hoch sein, und durch die Positionierung als Stabsstelle ganz oben erreicht man häufig nur noch größeres Mißtrauen.

Die spezielle Problematik der internen Trainer (und Berater) soll mit folgendem Beispiel illustriert werden.

Ein (hochprofessioneller) Leiter einer Bildungsabteilung eines namhaften Geldinstitutes berichtete mir, daß sein Chef einmal die Absicht verlauten ließ, ein internes Führungsseminar zum Thema „Konfliktmanagement" zu besuchen. Der Gruppenleiter beschwor daraufhin seinen Chef, davon Abstand zu nehmen, da erstens dieser Rollenwiderspruch zwischen Kursleiter und disziplinarisch Untergebenen für den internen Trainer ein unlösbares Dilemma bedeutete, und zweitens, da die Teilnehmer als Organisationszugehörige seine Anwesenheit als Kontrolle des Seminars empfinden würden, was beides keine sinnvolle Arbeit mit der Gruppe zuließe.
Die Argumentation war vergeblich, der Mann ließ sich nicht von seinem Vorhaben abbringen. Erst das dritte „Argument" überzeugte ihn schließlich: In diesem Konfliktseminar würden reale Konfliktfälle aus dem aktuellen Arbeitsbereich *jedes* Teilnehmers bearbeitet werden...

Man kann sich zusammenfassend also vorstellen, welche und wie viele Bredouillen interne Trainer, die *ohne geeignete Rahmenbedingungen* arbeiten

70 In vielen Organisationen scheint überhaupt die Regel zu gelten: „Man geht nicht zu den gleichen Seminaren wie der Untergebene." Ich habe es nicht selten erlebt, daß es die Topebene beispielsweise vorzog, „nur in die Schweiz" oder zu irgendwelchen Renommierinstituten im Ausland auf Seminar zu gehen.

müssen, oft ausstehen. *Externe Trainer* hingegen können hier, wenn sie professionell sind, mit allen Attributen ihrer Externalität operieren. Damit steht ihnen ein Feld von Interventionsmöglichkeiten zur Verfügung, welches erlaubt, nicht nur an den persönlichen Fähigkeiten der Teilnehmer zu arbeiten, sondern auch die Ebene der Organisation als Bezugsrahmen des Trainings besser mit einzubeziehen.

Die oben aufgelisteten Rahmenbedingungen für interne Trainer, die diese Effekte minimieren können, sind nebenbei bemerkt in der Organisation äußerst schwierig zu gestalten, durchzusetzen beziehungsweise zu verteidigen, weil sie *den internen Trainern letztlich den Sonderstatus einer Quasi-Externalität sichern* müssen. Keiner Organisation fällt dies leicht.

4.1.3 Einzeltrainer oder Trainerstaff?

In den letzten Jahren gehen systemisch orientierte Trainer und Berater immer öfter dazu über, nicht mehr allein, sondern grundsätzlich mindestens zu zweit zu arbeiten. Entgegen so mancher (verständlichen) Kundenmutmaßung handelt es sich hierbei nicht unbedingt um eine wundersame Vermehrung des Auftragsvolumens, sondern um einen auch theoretisch fundierten Fortschritt.

Die Arbeit zu zweit ermöglicht deshalb einen Qualitätssprung, da dem sozialen System der Organisation hierbei nicht wie bei nur einem Trainer eine – durchaus hochkompetente – Einzelperson, also ein *„personales System"*, gegenübersteht, sondern ebenfalls ein *„soziales Mikrosystem"*. Analog zur externen Beratung (die dem Unternehmen helfen soll, seine Ziele und Entwicklungsprozesse zu reflektieren und zu hinterfragen), wo ein Berater*team* leichter in der Lage ist, die Rolle und Funktion der Beratung in diesem Prozeß im Sinne der Auftraggeber und Klienten zu optimieren, erweist sich auch ein Trainer*team* der sozialen Komplexität seines Klientensystems[71] angemessener.

Mit der *Gruppengröße* hat dieses Argument gegen den Einzeltrainer daher wenig zu tun, eher ist das Gegenteil zutreffend: Je direkter man in kleinen Gruppen als Trainer den Individuen gegenübersteht, desto stärker ist man auch deren spezifischer „Verführung" ausgesetzt, sich beispielsweise von der Organisationsperspektive auf die personenzentrierte Sichtweise ziehen zu lassen, Problemdefinitionen und Tabus zu übernehmen etc. Daher ist der Einsatz von mehreren Trainern *auch bei kleinen Gruppen* überaus empfehlenswert. Aus Sicht des Auftrag-

71 Dies entspricht dem sogenannten Varietätsgesetz von Ashby (Ashby, W.: Principles of the self-organizing system. In: Foerster, H.v.: Principles of Self-organization. Oxford 1962).

gebers sprechen eigentlich „nur" die höheren Honorarkosten dagegen; im Falle sehr schwieriger und anspruchsvoller Aufgabenstellungen besteht aus professioneller Perspektive aber oft gar keine Wahlmöglichkeit. Wer hier wider besseres Wissen aus Sparsamkeitsgründen nur einen Trainer einsetzen will, muß damit rechnen, daß die Mehrkosten dafür hinterher zum Vorschein kommen.

Voraussetzung für den Qualitätszuwachs ist freilich immer auch die entsprechende *Zusammensetzung* des Staffs. Man muß nicht nur menschlich und fachlich „miteinander können und wollen", sondern es sollte auch die Zweckmäßigkeit der jeweiligen Zusammensetzung für den jeweiligen Auftrag berücksichtigt werden. Bei der Zusammenstellung von Trainerstaffs gilt es, neben der Frage der erforderlichen fachlichen Kompetenzen und Ergänzungen vor allem die einschlägigen *„sozialen Unterschiede"* im Staff zu bedenken. Grundsätzlich ist ein möglichst breites Spektrum vorteilhaft, wenn immer ein Training der Erweiterung der sozialen Kompetenz dient. Mögliche Differenzkriterien können – abhängig von Thema und auch Teilnehmerkreis – sein:

älter	jünger
intern	extern
männlich	weiblich
„Theoretiker"	„Praktiker" (zum Beispiel als Führungskraft)
firmengebunden	freiberuflich

Insbesondere die *Geschlechterdifferenz* spielt hier eine beachtenswerte Rolle. Innerbetriebliche Trainings stellen soziale Untersysteme dar, welche die Realität der Organisation in gewisser Weise abbilden. Daher ist es auch nicht verwunderlich, daß besonders im Training der oberen Hierarchieränge sich die Männer häufig unter sich wiederfinden. Dies hat für die Arbeit insofern negative Effekte[72], als soziales Lernen um wichtige Unterschiede und damit Dimensionen ärmer beziehungsweise schwieriger ist, wenn in der Gruppe eines der beiden Geschlechter fehlt oder unterrepräsentiert ist.

Vieler Trainer und Berater bevorzugen daher, nicht nur im Duo, sondern in *gemischtgeschlechtlichen* Duos zu arbeiten. Dadurch soll zumindest im Trainersystem die bestmögliche Vielfalt gewährleistet sein, selbst wenn diese im Klienten-

72 Siehe dazu Krainz, E.E.: Die männerbündische Organisation. Zur Bedeutung der Geschlechterdifferenz für die Gruppendynamik. In: Heintel, P. (ed): Gruppendynamik. Geschichte und Zukunft. Wien 1993, S 243ff.

system noch nicht existiert. (Wie lange diese überwiegend „homogen männlichen Gruppenpopulationen" noch vorherrschen werden, ist ein eigenes, hochaktuelles Thema und läßt sich hier nicht näher ausführen.)

Es hat allerdings *keinen Sinn,* wenn Auftraggeber die Trainer nach irgendwelchen Differenzkriterien einfach zusammenspannen; hier sollten die beteiligten Trainer deutlich mitreden und notfalls einen Auftrag auch ablehnen, wenn für sie feststeht, daß die vorgegebene Konstellation des Staffs für das Auftragsziel dysfunktional ist. Zu interventionstechnischen Fragen hierzu siehe auch den Abschnitt 8.3.9: Trainieren im Staff und im gemischtgeschlechtlichen Duo.

4.1.4 Der Einsatz von Cotrainern

Der Begriff Cotrainer ist nicht sehr scharf. Er wird generell in drei Bedeutungen verwendet: im Sinne von „Junior", von „Ausbildungskandidat" und von „Partner" des Trainers.

4.1.4.1 Cotrainer als Junior

Der Cotrainer ist hier deshalb „Junior" neben dem „eigentlichen" Trainer, weil er zum Beispiel weniger Erfahrung, Ausbildung etc. hat; er ist billiger, kann den Trainer entlasten und bietet bei einer gewissen Kostenersparnis manche Vorteile des Arbeitens im Staff. Der Einsatz eines *externen* Cotrainers als Junior in der vielkritisierten Art der *Junior consultants* großer Beratungsfirmen erscheint für innerbetriebliche Trainings erfahrungsgemäß ebenso problematisch wie in der Beratung und sollte nur als Notlösung in Betracht kommen, wenn ein einzeln arbeitender externer Trainer für die Aufgabenstellung und das Budget für einen Partnertrainer beim besten Willen nicht ausreichen.

Interne Cotrainer als Juniors hingegen können als Personalförderungsmaßnahme bei Trainings durchaus sinnvoll eingesetzt werden – *nicht* als Auszubildende, sondern um neben der *Teilnahme* an Seminaren die Gelegenheit einer speziellen, zusätzlichen Lernchance zu erhalten. Dafür bieten sich besonders:

1. Jungführungskräfte,
2. interne (Jung-)Trainer und
3. Teamleiter

an, die das betreffende Seminar aber unbedingt besucht haben sollten. Ein sorgfältiges und in der Organisation transparentes *Auswahlverfahren* sollte in weiterer Folge ebenso selbstverständlich sein wie die *Veröffentlichung* von Rolle und Zielsetzung des Cotrainers vor beziehungsweise zu Beginn der Veranstaltung (darauf hat natürlich der Trainer zu achten). Mögliche Ziele des Cotrainings als Maßnahme der Personalförderung sind:

- eine zusätzliche *soziale* Lernmöglichkeit durch die in der Gruppe nicht abgesicherte Situation (jedoch keine Ausbildung!) zu erhalten;
- Gruppenprozesse sehen und verstehen zu lernen;
- Kompetenzen für Teamentwicklung zu erweitern;
- die bereichsübergreifende Problematik in der Organisation zu sehen;
- über die eigene *Funktion* in der Organisation hinauszudenken.

Die Aufgabe des Trainers besteht darin,

1. Feedback über die Stärken und möglichen Lernfelder zu geben (wichtig scheint, hier nicht zu beurteilen, nicht auf Schwächen abzuzielen) sowie
2. zu motivieren beziehungsweise Empfehlungen zu geben für persönliche Weiterbildung, mit welcher der Cotrainer dann an die Organisation herantritt.

4.1.4.2 Cotrainer als Ausbildungskandidat

Der Cotrainer als *Ausbildungskandidat* ist dem Lehrtrainer untergeordnet. Diese Position ist sehr schwierig und widersprüchlich für Teilnehmer, Lehrtrainer und vor allem für den Cotrainer. Man kann sie etwas frei mit einem Copiloten vergleichen, der zwar alles *kann,* doch noch *nicht alleine „darf".*

Das „klassische" Einsatzgebiet von Cotrainern als Auszubildende ist das überbetriebliche Training (Trainingstyp 1); externe Cotrainer werden in *innerbetrieblichen* Trainings als Auszubildende jedoch sehr selten eingesetzt. Selbst wenn der Organisation dadurch keine Kosten (Reise, Nächtigung, Honorar) bei einem gewissen Nutzen entstehen würden, stimmen doch fast alle Auftraggeber einem solchen Einsatz nur ungern zu. Das erklärt sich mit den besonderen Anforderungen bei innerbetrieblicher Arbeit: Auftraggeber und Teilnehmer fühlen sich durch die dem Auftragsziel „fremde" Lernsituation des Cotrainers irritiert.

Der betroffene Lehrtrainer ist hier oft innerlich gespalten, da er einerseits der Einschätzung des auszubildenen Cotrainers als Irritationsfaktor zustimmt, andererseits jedoch weiß, wie wenig Lerngelegenheiten es dadurch für angehende Trainer gibt.

4.1.4.3 Cotrainer als Partner

Wenn der Cotrainer als Partner des Trainers in Status und Funktion gleichwertig ist, dann erscheint die Bezeichnung Cotrainer eher irreführend und sollte daher besser durch „Partnertrainer" ersetzt werden.

4.2 Anforderungsprofile für Trainer

Das Thema der Berufsqualifikation von Trainern erscheint nach allen bisherigen Ausführungen besonders heikel, und es erfordert eine kritische Vorbemerkung: Nach den hier vertretenen Kriterien ist „Trainer im Verhaltensbereich" ein *hochspezialisierter Beruf* und keine Tätigkeit, die man sich so nebenbei oder autodidaktisch anlernen kann beziehungsweise dürfen sollte. Dies gilt insbesondere für Trainer *innerbetrieblicher* Seminare, wo aufgrund der Themenstellung ein bestimmtes Maß an Organisationskompetenz wichtig ist; bei überbetrieblichen Seminaren ist die „Narrenfreiheit" ein durchaus funktionales Element des Marktes, und es kann auch verhältnismäßig wenig Schaden anrichten, wenn ein Vertreter einer Organisation einmal probehalber an einem schlechten oder praxisfernen Training teilgenommen hat.

Die wachsende Nachfrage des Marktes nach innerbetrieblichen Trainings ist bei dem ständig steigenden Anpassungs- und Veränderungsbedarf unserer Organisationen nicht weiter verwunderlich und in Hinsicht auf Arbeitsqualität und -zufriedenheit auch zu begrüßen, hat jedoch ein problematisches Phänomen hervorgebracht, das diesem Qualitätserfordernis zuwiderläuft. Dieses Phänomen greift heute auch in der Psychotherapie und in der Wissenschaft immer mehr um sich: die Ansicht, daß jeder interessierte Laie nicht nur das Recht auf seine Meinung *(zur* Wissenschaft, *zur* Psychotherapie oder *zu* Beratung und Training) hat, sondern daß jeder interessierte Laie in gleicher Weise dort auch praktizieren darf.

Ein Beispiel aus der Physik ist das „Neue Denken" von Fritjof Capra[73], das einen Boom an obskuren Ergüssen ausgelöst hat. Weiter zurückreichend ist das Beispiel der Vulgarisierung der Psychoanalyse: Die Verbreitung von Freuds Theoriegebäude hat besonders in den USA dazu geführt, daß dort fast schon jeder zu allen möglichen Kommunikationsanlässen psychologische Löcher bohrt, indem er mit so groß klingenden Vokabeln wie „Verdrängung" etc. um sich wirft[74].

73 Capra, F.: The Tao of Physics. Berkeley 1975.

74 Dies hat der Komiker Woody Allen in seinen Filmen immer wieder trefflich portraitiert.

In der Psychotherapie hat die (grundsätzlich erfreuliche) Tendenz sowohl bei vielen Patienten als auch bei vielen fortschrittlich denkenden „Gesunden", selbst Verantwortung für ihre seelische Gesundheit zu übernehmen, schließlich zur beängstigenden Vermehrung der „Wohnzimmertherapeuten" geführt.

Nicht anders verhält es sich derzeit mit der Beratung und dem Training: Den immer höheren Anforderungen des Berufes steht ein Heer der halb- und unprofessionellen „Selfmade-, Hobby- und Amateurtrainer" gegenüber. Angelockt von den Honoraren oder inneren Spätberufungen folgend machen sie sich ohne spezielle Ausbildung, aber mit viel Selbstvertrauen rasch einige Schlüsselvokabel zu eigen und kosten trotz ihrer Dumpinghonorare die Organisationen viel Lehrgeld und die echten Professionals viel Überzeugungsarbeit.

Die folgenden Ausführungen sind daher ein Versuch, professionelle Kriterien für innerbetrieblich tätige Trainer (mit Anspruch auf Organisationskompetenz) zu entwickeln, die sowohl den Anbietern als auch den Einkäufern eine Orientierung bieten können. Besonders soll jedoch darauf hingewiesen werden, daß diese Kriterien für Trainer innerbetrieblicher Seminare im Bereich Verhalten, Führung und Organisationssteuerung gelten, jedoch *nicht unbedingt* für die vielen internen Fachreferenten sowie für Spezialisten, welche als Teil ihrer Arbeit Fachseminare leiten.

4.2.1 Ausbildung und fachliche Anforderungen

Sieht man von den schwer wägbaren Fähigkeiten wie Empathie und Interesse an der Arbeit mit Menschen oder Gruppen oder vom Vorhandensein ethischer Prinzipien[75] und von charakterologisch bedingten Begabungen zunächst ab (letztere werden im nächsten Abschnitt erörtert), so lassen sich durchaus handfeste Anforderungsprofile für den Beruf des Trainers innerbetrieblicher Seminare erstellen. Diese ergeben sich im wesentlichen aus folgenden Komponenten:

- Kompetenz im Umgang mit interaktionellen Sozialsystemen, insbesondere Gruppen
- Wissen über Organisationen als soziale Systeme
- professioneller Umgang mit der eigenen wie fremden *Unsicherheit* aufgrund des offenen Seminardesigns (Trainer, die ausschließlich nach dem „Trichter-

75 Siehe dazu Abschnitt 5.3: Autoritätswahrnehmung, Stil und Berufsethik des Trainers.

modell" der Pädagogik beziehungsweise der Beratung[76] arbeiten, haben natürlich viel Sicherheit in ihrer Tätigkeit, da sie, salopp gesagt, selbst nichts lernen müssen. Adaptiert man aber sein Programm laufend auf Prozesse in der Teilnehmergruppe, dann bedeutet dies Unsicherheit: Man sitzt in den Pausen oft ratlos da und weiß nicht so recht, wie es weitergehen soll)

- spezifische Fachkompetenzen im interaktionellen Bereich, zum Beispiel für Kommunikation, Mitarbeiterführung, Konfliktbearbeitung ...

Die Aus- und Weiterbildung von Trainern sollte daher folgende Felder umfassen:

1. **Soziale Kompetenz**
   Gruppenkompetenz, Umgang mit teiloffenen Designs und themenzentrierten Lerngruppen, pädagogisches Know-how, kommunikative und rhetorische Fähigkeiten...

2. **Frustrationstoleranz**
   Wer sich auf die Arbeit für Menschen in Organisationen einläßt, braucht viel Erfahrung und Ausdauer, da sich der Nutzen von innerbetrieblichen Trainings oft nicht sofort abschätzen lassen *kann.*

3. **Rollenflexibilität**
   Trainer brauchen nicht allein schon wegen ihrer exponierten Stellung zwischen Auftraggeber- und Klientenwünschen eine überdurchschnittliche Rollenflexibilität[77]: Sie müssen Experte, Lehrer, Pädagoge, Trainer, Berater und bisweilen Guru sein können, ohne darin „aufzugehen".

4. **Theoretisches Spezialwissen**
   Kenntnisse aus der Kommunikationstheorie, Gruppendynamik, der systemischen Organisationstheorie, der Wirtschaftssoziologie und -philosophie...

5. **Methoden- und Interventionsrepertoire**
   Trotz der erforderlichen Methodenvielfalt und -flexibilität[78] braucht der Trainer ein solides fachliches Standbein und eine methodische Wurzel.

---

76 Siehe dazu Abschnitt 5.1: Lernen nach dem „Trichtermodell": Professionals auf der Schulbank?

77 Siehe dazu auch Abschnitt 4.1.1: Externalität und das „kritische Beziehungsdreieck".

78 Zu dieser Anforderung vgl. Fisch, R., Fiala, S.: Wie erfolgreich ist Führungstraining? In: Die Betriebswirtschaft, 44 S. 192ff.

6. **Laufende Persönlichkeitsentwicklung, Intervision und Supervision**
Der Negativ-Fokus des Trainierens, der aus der „defizit-ausgleichenden" Konnotation entsteht, mündet leicht aus Selbstschutz in einen Trainersadismus: „Ich zeige denen schon, was sie alles *nicht* können!"

7. **Wissen über Organisationen**
Jeder Trainer kennt nur gewisse Sektoren der Organisation, für deren Mitglieder er arbeitet, und auch dies nur aus deren Perspektive beziehungsweise jener seines *Auftraggebers.* Hier ist er dem Berater gegenüber im Nachteil. Diese Teilsicht läßt sich nur durch „anderweitige" Erfahrungen etwa aus Beratungsprojekten erweitern und *nicht* mit der weitverbreiteten Illusion, an Informationen unbedingt „unter der Hand" herankommen zu müssen, beispielsweise bei nächtlichen Trinkgelagen, wo die Seminarteilnehmer auszupacken beginnen...

Diese kurze Auflistung klingt sehr anspruchsvoll, und sie ist es auch. Für eine wirkliche Ausbildung zum Trainer ist es daher notwendig, sich lange und *aktiv* auf mehreren Ebenen zu bewegen:

1. Formale Trainerausbildung bei einer anerkannten (weniger im Sinne staatlich-öffentlich, sondern vom Markt anerkannt) Gesellschaft oder Vereinigung[79] professioneller Berater und Trainer (meiner persönlichen Empfehlung nach aus der nicht personenzentrierten Tradition der Gruppendynamik nach NTL[80]).

2. Praktische Erfahrung aus der Binnenperspektive von Organisationen.

3. Erwerb von theoretischem Wissen über Organisationen an Universitäten, Spezialseminaren und durch Selbststudium.

4. Persönlichkeitsentwicklung in einer seriösen Therapierichtung (meiner persönlichen Empfehlung nach aus der psychoanalytischen Tradition beziehungsweise der humanistischen Psychologie wie Psychoanalyse, Gestalttherapie, Psychodrama, Gruppenanalyse, Bioenergetische Analyse etc.)

All diese Anforderungen mögen übertrieben hart klingen. Es soll aber dem Leser nach der bisherigen und der weiteren Lektüre selbst überlassen bleiben,

---

79 Auf Universitäten und in anderen öffentlichen Institutionen gibt es derzeit interessante Möglichkeiten des *Theorieerwerbs und der Weiterbildung* für Trainer und Berater, meines Wissens aber keine Möglichkeit einer seriösen Ausbildung. Diese liegt in den Händen privater Organisationen.

80 Siehe dazu Abschnitt 10.2: Was ist Gruppendynamik? Trainingsgruppe und Organisationslaboratorium.

darüber zu urteilen, inwieweit sich die Anforderungen für diesen Beruf mittels Autodidaktik und gesundem Hausverstand (der sich so bezeichnenden „Praktiker" in dieser Profession) erwerben beziehungsweise ersetzen lassen. Dies gilt übrigens auch für *Berater*, die trainieren wollen oder müssen: So wie viele Trainer der falschen Meinung sind, sie könnten ebensogut auch beraten gehen, glauben viele Berater ernstlich, sie könnten selbstverständlich auch einmal trainieren, da doch die *Inhalte* oft so ähnlich klingen. Das ist ein grober Irrtum, da es sich um zwei verschiedene Arbeitsformen[81] handelt (die zugegeben ähnliche Zielsetzungen verfolgen und verwandte Methoden anwenden). Training ist wie die Beratung eine eigene Profession oder Kunst, welche eine spezielle Begabung, Ausbildung und Erfahrung erfordert.

4.2.2 Wer wird Trainer? Versuch einer Charakteranalyse

Zunächst: Was ist eigentlich Arbeit?
Es gibt zwei Arten von Arbeit:
erstens, Materie auf oder nahe der Erdoberfläche zu bewegen, ...
zweitens, andere Leute anzuweisen, es zu tun ...
und drittens, letztere dabei zu beraten oder zu trainieren.
nach Bertrand Russell[82]
der dritte Punkt ist eine Hinzufügung d. A.

Der hier vertretenen Interpretation nach gibt es drei charakterliche Grundkomponenten, welche für den Beruf des externen Trainers kennzeichnend beziehungsweise erforderlich sind: *Überzeugungswunsch, Lehrerqualität und Einzigartigkeit.* Jeder kennt natürlich genügend Beispiele von Trainern und Beratern, wo das eine oder andere Element entweder fehlt oder überentwickelt ist. Das ist jedoch nicht unproblematisch, wie im folgenden demonstriert werden soll.

4.2.2.1 Überzeugungswunsch

Mit dem Begriff *Überzeugungswunsch* ist eine tief in der Persönlichkeit verankerte Neigung gemeint, seine Überzeugungen anderen Menschen weiterzugeben (nicht unbedingt im Sinne religiösen Sendungsbewußtseins, sektenmäßigen

81 Ein praktisches Beispiel für diese Unterschiede findet sich im Abschnitt 9.2.7: Fallanalyse und Fallsupervision.

82 Anläßlich seiner Rede bei Entgegennahme des Literaturnobelpreises. Ders. in: Russell, B.: Human Society in Ethics and Politics. 1954.

„Erlösungsverständnisses" oder dergleichen). Wer als Trainer kein *Anliegen transportieren* möchte, ist kein guter Trainer, auch wenn er über noch soviel nützliches Wissen[83] verfügt. (Ein Parallelbeispiel sind manche Hochschulprofessoren, die sich vor ihrer Lehrfunktion fürchten und sich am liebsten ganz in die Forschung zurückziehen würden.) Jeder noch so unerfahrene Teilnehmer spürt sofort und instinktiv, wenn ein Trainer nicht gerne trainiert.

Trainer *ohne Überzeugungswunsch* sind im Endeffekt übrigens meist ebenso problematisch wie jene, die hier „zuviel des Guten" tun, wie es bei den sogenannten *„Missionaren"* (siehe unten) der Fall ist.

4.2.2.2 Lehrerqualität

Eng mit dem Überzeugungswunsch verbunden ist bei Trainern die zweite, archetypische Qualität vom *Lehrer*[84] als einer Person, der man *Autorität in puncto Wissen oder „Weisheit"* zuschreibt und daher auch „glaubt", von der man aber auch Verständnis, Empathie und Können in der Kommunikation erwartet.

Fehlt das *Element der Lehrerqualität,* so fehlt auch meist ein gewisses „Charisma" in der Erscheinung und fast immer jegliche Lebendigkeit in der „Performance" des Trainers. Beides erfordert sicherlich ein gewisses Talent, aber weniger, als man denkt: Wenn jemand ein echtes Interesse und ein wirkliches Vergnügen daran hat, seine „Überzeugungen" anderen weiterzuvermitteln, kann er auch trotz mangelhafter Rhetorik oder unscheinbarem Äußeren hervorragend „ankommen".

Dies soll *nicht* bedeuten, daß Trainer Shows abziehen sollen – *Entertainer* gibt es zur Genüge, wie im nächsten Abschnitt ausgeführt wird – sondern daß sie gewisse Kommunikationsfähigkeiten besitzen sollen. Einige problematische Aspekte der *übertriebenen* Lehrerqualität werden im Abschnitt 5.1: Lernen nach dem „Trichtermodell": Professionals auf der Schulbank? kritisiert.

4.2.2.3 Einzigartigkeit

Das dritte Persönlichkeitselement der *Einzigartigkeit* ist nicht leicht zu formulieren, da es sich um eine untrennbare Mischung aus Fremd- und Selbstzuschreibungen der Berufsgruppe „Trainer" handelt (es sei hier nochmals hervorgehoben, daß diese Ausführungen *nicht* für die internen Fachreferenten oder die

---

83 Ich hörte dazu einmal eine sehr treffende Bemerkung über einen (fachlich und ethisch untadeligen) Trainer *ohne* diese Art Überzeugungswunsch: „Man hat im Seminar irgendwie das Gefühl, daß er nur wegen des Honorares trainiert..."

84 Diesen Aspekt hat P.Slater hervorragend analysiert. Siehe Slater, P.: Ein Mikrokosmos. Studie über Gruppendynamik. [1966] Frankfurt 1978.

nebenbei referierenden Experten gelten). Zunächst kann man fragen: *Welche Eigenschaften werden den hauptberuflichen, besonders den externen Trainern zugesprochen, welche Besonderheiten werden ihnen angemutet?*

- Im Grunde unterstellt die populäre Vorstellung von Einzigartigkeit, daß Trainer und Berater deshalb etwas *„Besonderes"* seien, weil sie doch als Außenstehende in der Lage sind, den Verantwortlichen in den Betrieben und Behörden Ratschläge zu erteilen, Auskünfte zu geben oder wichtige Dinge beizubringen.

Ich persönlich bin nun der Ansicht, daß genau dies mit ein möglicherweise unbewußter Bestandteil des *Selbstbildes* von (hauptberuflichen, externen) Trainern und Beratern ist: Das *Element der Einzigartigkeit* ist psychologisch das tiefstliegende der drei genannten Merkmale in der Charakterstruktur von hauptberuflichen Trainern; man spricht hier von einer sogenannten *narzißtischen Persönlichkeitskomponente,* und die Profession des externen Trainers (ebenso wie jene des Beraters) *ist* unter anderem durch das Vorhandensein eines gewissen Maßes an *narzißtischer Persönlichkeitsstruktur* charakterisiert (siehe unten). Mir zumindest ist kein Beispiel eines hauptberuflichen Trainers oder Beraters geläufig, der *keine* derartigen Elemente erkennen läßt (wohlbekannt sind aber Beispiele von übersteigertem Narzißmus in Form der autoritären Ratgeber, Besserwisser[85] und professionellen „Selbstinszenierer").

Da es den vorliegenden Rahmen bei weitem sprengen würde, eine *vollständige* Darstellung des Narzißmus[86] beziehungsweise eine Charaktertheorie der Trainer zu entwickeln (ganz abgesehen von der Frage, ob dieser Personenkreis dazu nicht viel zu heterogen ist), soll hier – bewußt stark vereinfachend – nur der folgende Leitaspekt[87] beschrieben werden:

- Für narzißtische Persönlichkeiten ist das eigene Fremdbild oder *Image* von ausschlaggebender Wichtigkeit. Das bedeutet, daß fremde Zuschreibungen betreffend die eigene Person (eben das sogenannte Image) einen unwider-

---

85 Siehe dazu Abschnitt 6.4.2: Das negative Image externer Trainer und Berater – Versuch einer Analyse.

86 Zum Begriff des Narzißmus siehe Lowen, A.: Narzißmus. Die Verleugnung des wahren Selbst. München 1984; Kernberg, O.F.: Innere Welt und äußere Realität. Anwendungen der Objektbeziehungstheorie. München/Wien 1988 und Kohut, H.: Narzißmus. Eine Theorie der psychoanalytischen Behandlung narzißtischer Persönlichkeitsstörungen. [1971] Frankfurt 1990.

87 Andere Beratungsberufe haben als charakterologischen Leitaspekt das vielzitierte „Helfersyndrom", welches ich jedoch bei den Trainer- und Beraterkollegen nicht in hervorstechendem Ausmaß wahrnehmen konnte. Siehe dazu Schmidbauer, W.: Helfen als Beruf. Die Ware Nächstenliebe. Reinbek 1983.

stehlichen Reiz für diesen Charaktertyp haben und man davon ausgehen kann, daß er sich auch selbst – zumindest unbewußt – *mit seinem Image identifiziert.*

Zum Element der *Einzigartigkeit* von Trainern lassen sich noch einige tiefenpsychologische Überlegungen anstellen. Man *entflieht* nämlich in gewissem Sinn der Organisation: erstens in seiner Eigenschaft als Externer und zweitens insbesondere durch die Vorstellung seiner Einzigartigkeit, ohne sich jedoch von ihr innerlich *tatsächlich* trennen zu müssen. Das führt zu der Frage: Was muß man dort gewissermaßen immer aufs Neue „abarbeiten"?

Vermutlich ist es der Aspekt der *Austauschbarkeit*[88] des einzelnen Funktionsinhabers, welcher für viele eine zu starke *narzißtische Kränkung* bedeutet. Wenn die Organisation ihren Mitgliedern (trotz der großangelegten „Lebenslügen von ihrer Einzigartigkeit" in den Leitbildern) stets vor Augen hält, daß sie nicht als Personen, sondern als Ausübende ihrer Funktionen gefragt sind, so reagieren gewisse narzißtische Persönlichkeiten darauf eben mit dem Versuch, sich als externe, einzigartige Experten unentbehrlich zu machen und der gleichgültigen Organisation damit „das Gegenteil zu beweisen".

Philosophisch salopp könnte man daher auch sagen: *Externe, hauptberufliche Berater und Trainer sind Menschen mit überdurchschnittlich hoher Angst vor dem Tode.* Die Austauschbarkeit und Entbehrlichkeit des Menschen in der Organisation ist ja ein Modellfall einer Grundproblematik menschlichen Daseins, nämlich der Vergänglichkeit (Sterblichkeit) von uns als Individuen. Wer immer sich daher durch Einzigartigkeit unentbehrlich machen möchte, versucht damit, der Tatsache seiner Sterblichkeit zu entgehen und sich quasi „unsterblich" zu machen.

In der Anforderung nach einer narzißtischen Perönlichkeitskomponente liegt meines Erachtens auch das ewige, da systemimmanente *Imageproblem* dieser Profession, welches *jedem,* der dort professionell arbeitet, bekannt sein sollte. Ist es nämlich nicht bekannt, so läßt sich die zentrale Frage der Beziehung zu Auftraggeber und Klient nicht wirklich durchschauen, und auch das fundierte Wissen über Organisationen oder Praxis in der Interventionstechnik steht nicht auf festem Boden. Mit Einzelheiten dieses negativen Images beschäftigt sich der Abschnitt 6.4.2: Das negative Image externer Trainer und Berater – Versuch einer Analyse.

---

88 Siehe hierzu den Abschnitt 3.4.6: Mensch und Organisation – Die Wertschätzung der Person im Training.

4.2.3. Psychotherapeuten als Berater und Trainer?

Mit der galoppierenden Expansion des Psychotherapiesektors seit Beginn der achtziger Jahre stieg auch die Zahl der Therapeuten als Berater und innerbetriebliche Trainer für *Mitglieder von Organisationen.* Für überbetriebliche Trainings (Trainingstyp 1), zum Beispiel auf dem Gebiet der Persönlichkeitsentwicklung für Führungskräfte, ist diese Entwicklung sicherlich eine Bereicherung: Hier kann der Psychotherapeut seine (in manchen Feldern gegenüber den „angestammten", systemisch orientierten Gruppendynamikern möglicherweise sogar überlegenen) Kompetenzen nutzbringend einsetzen.

Dies verhält sich aber anders für das *innerbetriebliche Training* (Trainingstypen 2 bis 4), weil dort der Bezugsrahmen zur Organisation, die Mitgliedschaft zu Abteilungen oder Teams und schließlich die Funktion *wichtiger* sind als die eigene Individualität. Hier muß daher kritisch angemerkt werden: Per se sind Psychotherapeuten für innerbetriebliche Trainings im Sinne der obigen Ausführungen *nicht qualifiziert.*

Alle Psychotherapierichtungen und -ausbildungen sind auf das Individuum, die einzelne Person, ausgerichtet und nicht auf *Gruppen als interaktionelle Systeme und auch nicht auf Zusammenhänge in Organisationen*[89] *als formelle Systeme.* Letzteres gilt auch für die eine gewisse Sonderstellung einnehmende *systemische Familientherapie,* welche zahlreiche Impulse für die systemische Beratung beisteuerte. Dabei soll hier keineswegs bestritten werden, daß die Arbeit des Therapeuten große inhaltliche und methodische *Verwandtschaften* zu jener des Trainers und Beraters mit Organisationskompetenz besitzt; ohne die Psychoanalyse beispielsweise wäre auch umgekehrt vieles im modernen Beratungs-Know-how einfach unvorstellbar.

Ebenso jedoch wie gute Trainer keine guten Berater sein müssen und gute Berater per se noch lange keine guten Trainer sind, sollte auch kein rein therapeutisch ausgebildeter Trainer – auch wenn er beispielsweise im überbetrieblichen Personaltraining (Trainingstyp 1) oder auch im Coaching erfolgreich ist – glauben, daß er *deshalb* auch über die notwendige Organisationskompetenz für die Trainingstypen 2 bis 4 verfügt.

Hierin liegt also eine Gefahr der Unprofessionalität ähnlich wie bei den zuvor beschriebenen „Selfmade- und Amateurtrainern", besonders weil auch von Psychotherapeuten darüber hinaus noch gerne mit den verkaufs- und prestige-

---

89 Siehe Abschnitt 10.2: Was ist Gruppendynamik? Trainingsgruppe und Organisationslaboratorium.

trächtigen Vokabeln *Organisationsberatung und -entwicklung*[90] operiert wird. Wer sich als Therapeut – ohne eigene und spezifische Professionalität beziehungsweise Ausbildung – als kompetent für innerbetriebliche Arbeit ausgibt, arbeitet demnach an der Deprofessionalisierung des Trainerberufes mit.

Hier scheint man wieder bei einem, wie es aussieht, Grundgesetz der Arbeit mit Organisationen angelangt zu sein, daß nämlich mit der Maxime „Wasch mir den Pelz, aber mach mich nicht naß" (also organisationsbedingte Probleme personenbezogen zu behandeln) kurzfristig immer gutes Geld zu verdienen ist, weil Organisationen eben lieber Personen verändern als die Organisation. Diese Aussicht auf schnelles Geld ist laut einiger böser Stimmen für manche Therapeuten ohnedies das Hauptmotiv, für Organisationen tätig zu werden.

4.2.4 Trainer versus Berater aus der Anbieterperspektive

Arbeitet man sowohl als Anbieter im innerbetrieblichen Training als auch in der Organisationberatung, so läßt sich der folgende hier tabellarisch dargestellte Vergleich ziehen:

90 ...was niemals Sache von Trainings ist. Siehe dazu den Abschnitt 2.2: Training und Beratung – Ergänzung oder Konkurrenz?

	Innerbetriebliches Training	Prozeßberatung, Organisationsberatung
Aufwand und Belastung	Trainings sind insofern weniger belastend, als das Thema und das Setting weniger offen sind. Trainings sind oft von der zeitlichen Anforderung und der „außertourlichen“ Vorbereitung aufwendiger. Trainieren ist „dankbarer“, da es einen klaren Abschluß gibt.	Beratung ist äußerst belastend, da das Thema und das Setting zumeist offen sind. Beratungstage dauern in der Regel kürzer, die „Vorbereitung“ ist Teil der Beratungsleistung. Beraten ist innerlich selten „abgeschlossen“ und dadurch belastend.
Erfolg	Trainieren ist „undankbarer“, weil sich die Auswirkungen in der Organisation eher längerfristig bemerkbar machen.	Beraten zeitigt oft schon mittelfristig Erfolge in der Organisation.

5 Wie soll trainiert werden? Die Trainer-Klient-Beziehung

5.1 Lernen nach dem „Trichtermodell“: Professionals auf der Schulbank?

„Nicht wenige Trainer verstehen es, sich unentbehrlich zu machen. Den Preis bezahlen die Kursteilnehmer und ihr Unternehmen. Die Unentbehrlichen gleichen einem Medizinmann, der die Leiden seiner Patienten zwar spürbar lindert, ihre Heilung aber geschickt hinauszögert... Viele seiner Patienten werden ihn loben und preisen... und werden ihn immer wieder brauchen...“[91]

5.1.1 Gibt es Erfolgsrezepte?

Je komplizierter die Welt wird, desto stärker scheint auch die Nachfrage nach verläßlichen *Hilfen* zu steigen, um sich darin „richtig“ oder „erfolgreich“ zu bewegen oder sich besser als bisher *entlasten* zu können. Dies zeigt sich zum Beispiel an der nicht abreißenden Hochkonjunktur für *„Beratung“*, die heute in fast unzähligen Spezialvarianten angeboten wird: Beratung für Autokauf, Bausparen, Ehe, Ernährung, Kindererziehung, Konsumentenrecht, Sexualität, Steuerangelegenheiten, Umweltfragen, Vermögensbildung und so weiter. Ein anderes Beispiel ist die Flut von *„Tips und Tricks“*, *„Techniken und Taktiken“* für alle nur denkbaren Gebiete, wie sie zunehmend in Zeitungen, Zeitschriften und natürlich in den elektronischen Medien angeboten werden.

Worum geht es nun bei diesen Beratungen, Tips, Tricks etc.? Wir verlangen und bekommen im Grunde immer Hilfestellungen für zwei Bereiche:

1. *Entscheidungen* und/oder
2. *Verhalten.*

---

91 Schwendner, R.: Wenn Trainer falsch ausbilden. In: Harvard Business Manager 1/1995, S. 27.

Diese Hilfestellungen funktionieren, indem sie uns drei mögliche Dinge vermitteln:

1. *Wissen* (Aufzeigen der Komplexität) und/oder
2. *Entscheidungskriterien* (zur „Komplexitätsreduktion“) und/oder
3. *Handlungsanleitungen*

So können Beratungen, Tips und Tricks zum Beispiel für den *Autokauf* folgendes umfassen:

Wissen	• *Informationen* (über Marken, Modelle, Preise, Technik ...)
Entscheidungshilfen	• *Strukturhilfen* zur systematischen und kompletten Feststellung der persönlichen Bedürfnisse, • *Entscheidungskriterien* für die Auswahl ...
Verhaltensanleitungen	• *Anleitungen* für erfolgreiche Preisverhandlungen ...

Wie verhält es sich aber mit diesen Hilfen im sozialen Bereich, also in der *Kommunikation, Führung, Zusammenarbeit?* Hier sollte man sehr genau unterscheiden. Was das Wissen anbelangt (z.B. „Muster in der Kommunikation“), so sind Strukturhilfen zweifellos sehr nützlich. Als *Verhaltensanleitungen* hingegen sind Tips, Tricks und Techniken *immer* problematisch, und zwar aus mehreren Gründen:

1. Jede Verhaltenstechnik, selbst *wenn* sie funktioniert, wird früher oder später als solche durchschaut[92] und damit wirkungslos. Tricks und Techniken sind „Eintagsfliegen“.

---

92 Siehe dazu auch Abschnitt 8: Interventionstechnik.

2. Es handelt sich fast immer um (Versuche von) *Manipulation,* was die Kommunikation zwischen Erwachsenen zwangsläufig auf eine schiefe Ebene (klug-dumm, „Eltern-Kind“ und so weiter) bringt. Man kann Menschen nicht „stellenweise“ manipulieren, um ein anderes Mal dann wieder ehrlich zu sein...

3. Manipulationstechniken erweisen sich meist als *Bumerang,* weil der Manipulierte früher oder später spüren wird, daß er hineingelegt wurde (oder werden sollte). Die Menschen lernen hier rascher, als man denkt, und daher ist bleibendes Mißtrauen die natürliche Folge.

4. Manipulierer sind grundsätzlich sehr *einsam,* da ihre Techniken auch im günstigsten Fall nur so lange funktionieren können, als sie niemandem anderen bekannt sind. Daher müssen sie sich zum Beispiel als Führungskräfte gegenüber anderen in der Organisation eifersüchtig verschließen.

5. Verhaltenstechnik ist das Gegenteil von *authentischem Verhalten.* Das bedeutet, daß man mit Tricks und Techniken nur versucht, die „Erfolgsrezepte“ von anderen Personen aus anderen Situationen *nachzuahmen.* Ein solches Verhalten wird schnell als „geschult“ oder „gekünstelt“ empfunden, was dazu führt, daß man als Person hier nicht gerade ernst genommen wird („Aus ihm spricht wieder sein großes Vorbild XY!“). Man lädt andere durch unauthentisches Auftreten geradezu ein, einen als „Schmiedel“ stehenzulassen und sich gleich an den „Schmied“ zu wenden...

Zusammengefaßt: Tricks und Techniken *schaden zwangsläufig* mehr, als sie selbst im günstigsten Fall nützen *können.* Wenn nicht ohnehin wirkungslos, so sind sie bestenfalls *kurzfristig* wirksam, und auch das mit hohen *Folgekosten.* Daher sollte ihnen und deren „Verkäufern“, „Lehrern“ oder „Gurus“ von seiten der Trainingseinkäufer und -teilnehmer grundsätzlich mißtraut werden (meist wird man dabei selbst Opfer einer Manipulation, wenn es dem anderen nämlich gelingt, das bei jedermann vorhandene Bedürfnis nach Orientierung und Entlastung mit unseriösen Versprechungen auszunützen).

Wodurch kann man sich aber Orientierung und Entlastung langfristiger und wirkungsvoller verschaffen als durch Abschauen oder Anlernen von Tricks und Techniken? Die Antwort darauf klingt recht einfach: durch die Entwicklung eines *persönlichen,* authentischen Verhaltensrepertoires. Das bedeutet, daß ein Training die *eigenen Wege* in der Kommunikation und im Verhalten fördern soll, statt zu animieren, die Erfolgsrezepte anderer nachzuahmen.

5.1.2 Das Trichtermodell des Trainings

Das noch immer vielerorts gängige Verständnis von „Lernen“ und von dem Verhältnis zwischen Trainer und Teilnehmer soll hier als „Trichtermodell des Trainings“ (beziehungsweise der Beratung) bezeichnet und kritisiert werden. Es gleicht dem bekannten Nürnberger Trichter in der Pädagogik und basiert auf einem immer gleichen Schema: Außer Frage stehendes Wissen oder Können wird von einem Experten oder einem Vorbild in Unwissende transferiert, indem sie Wissen aufnehmen oder Verhalten nachahmen.

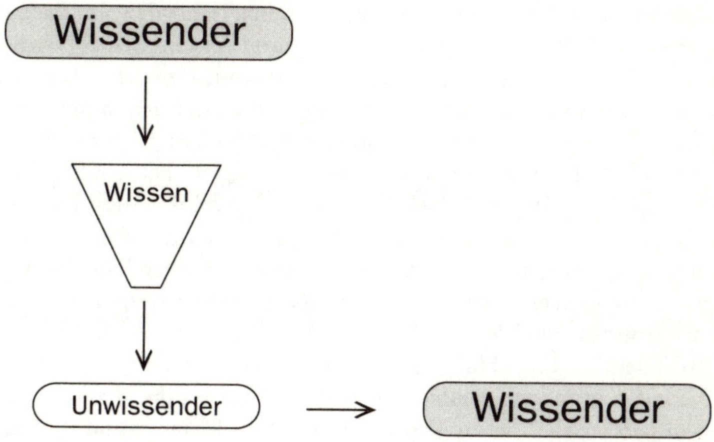

Diese Interpretation geht von einem ganz bestimmten Verhältnis zwischen Trainer und Teilnehmern aus: Psychologisch oder transaktionsanalytisch handelt es sich hierbei um eine sogenannte *Eltern-Kind-Beziehung*. Dieser Umstand ist zunächst, für sich genommen, weder falsch noch richtig, weder schädlich noch nützlich. Die Frage lautet hier, ob dieses spezielle Verhältnis für den Anspruch und die Zielsetzung, mit denen ein bestimmtes Training verbunden ist, *funktional* ist oder nicht. Diese Frage wurde in der Erwachsenenpädagogik längere Zeit sehr heftig ideologisch diskutiert. Daher folgt hier ein kurzer Einschub zur Klärung des Begriffs *Autorität*.

5.1.3 Was heißt Autorität bei Lernprozessen?

Heute geht man davon aus, daß das Ausüben von einem gewissen Maß an Autorität in allen Bereichen der Pädagogik, Beratung und Menschenführung eine schlichte Notwendigkeit beziehungsweise *Grundtatsache ist, daß es aber entscheidende Unterschiede gibt.* Als Beispiel dafür eignet sich das indianische Gleichnis von dem Hungernden, welchem man einen Fisch geben kann („unaufgeklärt-autoritäre" Hilfe), oder eine Angel oder dem man beibringen kann, eine Angel selbst herzustellen („aufgeklärt-autoritäre" Hilfe): In jedem Fall spielt die Autorität des Helfenden eine Rolle, ob man das nun wahrhaben will oder nicht.

„Lehren" oder „Trainieren" und auch „Beraten" bedeuten also *immer* „Ausübung von Autorität" – somit gibt es hier aufgrund der unterschiedlichen Funktionen zunächst auch *kein* symmetrisches Verhältnis[93] zwischen Trainer und Klient. Dies ist nun aber nicht gleichbedeutend mit *Autoritätsmißbrauch:* Nach den vielen ideologischen Fehlinterpretationen des Phänomens Autorität im Zuge der einleitend geschilderten Emanzipationsbewegungen[94] hat sich herausgestellt, daß nicht alle Autoritäten als solche einschränkend für unsere Freiheit oder Autonomie sind, sondern nur solche Autoritäten, deren Ziel darin besteht, sich durch ihre Tätigkeit später selbst *nicht* überflüssig zu machen, also das ungleiche *Verhältnis aufrecht zu erhalten und damit Abhängigkeit zu schaffen.* Letztere werden mit dem Terminus „Trichtermodell" kritisiert und können eben als „unaufgeklärt-autoritär" oder „mißbräuchlich-autoritär" bezeichnet werden.

Besonders in der gruppendynamischen Tradition glaubte man zeitweise, daß bei einem partnerschaftlichen Verhältnis zwischen Trainern und Teilnehmern *keine* (ideologisch vepönte) Autoritätsausübung im Spiel wäre. Das stellte sich als grober Irrtum heraus, denn allein aus der Trainer*funktion* ergibt sich zwangsläufig eine Zuschreibung von Autorität durch die Teilnehmer, und es ist naiv bis kontraproduktiv, dies durch Ignorieren umgehen zu wollen. Man kann also lediglich zwischen dem aufgeklärten und einem *nicht* aufgeklärten Autoritätsverhältnis („Trichtermodell") unterscheiden:

---

93 Die Palo-Alto-Schule unterscheidet in einem ihrer Axiome zwischen symmetrischen und komplementären Beziehungen (Watzlawick/Beavin/Jackson: Menschliche Kommunikation. Formen, Störungen, Paradoxien. Bern/Stuttgart 1969). In diesem Sinne ist hier bei der Trainer-Klient-Beziehung *ausschließlich* von komplementären Beziehungen die Rede, wobei die Frage interessiert, welches der komplementären Verhältnisse funktional ist.

94 Siehe Abschnitt 2.1.3: Emanzipation des mündigen Mitarbeiters.

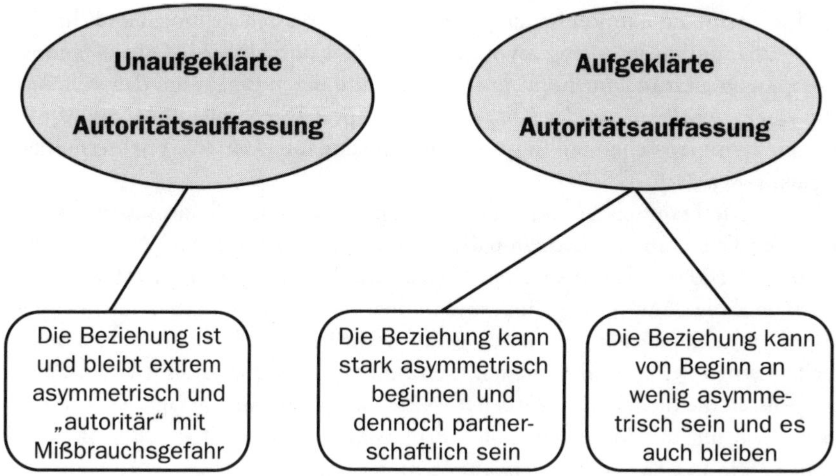

5.1.4 Welche Form von Autorität ist funktional?

Vorausgesetzt nun, die Autoritätsfunktion des Trainers wird im aufgeklärten Sinne verstanden, dann stellt sich die Frage so: Wann ist starke Asymmetrie bei Lernprozessen wichtig? Die Antwort lautet: Überall dort, wo es sich um eine *faktische* Ungleichheit handelt (zum Beispiel die für das Überleben zu geringe Erfahrung eines Kindes oder die schlichte Unkenntnis einer bisher irrelevanten Rechtsmaterie von Mitgliedern einer Organisation), wäre die *Verweigerung* einer deutlich asymmetrischen, aber (hoffentlich) „aufgeklärten“ Führung mit einer bewußten Schädigung des schwächeren Partners gleichzustellen. Damit wird dessen Menschenrecht auf Freiheit, philosophisch ausgedrückt, nicht bewahrt oder respektiert, sondern zerstört. Hier ist die starke Asymmetrie notwendig, funktional und „richtig“.

Das bedeutet für die Praxis des Trainings: Wo in der Organisation ein echter Nachholbedarf vorliegt, spricht grundsätzlich nichts gegen eine stark asymmetrische Fachberatung oder -schulung. Auch *fachliche* Managementfähigkeiten sowie ganz basale soziale Fähigkeiten können und müssen möglicherweise auf der Erwachsenenschulbank durch sogenanntes *Lernen am Modell* [95] gelernt werden –

95 Dieser Begriff stammt ursprünglich von Bandura. Siehe dazu Bandura, A.: Principles of behaviour modification. New York 1969; Bandura, A.: Sozial-kognitive Lerntheorie. Stuttgart 1979.

und sei es nur aus ökonomischen Gründen, denn es lassen sich sogar einführende Verkaufstrainings im wenig asymmetrischen Stil durchführen. Unprofessionell wäre aber die Grundannahme vieler Trainer und deren Einkäufer, daß sich auch die *anspruchsvolleren sozialen Kompetenzen* für Spezialisten und Führungskräfte im betont asymmetrischen Stil (oder gar mit dem „unaufgeklärten“ Trichtermodell) lernen lassen.

Solche Trainings gibt es bekanntermaßen viele. Drastisch formuliert: Es wird dort den Teilnehmern zuerst einmal das „richtige Verhaltensmodell“ (theoretisch-deduktiv) erklärt, oft mit Overheadfolien und Arbeitspapieren unterstützt. Danach wird die „Anwendung“ in Simulationen (von Teilnehmern bezeichnenderweise gerne „Spielchen“ genannt) geübt. Ausführliche Seminarskripten sollen beim Lernen helfen und enthalten die restlichen Prozente an möglichen Fällen aufgelistet, die nicht mehr bearbeitet werden konnten. Kurz gesagt: Kochrezepte zum Umgang mit Menschen sollen Professionals Sicherheit in jeder Situation geben – ein in sich widersprüchliches Unterfangen.

5.1.5 Resümee zum Trichtermodell des Trainings

Die Trichterpädagogik läßt sich ab *einem gewissen Niveau* nicht mehr seriös anwenden: Die Teilnehmer wären hier lernenden Kindern ohne jede Erfahrung, Selbständigkeit und Reife gleichgestellt, und man müßte sich fragen, wodurch sie danach plötzlich zur selbständigen Anwendung ihrer sozialen Kompetenz kommen sollten. Besonders kraß ist dieser Widerspruch bei Führungstrainings: Selbst wenn die Trichtermethode gelänge, ist die Gefahr unvermeidlich, daß die Manager dann als Resultat davon ihre Mitarbeiter ihrerseits wie Kinder führen.

Daher läßt sich festhalten: Nur das aufgeklärte *und so wenig wie möglich asymmetrische* Verhältnis kann hier funktional sein – auch wenn dem immer wieder zwei scheinbar gewichtige Argumente entgegengehalten werden:

1. daß diese Asymmetrie vielerorts ohnehin die gängige Führungskultur in den Organisationen ist, selbst dort, wo in Führungsrichtlinien oder Unternehmensleitbildern von „partnerschaftlicher Führung“ die Rede ist, und

2. daß sich viele Führungskräfte ja unbewußt *wünschen,* ihre Mitarbeiter so weit zu bekommen, sich wie folgsame Kinder oder wie sogenannte Trivialmaschinen[96] führen zu lassen.

---

96 Zum Modell der Trivialmaschine siehe Foerster, H.v.: Abbau und Aufbau. In: Simon, F.: Lebende Systeme. Berlin-Heidelberg, 1988.

Näher betrachtet lassen sich hinter der Konjunktur „verschulter" Verhaltenstrainings im wesentlichen drei Ursachen erkennen:

1. Das nach wie vor *unaufgeklärte Verständnis von Autorität und Führungsfunktion* in den Organisationskulturen (letztlich ein Spiegel des gesellschaftlichen Umfeldes).

2. Das *Bedürfnis der Teilnehmer nach Sicherheit* in einer außergewöhnlichen und oft streßbeladenen Lernsituation.

3. Das *Bedürfnis der Organisation nach Kontrolle*[97] darüber, was im Training passiert.

Die Frage ist immer, ob die dem Trichtermodell entsprechenden Verhältnisse in der Organisation erwünscht sind und durch Training noch *zementiert* werden sollen. Strenggenommen müßte also jeder Anbieter beziehungsweise Veranstalter von Trichtermodell-Seminaren besonders für Manager seine Auftraggeber und Klienten darauf aufmerksam machen, daß *seine Tätigkeit auf einen autoritär-paternalistischen Führungsstil hinzielt* – egal, welches Führungsmodell im Seminar verbal vetreten wird.

Ansonsten liegt gerade darin ein Aspekt der Professionalität eines Trainers, die Teilnehmer auch gegen ihre unaufgeklärt-autoritären Erwartungen zu einem möglichst partnerschaftlichen Verhältnis zu führen. Seminare und Trainer, die hier „nachgeben" oder schlicht aus Geschäftsinteressen dem unaufgeklärt-autoritären Trichtermodell folgen, vermitteln viel Sicherheit, Klarheit und Orientierung, aber letztlich um den Preis der Qualität, da die Teilnehmer keine Mitverantwortung bezüglich der Trainingsziele übernehmen.

Zwei Punkte, nämlich welches Lernsystem im Sinne der Trainer-Klient-Beziehung nun der Zielsetzung eines Trainings im Detail angemessen ist und die Frage des Umgangs mit der nicht wegzuleugnenden Verunsicherung der Teilnehmer, bleiben ab hier als wichtige Dimensionen nun ständig im Hintergrund; die spezielle Frage nach der *praktischen Wahrnehmung der Autoritätsfunktion des Trainers* wird im Abschnitt 5.3: Autoritätswahrnehmung, Stil und Berufsethik des Trainers behandelt.

97 Siehe Abschnitt 6.4.1: Das Kontrollbedürfnis der Organisation.

5.2 Pädagogische und methodische Grundprinzipien des Trainings

5.2.1 Direktives und non-direktives Prinzip

Man unterscheidet bei Trainings prinzipiell zwischen direktiven beziehungsweise non-direktiven *Methoden,* die sowohl bei wissensorientierten („kognitiven") als auch bei verhaltensorientierten *Inhalten* einsetzbar sind. Das ergibt folgende Variationsmöglichkeiten:

Inhalt → Methodik ↓	wissensorientiert („kognitiv")	verhaltensorientiert
direktiv	**Monologisches Prinzip:** 1. Referat 2. Frontalvortrag 3. Theorieinput	**Lernen am Modell:** Nachahmung eines Vorbildes
non-direktiv	**Dialogisches Prinzip** („sokratische Methode"): Theorien und Modelle werden interaktiv, möglichst gemeinsam mit den Teilnehmern erarbeitet	**1. Strukturiertes Erfahrungslernen:** die Teilnehmer durchlaufen „geleitete Erfahrungen" und arbeiten diese mit Hilfe des Trainers und der Gruppe auf **2. Prozeßorientiertes Erfahrungslernen:** die Teilnehmer bestimmen selbst den inhaltlich offenen Gruppen- beziehungsweise Kommunikationsprozeß und lernen daraus mit Unterstützung des Trainers als „begleitender Berater"

Der Einsatz der beiden Grundmethoden hängt dabei immer von Klientensystem, Thema und Gruppenprozeß ab: Ein *dosierter Einsatz* direktiver Sequenzen etwa kann, muß aber nicht notwendigerweise die Abhängigkeit der Teilnehmer fördern und per se dysfunktional sein (wie im Fall der ideologischen Verabsolutierung des Lernens am Modell durch die „Trichterpädagogik"). Ihre *Auswahl* sollte aber unbedingt funktional gerechtfertigt und für die Teilnehmer transparent sein. Professionelle Trainer beherrschen daher unter anderem die situativ richtige, flexible Anwendung dieser so grundverschiedenen Methoden.

Eine besondere Anforderung für die Teilnehmer und damit für die Interventionstechnik des Trainers ist hierbei immer der *Wechsel* zwischen den verschiedenen Inhalten und Methoden. Ist man sich als Trainer daher nicht genau darüber im klaren, was man warum gerade so und nicht anders macht, wirkt sich dies für die Teilnehmer bezüglich Stimmung und Lernerfolg oft verheerend aus. Es fehlt der „rote Faden", es gibt keine erkennbare „Dramaturgie", es herrscht also destruktive Orientierungslosigkeit.

5.2.2 Verhaltenslernen durch Erfahrung oder Kognition?

Selbständig-erwachsenes Verhalten und soziale Kompetenz lassen sich nur schlecht bis gar nicht durch das in Fleisch und Blut übergegangene, an unseren Schulen und Universitäten überwiegend praktizierte *kognitive Lernmodell* erreichen:

Theorieinput ➔ innere Analyse, Verarbeitung ➔ Umsetzung

Demgegenüber geht das *Erfahrungslernen* von der Einsicht aus, daß unser Verhalten und Entscheiden niemals allein rational, sondern in einem hohen Maß von unseren *Emotionen* gesteuert sind. Das heißt, daß man rein kognitiv nicht wirklich etwas über sein eigenes Verhalten lernen kann – man könnte lediglich *über* sein Verhalten *nachdenken oder diskutieren;* echtes Lernen „passiert" jedoch nur unter der Voraussetzung einer inneren, gefühlsmäßigen Beteiligung.

Mit anderen Worten: Wer in einem Training beispielsweise nur *über* sein Führungsverhalten *redet* beziehungsweise reden *kann,* wird nach dem Seminar sein Verhalten nicht wirklich verändern. Erst wenn man sein Verhalten auch im Streß des Neuen „er-lebt" wie beispielsweise in Übungen und Rollenspielen (siehe dazu Abschnitt 9.1: Lern- und Arbeitssettings), *danach reflektiert und auf den Begriff bringt,* beginnt ein inneres Überarbeiten auch auf der Gefühlsebene, was die Chance bietet, sich tatsächlich weiterzuentwickeln.

Erfahrungslernen bewegt sich dabei in einem Feld zwischen dem *strukturierten* Erfahrungslernen und dem *prozeßorientierten* Erfahrungslernen; *beide* erfordern ein offenes Design (siehe Abschnitt 7), worin die Interessen der Teilnehmer berücksichtigt werden:

Erfahrungslernen	
Das *(vor-)strukturierte Erfahrungslernen* basiert auf dem Erleben von Übungen und Rollenspielen, welche vom Trainer in Hinblick auf das Trainingsthema beziehungsweise -ziel organisiert werden, um bestimmte Theorien und Modelle vorzubereiten.	Das *prozeßorientierte Erfahrungslernen* geht von der Realsituation der Gruppe aus. Beispiele hierfür sind die T-Gruppe[98], Ruth Cohns Methode der Themenzentrierten Interaktion[99], Carl Rogers' Encounter-Gruppen[100] sowie viele andere Formen von Selbsterfahrungsgruppen. Hier gibt es keine vorgegebenen Inhalte, sondern es können prinzipiell alle Inhalte aus der Gruppe aufgegriffen werden. Theorien und Modelle werden nur sehr sparsam oder gar nicht gebracht, denn der Schwerpunkt liegt im Wahrnehmen, Verstehen und Analysieren von emotionalen und sozialen Prozessen.

In der Praxis des Erfahrungslernens wechseln oft Designelemente, die mehr vorstrukturiert sind mit jenen, die sich ganz am aktuellen Prozeß orientieren. Darin besteht unter anderem das Können eines Trainers, wenn er je nach Situation und thematischer Erfordernis *beide* Interventionsmöglichkeiten zur Verfügung hat.

---

98 Siehe Abschnitt 10.2: Was ist Gruppendynamik? Trainingsgruppe und Organisationslaboratorium.

99 Das Erfahrungslernen geht in seiner heutigen Form wohl auf Ruth Cohns berümt gewordene Prinzipien der Themenzentrierten Interaktion (TZI) für ein „lebendiges Lernen in der Gruppe" zurück. Siehe dazu Cohn, R.: Von der Psychoanalyse zur themenzentrierten Interaktion. Stuttgart 1991.

100 Siehe dazu Rogers, C.: Encounter-Gruppen. München 1974.

5.2.3 Grundmethoden des Erfahrungslernens

Der Ausgangspunkt *jeder* Verhaltensänderung ist, einfach ausgedrückt, die Differenz zwischen den Polen:

So bin ich	→ ←	So will ich sein

Sieht man nun vom sozialen Lernen durch Nachahmung beziehungsweise Lernen am Modell[101] ab, so gibt es beim Verhaltenstraining grundsätzlich zwei pädagogische Methoden:

a) Lernen durch Schaffung positiver Rahmenbedingungen („temporäre Kompetenz")

b) Lernen durch Irritation bisheriger Erfolgsmuster („temporäre Inkompetenz")

Diese beiden Varianten erfordern übrigens unterschiedliche Trainerstile, was im Abschnitt 5.3: Autoritätswahrnehmung, Stil und Berufsethik des Trainers näher ausgeführt werden wird.

5.2.3.1 Lernen durch Schaffung positiver Rahmenbedingungen

Nach der *ersten Methode* des Erfahrungslernens wird diese Differenz zwischen Ist und Soll durch *emotionale Sicherheit* überbrückt. Das Individuum oder die Gruppe

- fühlt sich (vor allem vom Trainer) angenommen, wertgeschätzt;
- es dürfen Fehler passieren, ohne daß jemand dies „ausnützt";
- es wird überwiegend mit den vorhandenen *Stärken* gearbeitet.

Auf diese Weise „kann" man plötzlich Dinge, die man sonst „eigentlich" nicht kann. Das Erfolgsprinzip besteht in der Stärkung des Selbstvertrauens, was einem dann im „Ernstfall" helfen soll, so zu sein, wie man sein will. Der große Vorteil dieser Methode liegt darin, daß sie überwiegend „angenehm" für Trainer und Teilnehmer sowie für die Organisation ist. Es gibt verhältnismäßig wenig

---

101 Siehe dazu Abschnitt 10.1.1: Fachliche Aus- und Weiterbildung, „normative Verhaltensschulung".

Widerstände und Konflikte. Sie eignet sich besonders gut für das Feld der Persönlichkeitsentwicklung[102].

Der Nachteil besteht darin, daß diese positive „Seminarrealität" kaum der „Organisationsrealität" entspricht, und daß vor allem die Konfliktthematik nur in eingeschränkten Facetten bearbeitbar ist: Autoritätskonflikte sind bei dieser Methode kaum prozeßorientiert zu behandeln, da der Trainer kein „angreifbarer Teil" der Gruppe ist und sich grundsätzlich annehmend und sicherheitsstiftend verhält. Vor allem jedoch entwickelt sich die Phase des „Kampfes" in der Konfliktdynamik[103] bei diesem Trainerverhalten nicht wirklich realistisch[104]. Nur wenige innerbetriebliche Verhaltensseminare jedoch tangieren *nicht* das Thema Organisationskonflikte.

5.2.3.2 Lernen durch Irritation bisheriger Erfolgsmuster

Die *zweite Methode des Erfahrungslernens* geht umgekehrt vor: Man glaubt, etwas zu können und erkennt, daß dies in einer bestimmten Situation nicht funktioniert. Die pädagogisch richtige Handhabung dieser Irritation im Spannungsfeld zwischen „zuviel Irritation" und „zuwenig Irritation" ermöglicht den erwünschten Lernprozeß[105], wobei es dabei im Training selten ohne Widerstände und Konflikte abgeht.

---

102 Siehe Abschnitt 10.1.2: Persönlichkeitsentwicklung.

103 Siehe dazu Schwarz, G.: Die „Heilige Ordnung der Männer – Patriarchalische Hierarchie und Gruppendynamik. Opladen 1985; Schwarz, G.: Konfliktmanagement. Wiesbaden 1992.

104 „Im realen Leben... ist die verbietende, einschränkende Autoritätsfigur... gar nicht so selten... Wir meinen, daß... ohne die mühevolle und notwendige Auseinandersetzung mit einer realen, mächtigen und nicht sonderlich gutmütigen Autorität... durch das konkrete Verhalten des Gruppenleiters... die Gruppenmitglieder zu einer echten Selbständigkeit [nicht] gelangen und... Gefahr laufen, bei der kleinsten Beeinträchtigung auf die Stufe der Abhängigkeit... zu regredieren." Sandner, D.: Psychodynamik in Kleingruppen: Theorie des affektiven Geschehens in Selbsterfahrungs- und Therapiegruppen (selbst-analyt. Gruppen). München 1978, S. 103f.

105 Fritz Simon, einer der Gründer des renommierten Heidelberger Instituts für systemische Forschung, Therapie und Beratung schreibt dazu in Anlehnung an ein Erkenntnismodell der Systemtheoretiker Maturana und Varela: „Die Veränderungen in der Umwelt des lebenden Systems wirken als Perturbation für das System. Am besten läßt sich dieser Begriff wahrscheinlich durch Beunruhigung oder auch durch Störung und Anregung übersetzen, weil damit am ehesten der zwiespältige Charakter solch einer Anpassungsforderung an das System erfaßt wird. Es gerät in eine Krise und verläßt den Ruhezustand. Jede derartige Krise ist ambivalent, sie kann negativ wie auch positiv bewertet werden. Alte Strukturen, Verhaltensmuster und Problemlösestrategien verlieren ihre Nützlichkeit, was zunächst nur negativ erscheint. Es sind Störungen von Ruhe und Ordnung. Doch ergibt sich aus solchen Störungen auch die Notwendigkeit zur Weiterentwicklung, neue Strukturen und Verhaltensmuster werden nötig und möglich. Ein System, das in eine Krise gerät, muß sich verändern, wenn es überleben will. Ohne Krisen und Perturbationen, ohne Störungen von Ruhe und Ordnung, gibt es keine Entwicklung." Simon, F.: Meine Psychose, mein Fahrrad und ich. Zur Selbstorganisation der Verrücktheit. Heidelberg 1995, S. 81.

Dadurch wird speziell im innerbetrieblichen Training insofern eine „Echtsituation" geschaffen, als diese Erfahrung ja (nicht nur) in den Organisationen häufig die Regel ist und meist als *unangenehm und konfliktträchtig* erlebt wird. Ein Beispiel: Fast immer geht es hier ja (auch) um Autoritätskonflikte in Hierarchien. Der pädagogisch beabsichtigte Konflikt besteht daher darin, daß die bisherigen Erfolgsmuster im Umgang mit Autoritäten aufgrund von Aufgabenstellungen des Trainers scheitern und dadurch massiv verunsichern. In dieser Echtsituation wird nun zunächst „negative Energie" auf der kindlichen Ebene aufgebaut, zumeist Ärger über die Unsicherheit[106], die durch die diesbezügliche „Weigerung" des Trainers, durch Autorität und Themenvorgaben Sicherheit zu geben, entsteht. Gleichzeitig baut sich jedoch in der sich formierenden, in *bezug auf ihre Autoritätsbedürfnisse* reifenden Gruppe[107] auf einer Erwachsenenebene eine positive Energie auf, welche die anfänglich „kindliche Autoritätswahrnehmung" bezüglich des Trainers ersetzt und gleichzeitig dessen Hilfestellungen annehmbar macht.

Häufig geäußerte Vorwürfe bezüglich dieser Methode der Irritation lauten, daß sie

- nicht ressourcenorientiert vorgeht;
- grundsätzlich destruktiv auf die Motivation wirkt;
- dem Sadismus des Trainers Vorschub leistet;
- die Teilnehmer zu Veränderungen zwingen will (und so weiter).

Diese Vorwürfe lassen sich jedoch nur als *mögliches Risiko* im Falle mangelnder Professionalität des Trainers oder mangelnder Angemessenheit dieser Methode für spezielle Trainingsziele aufrechterhalten. Sind diese Faktoren jedoch ausgeschaltet, so läßt sich die *Konstruktivität* dieser Methode leicht argumentieren: Es geht bei der Irritation nicht um ein „Löschen" oder „Radieren" alter Verhaltensmuster, so wie es manche Trainingsschulen (aus der Ecke der Verhaltenstherapie oder der Neurolinguistischen Programmierung, NLP) glauben bewirken zu können, damit etwas Neues oder Besseres „einprogrammiert" werden kann. Es geht vielmehr darum, zu ermöglichen, daß zu den bestehenden Erfolgsmustern einige

---

106 Diese Methode des Lernens durch Verunsicherung wurde zuerst von Festinger beschrieben. Siehe dazu Festinger, L.: A theory of cognitive dissonance. Stanford 1957.

107 Dies bezieht sich auf das sogenannte „Dependenzmodell" der Gruppenentwicklung; siehe dazu Abschnitt 10.2.3: Kritische Würdigung des „Dependenzmodells". Siehe auch Abschnitt 5.3: Autoritätswahrnehmung, Stil und Berufsethik des Trainers.

neue *hinzukommen* können. Daher liegt dieser Methode des Lernens durch Irritation im Gegensatz zu den angesprochenen Trainingsschulen durchaus ein konstruktiver *Respekt vor dem Teilnehmer* und seinen aus der Lebenserfahrung entstandenen, persönlichen Erfolgsmustern zugrunde.

Zusammengefaßt: Die Methode der Schaffung temporärer Inkompetenz hat den Nachteil, daß sie unangenehmer, riskanter und für den Trainer oft schwieriger ist, weil er sich und seine Position zu einer Hauptzielscheibe der Konflikte macht. Dort soll er nicht nur authentisch[108] reagieren, sondern auf der Interventionsebene auch handlungsfähig bleiben und vor allem während dieses ganzen Prozesses die *Wertschätzung* gegenüber der Gruppe nicht verlieren. Die Vorteile dieser Methode, wenn sie professionell beherrscht wird, bestehen in der Nähe zur Realität in den Organisationen und in der erweiterten Bearbeitbarkeit von Konfliktthemen. Sie muß aber aufgrund der Aufgabenstellung und des Trainingszieles angebracht sein.

5.2.4 Prozeßorientierte Trainingsmethode

Das Attribut *prozeßorientiert* wird aus Unkenntnis fälschlicherweise oft synonym für *„maßgeschneidertes Seminar“* oder für *„offenes Design“* gebraucht[109]. Der Begriff prozeßorientierte Methode deutet jedoch auf eine andere Ebene hin, nämlich auf das pädagogische Lern- und Arbeitsprinzip der *Reflexion:* Prozeßorientierung bedeutet, daß die *in der Gruppe ablaufenden sozialen Prozesse* vom Trainer so aufgegriffen werden, daß der Lernablauf in einem Rückkoppelungsvorgang[110] in Abhängigkeit von diesen Prozessen gesteuert wird.

Prozeßorientiert können bis zu einem gewissen Grad sowohl die fixen als auch die offenen Seminardesigns sein. Ein Beispiel für ein designmäßig klar standardisiertes, inhaltlich aber in höchstem Maße prozeßorientiertes Training ist die klassische T-Gruppe nach dem NTL-Modell[111]. Diese Lernform ist mittlerweile bis in kleinste Details dermaßen erprobt, daß es durchaus möglich und sinnvoll erscheint, ein festgelegtes, also standardisiertes Design zu verwenden, welches bestenfalls auf den mutmaßlichen Hintergrund der Teilnehmerpopulation im

---

108 Diese Maxime geht auf Carl Rogers zurück. Siehe Rogers, C.: Die klientenzentrierte Gesprächspsychotherapie. München 1978.

109 Siehe dazu Abschnitt 7: Planung innerbetrieblicher Trainings.

110 Näheres dazu findet sich im Abschnitt 10.2: Was ist Gruppendynamik? Trainingsgruppe und Organisationslaboratorium.

111 Siehe dazu die Ausführungen im Abschnitt 10.2: Was ist Gruppendynamik? Trainingsgruppe und Organisationslaboratorium.

vornherein grob abgestimmt wird, also für Studenten, Lehrer, Manager und so weiter. Prädestiniert für ein prozeßorientiertes Lernen sind freilich die offenen Designs, insbesondere bei innerbetrieblichen Trainings, wenn deren Ziel die Unterstützung von Veränderungsprozessen auf der Organisationsebene ist (Trainingstyp 4).

Die wohl bekannteste prozeßorientierte Methodik ist wahrscheinlich Ruth Cohns[112] Themenzentrierte Interaktion (TZI), wo der Trainer die Aufgabe hat, mit seiner Design- und Interventionsarbeit zwischen den Polen des *Seminarthemas* („Es"), den individuellen *Teilnehmerpersönlichkeiten* („Ich") und dem *Gruppenprozeß* („Wir") innerhalb der gegebenen *Rahmenfaktoren* (Teilnehmerpopulation, Zeit, Raum, Ressourcen, Organisationseinflüsse etc.) eine situationsbezogen optimale Balance zu fördern. Für ihn bedeutet die prozeßorientierte Arbeitsform eine besonders schwierige Anforderung, da er

1. fachlich-thematisch gefordert ist,
2. pädagogisch kompetent sein muß und zusätzlich
3. sich selbst und seine Rolle von der Gruppe in die Arbeit einbeziehen lassen muß, was quasi eine „pädagogische Kompetenz zweiter Ordnung" erfordert, häufig zu heiklen Situationen und immer zu einer hohen Mehrbelastung führt. (Mehr zu diesem Thema wurde im Abschnitt 4.2: Anforderungsprofile für Trainer ausgeführt.)

Vielerorts ist auch das Attribut *prozeßorientiert* zur Werbefloskel verkommen. *Alle* arbeiten heute selbstverständlich prozeßorientiert, und so manche Trainer und Auftraggeber denken, mit einer morgendlichen Abfrageviertelstunde („Na, wie ist denn unsere Stimmung?") auch wirklich schon prozeßorientiert zu arbeiten. Das ist ein grober Irrtum. Dementsprechend schwierig ist für den professionell prozeßorientiert arbeitenden Trainer bisweilen das Verkaufen der eigenen speziellen Kompetenz, also seiner prozeßorientierten Methode.

Dazu folgendes Beispiel. Ich wurde einmal von einem neuen Geschäftsführer einer Ausbildungsinstitution für einen Beraterberuf eingeladen, den Referentenstab zu verstärken. Mein prospektiver Auftraggeber war hocherstaunt, als er meine durchaus marktgängigen, jedoch über dem Durchschnitt der alteingesessenen Referenten[113] liegenden Honorarsätze erfuhr und verlangte nach einer sachlichen Begründung. Er meinte: *„Mehr als den Leuten kompetent etwas über Beratung erzählen können Sie doch auch nicht?"*

---

112 Zur Methode der TZI siehe Cohn, R.: Von der Psychoanalyse zur themenzentrierten Interaktion. Stuttgart 1991.

113 „Referent" in des Wortes ursprünglicher Bedeutung, nämlich „Vortragender".

Ich wußte über die angesprochenen Kollegen einigermaßen Bescheid und verneinte diese Frage. Dann fügte ich jedoch hinzu, daß darüber hinaus mittels der prozeßorientierten Methode den Teilnehmern eine *zusätzliche Lernebene* zugänglich gemacht würde, indem das Verhältnis von Trainer und Teilnehmern der Seminarsituation im Sinne eines „realen Modellfalles", nämlich des Verhältnisses von Berater und Klient genützt werde. Der Umgang mit dieser Relation sei schließlich eine der wichtigsten Qualifikationsanforderungen an Berater.
Dieser Hinweis auf einen prinzipiellen methodischen Unterschied erweckte das Interesse meines Gegenübers. Als ich dann noch auf die dafür zusätzlich zur Fachkompetenz erforderliche „pädagogische Ausbildung zweiter Ordnung", deren Dauer und Kosten etc. hinwies, war es nicht mehr schwer, auch meine Honorarvorstellungen zu begründen. Ich gebe aber gerne zu, daß derartig geglückte Fälle nicht so oft vorkommen.

Ähnlich wie bei den Attributen innerbetrieblich-überbetrieblich erheben einige Anbieter von (tatsächlich oder vermeintlich) prozeßorientierten Seminaren auch Anspruch auf das Attribut „Organisationsentwicklung". Nach der hier vertretenen Auffassung[114] jedoch bleibt ein Training ein Training; eine prozeßorientierte Arbeitsweise bedeutet ebensowenig wie ein offenes Design *keine* planvolle professionelle Intervention auf der Ebene der Organisation, auch wenn darin noch so viele organisationsrelevante *Inhalte* zur Sprache kommen.

5.2.5 Lernen nach dem Supervisionsmodell

In viele Trainings bringen die Teilnehmer einschlägige *Erfahrungen zur Thematik* mit, die man der gemeinsamen Analyse und theoretischen Aufarbeitung zur Verfügung stellen kann. Das ist eine sinnvolle Ergänzung zum non-direktiven Erfahrungslernen und wird bei gegebenem Hintergrund der Teilnehmer auch erfolgreich praktiziert. Bei dieser Fallsupervision handelt es sich strenggenommen jedoch um *Beratungsarbeit*[115], wie sie im Coaching[116] oder in der Einzel- beziehungsweise Teamsupervision[117] angewendet wird.

In letzter Zeit ist bei so manchen Trainern die Tendenz zu beobachten, diese beratungsähnliche Supervisionsmethode auf Kosten der angeblich überkommenen Laborkonzeption[118] zu forcieren. In diesen „Trainings" geht es dann oft *nur* noch

114 Siehe den Abschnitt 2.2.2: Warum „ändern" Trainings die Organisationen nicht?
115 Siehe dazu Abschnitt 3.4.3: Trainingstyp 3: „Teamtraining"
116 Siehe dazu Abschnitt 10.1.3: Coaching und Individualtraining.
117 Siehe dazu Abschnitt 3.4.3: Trainingstyp 3: „Teamtraining".
118 Vergleiche dazu auch den Abschnitt 10.2: Was ist Gruppendynamik? Trainingsgruppe und Organisationslaboratorium.

um Fallarbeit, während Übungen, Rollenspiele etc. zunehmend abgelehnt werden. Demgegenüber läßt sich aber einwenden,

- daß Training ein *pädagogisches Setting* darstellt und in der Organisation immer eine Sondersituation bedeutet – kurz, daß Training nicht Beratung ist oder werden kann;
- daß im Rahmen eines Trainings die Supervisionsarbeit den Sinn hat, den Teilnehmern die Lernchance zu eröffnen, Probleme selbst beraten bzw. bearbeiten zu lernen und *nicht,* „Fälle zu lösen";
- daß sich die Forcierung der Supervisionsarbeit frustrierend auf jene Teilnehmer auswirken kann, die mit ihren Problemen nicht mehr zum Zuge kommen konnten (was bei dem enormen Zeitbedarf *echter* Beratung zwangsläufig eintritt);
- daß sich viele soziale Kompetenzen nach heutigem Stand der Kunst nach wie vor nur mittels Übungen oder Rollenspielen trainieren lassen.

Es entsteht daher der Verdacht, daß bei dieser Geringschätzung der „Labormethode" andere Motive wirksam sind. Häufig handelt es sich hierbei, so die Beobachtung, um Trainer, die entweder aus der Beratung kommen oder sich zu dieser mehr hingezogen fühlen, weil sie ihnen persönlich ganz einfach besser liegt. Es sind also Personen, die vielleicht in Echtsituationen hervorragend beraten können, denen aber als Trainer das „gewisse Etwas" an Fähigkeit, Humor, spielerischem Vergnügen etc. dort fehlt, wo es um Schaffung einer (natürlich „künstlichen", aber für die Erreichung der Bildungsziele sinnvollen) Lernsituation geht[119] wie etwa bei Design oder Leitung einer Übung oder eines Rollenspiels.

So gesehen erscheint es psychologisch erklärlich, warum diese Trainer die Labormethode so offensichtlich als „saure Trauben" attribuieren. Ein anderer und weitaus bedenklicherer Grund könnte aber auch sein, daß es manchen langgedienten Trainern vielleicht entgegenkommt, unter dem Deckmantel fortschrittlicher Fallarbeit endlich doch selber einmal – entgegen allen nach außen hin akzeptierten Regeln der Profession – die Fälle anderer lösen zu dürfen.

---

119 Siehe dazu Abschnitt 4: Wer soll trainieren?

5.3 Autoritätswahrnehmung, Stil und Berufsethik des Trainers

5.3.1 Autoritätswahrnehmung und Trainerstile

„...das zentrale Problem in der Beziehung zwischen Gruppenleiter und Gruppenteilnehmern besteht in der Machtausübung beziehungsweise der Ausübung der Funktion der Autorität durch den Gruppenleiter. Dies zeigt sich bei allen grundlegenden Problemen, mit denen... Gruppen konfrontiert sind: ...Abgrenzung.., Ablösung.., Übernahme der Verantwortung...“[120]

Die Funktion des Trainers bedeutet wie bereits dargelegt *immer* (auch) eine Autoritätsposition. Grob gesprochen kann hier nun ein präödipales, ein ödipales und ein postödipales Autoritätsverhältnis[121] zwischen Gruppe und Trainer bestehen. Damit ist die Art des Umgangs des Trainers mit dem zentralen Grundbedürfnis nach Sicherheit beziehungsweise seine diesbezüglichen Ziele bezeichnet. Hier gibt es zwei Möglichkeiten:

1. Bei Trainings, die fachlich-kognitiv oder normativ-verhaltensschulend[122] orientiert sind, sind diese Erwartungen der Klienten kein Problem, da sowohl das Design als auch die Stellung des Referenten diese Sicherheit von vornherein vermitteln. Das Verhältnis zum Klientensystem kann hier entweder präödipal sein, das bedeutet im Grunde das klassische Verhältnis von Lehrer und

2. Bei allen anderen Trainings im Verhaltensbereich gibt es fast *immer* eine Unsicherheit in der Gruppe. Insbesondere bei prozeßorientierten Trainings und beim Lernen durch Irritation aus temporärer Inkompetenz hat die Gruppe starke, sicherheitsbezogene Erwartungen nach *Orientierung, Existenzberechtigung und Anerkennung.* Gerade bei einem partnerschaftlichen Soll-Verhältnis

---

120 Sandner, D.: Psychodynamik in Kleingruppen: Theorie des affektiven Geschehens in Selbsterfahrungs- und Therapiegruppen (selbst-analyt. Gruppen). München 1978, 4.1.3.4.

121 Nähers dazu siehe Sandner, a. a. O., Abschnitt 2.

122 Siehe dazu Abschnitt 10.1.1: Fachliche Aus- und Weiterbildung, „normative Verhaltensschulung“.

Schüler; oder es ist postödipal, wo der Referent als Experte unter Experten im gleichwertigen Erwachsenenverhältnis beispielsweise über ein neues Spezialgebiet referiert. Hier gibt es psychologisch nirgendwo Unsicherheit.

zwischen Trainer und Klientensystem stellt die *„Transformierung"* dieser kindlichen Bedürfnisse in erwachsenes Selbstbewußtsein jedoch ein zentrales Lernfeld dar. Der Grund dafür liegt darin, daß das Verhältnis zwischen Chef und Mitarbeitern selten funktional und leidenschaftslos ist, sondern hochemotionalisiert auf einer Eltern-Kind-Ebene; daher geht es hier darum, daß die Teilnehmer aus der Phase der Dependenz[123] zur Interdependenz „reifen"[124].

Somit *muß* der Trainer im zweiten Fall in irgendeiner Weise bestimmte kindliche Erwartungen nach Sicherheit frustrieren, was die Teilnehmer zunächst als Verweigerung, Distanzierung oder Geringschätzung interpretieren und eine Tendenz zum ödipalen Verhältnis (es sei denn, man arbeitet schon länger erfolgreich mit ein und demselben Trainer, aber dann ist das Verhältnis schon „postödipal gereift", siehe unten) bewirkt. Der Umgang des Trainers in und mit dieser Situation[125] wirkt nun prägend auf die Gruppe:

- Die *präödipale Wahrnehmung des Autoritätsverhältnisses* scheidet als ungeeignet aus, weil sie

- Das *postödipale* Verhältnis entspricht dem interdependenten beziehungsweise reflexiv-inter-

123 Hervorragend beschrieben von Bion als eine „Grundannahme in Gruppen": Bion, W.R.: Erfahrungen in Gruppen und andere Schriften. [1961] Frankfurt 1990.

124 Nach dem sogenannten Dependenzmodell, siehe Abschnitt 10.2.3: Kritische Würdigung des „Dependenzmodells".

125 D. Sandner schreibt dazu: „Für die Regulation der für die Teilnehmer entstehenden Situation ist mindestens im Anfangsstadium... das Verhalten des Gruppenleiters außerodentlich wichtig, da er... die strategisch wichtigste Position innehat. Wir können annehmen, daß je nachdem, wie er interveniert, d.h. wieviel und welche Struktur er der diffusen, völlig unklaren Situation in der Gruppe zu geben versucht, die Gruppenmitglieder als einzelne und in ihrer Gesamtheit dazu tendieren, prä-ödipale beziehungsweise ödipale Probleme zu reaktivieren." Sandner, a. a. O., S. 47 und auch Abschnitt 4.1.3., Leiterverhalten und Gruppenprozeß.

die Gruppe in der Dependenz[126] beläßt. Das heißt, daß es sich beim „Erwachsenentraining auf der Schulbank", um einen (Selbst-)Betrug handelt.

aktionellen[127] Verhältnis zwischen Trainer und Gruppe; es kann mit voller Kraft an den *Inhalten* gearbeitet werden. Dieses Verhältnis ist das *Ziel*, es kann jedoch *nicht als gegeben vorausgesetzt* werden.

In den allermeisten Fällen ist daher die Autoritätsfrage wichtig und ein *ödipales* Verhältnis zumindest übergangsweise notwendig. Beim „ödipalen Stil" gibt es nun einen eher „harten" Stil, vor allem herstammend aus der klassischen Tradition der T-Gruppe, wo die Gruppe mit ihrem Problem vom Trainer zunächst vollkommen allein gelassen wird[128]. Demgegenüber „hilft" der Trainer eines „weichen" Stils, mehr aus der gruppentherapeutischen Tradition herrührend, der Gruppe oder einzelnen Teilnehmern insofern über die schwierigen Phasen der Dependenz und Konterdependenz, indem er diese Situation verhältnismäßig früh und aktiv anspricht. Die Wahl zwischen diesem harten oder weichen Trainerstil ist daher nicht allein eine Frage der persönlichen Neigung, sondern auch eine Frage der Zweckmäßigkeit. Das heißt, daß ein Trainer idealerweise beide Stile beherrschen sollte und sie je nach Aufgabenstellung, Charakter und Stimmung der Gruppe einsetzen kann.

Ein häufiger Kritikpunkt selbst am „weichen" ödipalen Trainerstil ist immer wieder die Klage von Teilnehmern über die „Härte" dieser Methode. Ist es daher gerechtfertigt, den Klienten diese Frustrationen zuzumuten, oder wird damit vielleicht nur ein latenter Sadismus von Trainer und Organisation befriedigt?

Unbestreitbar ist, daß die Härte des ödipalen Trainerstils oft genug jener in der Arbeitsrealität der Organisation entspricht. Ist man daher an *Hilfestellung zur Arbeit* interessiert (Trainingsfunktion 4) und handelt es sich um Themen wie Führung und Kooperation, so kann ein professioneller Trainer diese methoden-

---

126 Ein berühmter Vertreter des präödipalen, Abhängigkeit erzeugenden Trainerstils ist H.A.Thelen. „Aus seiner Schilderung gewinnen wir den Eindruck, daß er sich für alles verantwortlich fühlt, wie eine Mutter, die ihr Kleinkind nicht oder in nur sehr eingeschränktem Maße der rauhen Wirklichkeit aussetzen möchte..." (Sandner, D.: Psychodynamik in Kleingruppen: Theorie des affektiven Geschehens in Selbsterfahrungs und Therapiegruppen (selbst-analyt. Gruppen). München 1978, S. 76.) Vergleiche dazu Thelen, H.A.: Dynamics of groups at work. Chicago 1954; Stock, D. & Thelen, H.A.: Emotional dynamics and group culture. New York 1958.

127 Sandner, D.: a. a. O., Abschnitt 2.5.

128 Die berühmteste Darstellung dieser Situation stammt von Slater, P.: Ein Mikrokosmos. Studie über Gruppendynamik. [1966] Frankfurt 1978.

bedingte Anfangsschwierigkeit *für das Klientensystem durchaus anschlußfähig gestalten und zu einer hervorragenden Lernchance wenden.* Erwartet man von Trainings jedoch eher *Entertainment* oder Orientierunghilfe (Trainingsfunktion 3), so sind die Frustration und der Widerstand begreiflicherweise groß, und der Stil ist nicht angemessen.

Es erscheint in diesem Zusammenhang bedenklich, wenn Trainer aus mangelnder Konfliktfähigkeit oder Konfliktbereitschaft prinzipiell den Weg des geringsten Widerstandes wählen, indem sie unreflektiert der Erwartung des Klientensystems nach Sicherheit, „Servicierung" oder sogar „Bemutterung" nachgeben[129]. Wessen Selbstverständnis als Trainer, salopp formuliert, in Richtung „immer nett sein und möglichst von allen geliebt werden" geht (dies entspricht psychologisch einer Fixierung auf einen *präödipalen Stil,* welche freilich häufig im Sinne von „besonders erwachsen" als postödipal *rationalisiert* wird), sollte sich diesen schwierigen und konfliktträchtigen Trainingszielen daher eher fernhalten, als mit unangemessener Methodik dem Klientensystem gewisse Frustrationen und damit Lernchancen einfach nicht anzubieten. Diese Fragen verweisen bereits in den Bereich der Berufsethik, die im folgenden skizziert wird.

5.3.2 Ethische Fragen des Trainings

Das klassische Beispiel, wo sich die Fragen nach Stil und Berufsethik des Trainers verbinden, ist das tiefenpsychologische Problem der Übertragung. Als nondirektiv arbeitender und zeitweise „abstinenter" Trainer hat man nicht etwa *weniger* Einfluß und Autorität über die Gruppe (und damit Veranwortung) als beispielsweise der Modelle und Normen vorgebende Kollege, sondern paradoxerweise *mehr,* weil die Wirkmechanismen einfach subtiler sind: Es ist heute praktisch unbestritten, daß im Bereich des emotionalen und sozialen Verhaltens eine Gruppe nämlich nur das lernen kann, was der Trainer „zuläßt".

Wenn der Trainer beispielsweise niemals Lachen oder Humor zeigt, wird dies mit hoher Wahrscheinlichkeit auch in der Gruppe als keine „hoffähige" Reaktion gelten; wenn der Trainer auf *jedes* auftauchende Problem mit Stirnrunzeln und

---

129 „[Ein Trainer]... muß zeitweilige Krisen in seiner Gruppe aushalten und sie zu dem Zweck, alle Beteiligten innovationsbereiter zu machen, geradezu provozieren. Gestylte Folien, vorweggenommene Antworten und auf Schlagworte reduzierte Trainingsziele helfen wenig, obwohl sie dem Trainer die Arbeit gewiß erleichtern, eine gute Atmosphäre schaffen und leicht zu verdauen sind. Doch sie produzieren keine mentalen Ressourcen bei den Kursteilnehmern..." (Schwendner, R.: Wenn Trainer falsch ausbilden. In: Harvard Business Manager 1/1995, S. 32).

sachlichen Lösungsversuchen reagiert, so wird diese Methode auch leicht in der Gruppe zur Norm. Damit werden auf sozialem und emotionalem Gebiet die Lösungskompetenz und der Handlungsspielraum natürlich leicht behinderbar.

Autorität, Macht oder auch Manipulationsmöglichkeit des Trainers werfen letztendlich immer die Frage nach seiner Verantwortung für die Klienten, aber auch für die Organisation auf. Hier gibt es keine simplen Antworten: Wertesysteme der Ethik oder Moral lassen sich niemals als richtig „beweisen“[130] – so auch die Maximen der humanistischen Psychologie im Training nicht, wie sie der vorliegenden Arbeit zugrunde liegen (siehe unten).

Tatsächlich feiert heute eine Fülle von ihrem Selbstverständnis nach „manipulativen Techniken“[131] immer wieder Hochkonjunktur im Beratungs- und Trainingswesen (der Terminus „Technik“ wird im sozialen Feld seit jeher gerne von Anhängern der Vorstellungen von „Machbarkeit“ und „Harter Sozialtechnologie“ gebraucht). Kochrezepte zur Manipulation lassen sich zudem immer leichter verkaufen als die Aussicht auf jene harte Arbeit, die einen erwartet, wenn man sich und seine Kommunikationspartner menschlich ernst nimmt.

Viele professionelle Kenner der Materie glauben allerdings aus rein pragmatischen Gründen *nicht* an die Möglichkeit einer *längerfristig* wirksamen Manipulation. Demnach können diese „Allmachtsphantasien der Manipulationskunst“ höchstens kurzfristigen Schaden anrichten, zum Beispiel wenn Führungskräfte dieser Wunschphantasie erliegen und den gerade am Trainingsmarkt angebotenen „sensationellen und neuen“ Manipulationstechniken auf den Leim gehen, was natürlich hinterher „Lehrgeld“ kostet. Die Geschäftsaussichten der einschlägigen Anbieter und Veranstalter erscheinen jedenfalls gut, weil viele Führungskräfte angesichts der Schwierigkeit der Steuerung in Organisationen (als hochkomplexen, nichttrivialen Systemen) verzweifeln und sich leicht der Illusion hingeben, durch solche Trainings zumindest „den Faktor Mensch in den Griff zu bekommen“.

Jedenfalls gibt es in der Managementlehre seit längerem aus gewissen Richtungen der Pädagogik, Psychologie, Psychotherapie, Gruppendynamik und Systemtheorie herstammende non-manipulative Maximen und Methoden, nach denen zu trainieren längerfristig sicher auch ökonomischer ist. Bekannte Beispiele

---

130 Dies ist in der Philosophie seit den Überlegungen Immanuel Kants zur Unmöglichkeit von Gottesbeweisen (Kant, I.: Grundlegung zur Metaphysik der Sitten. 1785) verhältnismäßig unbestritten. Kant versuchte übrigens die von ihm selbst als aussichtslos demonstrierte wissenschaftlich-logische Begründung der Moral in seinem Werk „Kritik der praktischen Vernunft“.

131 Für die persönliche Einschätzung des Autors zählen hierzu besonders die älteren Formen der behaviouristischen Verhaltenstherapie, aber auch vulgarisierte Management-by...-Methoden aus der „Neurolinguistischen Programmierung“ (NLP).

für diese Entwicklungen, welche auch der vorliegenden Arbeit direkt oder indirekt zugrunde liegen, sind:

- Die dialogische Pädagogik[132] mit ihrer Betonung der Partnerschaftlichkeit zwischen Lehrendem und Lernendem.
- Die Humanistische Psychologie, begründet von Maslow, Bühler und Rogers sowie ihre Weiterentwicklung durch Ruth Cohns TZI[133].
- Die psychotherapeutischen Ansätze der Transaktionsanalyse[134] und der systemischen Familientherapie[135].
- Die klassische Gruppendynamik seit Kurt Lewins Eintreten für demokratische Führungsprinzipien[136] in den dreißiger Jahren.
- Die Mangementtheorie des „situativen Führens"[137] nach Hersey und Blanchard.

Die Berufsethik eines Trainers nach den hier vertretenen Prinzipien wurde von Carl Rogers[138] unübertroffen kurz und prägnant in seinen berühmten *Variablen* formuliert:

1. *Empathie* (einfühlendes, nicht-wertendes Verstehen),
2. *Wertschätzung* (Akzeptanz der Person und Situation des Klienten),
3. *Echtheit* (spontan-authentisches, nicht fassadenhaftes Verhalten),

wobei die dritte, in Gruppensituationen etwas mißverständliche Rogers-Variable von Ruth Cohn durch den Terminus „selektive Authentizität" weiterentwickelt

---

132 Petzelt, A.: Grundzüge systematischer Pädagogik. Freiburg i.Br. ³1964.

133 Maslow, A.H.: Motivation and personality. New York 1954; Bühler, Ch.: Psychologie im Leben unserer Zeit. München 1962; Rogers, C.: Die klientenzentrierte Gesprächspsychotherapie. München 1978; Cohn, R.: Von der Psychoanalyse zur themenzentrierten Interaktion. Stuttgart 1991.

134 Berne, E.: Spiele der Erwachsenen. Psychologie der menschlichen Beziehungen. Reinbek 1967; Harris, T.A.: Ich bin OK – Du bist OK. Eine Einführung in die Transaktionsanalyse. Reinbek 1973.

135 Siehe dazu Stierlin, H.: Von der Psychoanalyse zur Familientherapie. München 1975, Simon, F./ Stierlin, H.: Die Sprache der Familientherapie – Ein Vokabular. Stuttgart 1984 und Hoffmann, L.: Grundlagen der Familientherapie: Konzepte für die Entwicklung von Systemen. Hamburg 1984.

136 In: Lewin, K., Lippitt, R., White, R.K.: Patterns of aggressive behaviour in experimental created „social climates". J.Soc.Psychol.10, 1939.

137 Siehe dazu Hersey, P. & Blanchard, K.: Management of organizational behaviour. Utilizing human resources. Eaglewood Cliffs, 1977.

138 Rogers, C.: Die klientenzentrierte Gesprächspsychotherapie. München 1978.

wurde: Besonders in den sechziger Jahren wurde „Spontaneität" gerne als schrankenloser Selbstausdruck des Trainers überinterpretiert. Ruth Cohn erkannte jedoch die hohe Verantwortung im Trainerverhalten und forderte hier daher eine gewisse Disziplin.

Zusammengefaßt: welcher Trainerstil zum Einsatz kommen soll, ist einzig Sache der Zweckmäßigkeit und Funktionalität – soferne *eine* ethische Voraussetzung gegeben ist: Carl Rogers' Maxime der *Wertschätzung* des Klienten, also der Organisation und ihrer Vertreter. Als Konsequenz der überdurchschnittlich hohen Verantwortung insbesondere von Verhaltenstrainern sollte daher, hart formuliert, auch nicht jeder auf diesem heiklen und manipulationsanfälligen Gebiet arbeiten (dürfen). Diese Frage muß freilich in erster Linie an die *Ausbildungsinstitutionen* von Trainern[139] gestellt werden. In pragmatischer Hinsicht bleibt letztlich nur dem *Markt* als Nachfrager, also den Organisationen als *Auftraggeber,* die Möglichkeit einer positiven Selektion. Voraussetzung dafür ist freilich eine hohe Professionalität und Sachkenntnis im *Einkauf* von Training.

Die Besonderheiten der Trainer-Klient-Beziehung verweisen in den Bereich der pädagogischen Methodenpraxis, der Interventions- und Designtechnik. Diesen Themen sind die Abschnitte 7, 8 und 9 *über die Grundlagen und Praxis der Planung, Design- und Interventionstechnik* gewidmet. Im Anhang werden dann noch ergänzend einige wichtige Begriffe im Trainingsgeschehen vorgestellt beziehungsweise kritisiert (Abschnitt 10.1).

139 Zur Frage der professionellen Anforderungen an Trainer beziehungsweise an deren Ausbildung siehe Abschnitt 4.2.1: Ausbildung und fachliche Anforderungen.

6 Hinweise zum Zusammenspiel Trainer-Auftraggeber

6.1 Akquisition und Auftragsvergabe

Im Gegensatz zu den überbetrieblich tätigen Trainingsinstituten herrscht bei vielen professionellen Anbietern innerbetrieblicher Trainings eine grundsätzliche Skepsis bezüglich der herkömmlichen Akquisition. Das Training eignet sich wie die Organisationsberatung deshalb nicht sehr gut dafür, weil beide Dienstleistungen sich mit dem tiefsten Inneren der Organisation sowie mit schwierigen Methodenfragen[140] befassen und daher vom Auftraggeber überdurchschnittlich hohes Vertrauen und überdurchschnittlich viel Sachkenntnis erfordern. Dies gilt insbesondere für die Team- und Funktionsgruppen-Trainings (Trainingstypen 3 und 4). Üblicherweise kommen daher derartige Aufträge – soferne es sich nicht ohnedies um Folgeaufträge von Stammkunden handelt – durch *Weiterempfehlung* zustande (siehe unten).

Es lassen sich grundsätzlich drei Möglichkeiten der Akquisition innerbetrieblicher Trainings beobachten: Erstens werden sie wie die Organisationsberatung akquiriert, zweitens wie eine sehr spezielle Form von Training oder drittens mit einer „Mogelpackung“, dem Versprechen der „Organisationsentwicklung“.

1. **Akquisition als Beratungsleistung:**
   Diese Variante ist ebenso schwierig wie die Akquisition der Organisationsberatung. Ein Pluspunkt ist dabei sicher immer dann gegeben, wenn man bei der Organisation als Berater bereits renommiert ist. Häufig kommen Team- oder Funktionsgruppen-Trainings ohnehin als Teil- oder Ergänzungsmaßnahmen von Beratungsprojekten zustande.

2. **Akquisition als Spezialtraining:**
   Dieser Weg ist der naheliegendste, erfordert aber vom Kunden hohe Sach-

140 Dies gilt insbesondere für die Verhandlungen bezüglich der Wertigkeit bestimmter Trainerqualifikationen wie der Prozeßkompetenz. Siehe dazu auch das Beispiel in Abschnitt 5.2.4: Prozeßorientierte Trainingsmethode.

kenntnis und Professionalität, was *Möglichkeiten und Grenzen* innerbetrieblicher Trainings anbelangt.

3. **Akquisition als „Organisationsentwicklung":**
Dies ist die unseriöse Variante, freilich oft eine geschäftsträchtige: Das mutmaßliche Problem des Kunden liegt auf der strukturellen Ebene, er schreckt aber vor einer „echten" Beratung zurück und vermeint mit dieser Dienstleistung quasi eine Organisationsberatung *light* einzukaufen. Dabei werden mittels Trainings Effekte versprochen, die sich nur durch Interventionen beziehungsweise Beratung auf der Ebene der Organisationsstrukturen bewerkstelligen lassen könnten (siehe dazu Abschnitt 2.2: Training und Beratung – Ergänzung oder Konkurrenz?).

Hat man jedenfalls erst einmal zufriedenstellend für eine Organisation trainiert, so ist die Wahrscheinlichkeit von Folgeaufträgen nicht schlecht, ebenso wie dann auch die Chance steigt, weiterempfohlen zu werden. Dies ist für die innerbetrieblich tätigen Trainingsanbieter unbestritten die beste Akquisition.

Abschließend noch eine Bemerkung hierzu: Ein *personeller Wechsel in der Funktion des Auftraggebers* bedeutet fast immer eine regelrechte Krisensituation für die bisherigen Anbieter, weil der Neue meist dazu tendiert, nicht nur neue Themen, sondern auch neue Gesichter ins Spiel zu bringen (und sei es, um sich damit in der Organisation schlicht nur *bemerkbar* zu machen). So wird man als Trainer bisweilen jäh aus einer gerade mühsam erarbeiteten, hervorragenden Arbeitsbeziehung zu den Klienten und manchmal sogar mitten aus einem lange geplanten Trainingsprojekt herausgerissen, ohne daß einem ein professioneller Fehler passiert wäre.

6.2. Contracting

Die höchsten Ansprüche an ein professionelles Contracting stellen die innerbetrieblichen Trainingstypen (2, 3 und 4). Für den überbetrieblichen Trainingstyp 1 gilt nur ein Teil der nachstehenden Hinweise, obwohl man auch hier niemals zu viele Fragen stellen und beantworten kann. Wenn man von einer seriösen Auftragsabtwicklung ausgeht, dann ist den *Rahmenbedingungen* bei der Auftragsvergabe zunächst das größte Augenmerk zu widmen. Dies bezieht sich besonders auf die Frage: Wer ist der Auftraggeber, das heißt: *Wer* engagiert den externen Trainer, und wie sieht dessen Beziehung zum restlichen Management der Organisation aus?

Genauso wie bei der Organisationsberatung gilt auch hier der Erfahrungswert: Es sind oft die *potentiellen Verlierer* in der Organisation, welche sich durch diese Trainings Unterstützung in ihren Zielen erwarten. Diese Erwartung ist oft mit ganz spezifischen Vorstellungen verbunden, die der Auftraggeber bezüglich der Arbeitsinhalte, -methoden und der Resultate hegt. Als Externer muß man daher genau prüfen, ob man überhaupt in der Lage oder – häufiger – seiner eigenen Professionalität gemäß *gewillt* ist, dem so nachzukommen. Im negativen Fall bedeutet dies, bereits in eine erste Auseinandersetzung (um nicht zu sagen in einen regelrechten *Konflikt)* mit dem Auftraggeber einzutreten. In jedem Fall ist es für die spätere, funktionierende Arbeitsbeziehung mit der Teilnehmergruppe unerläßlich, die *Ziele* des Auftraggebers realistisch und genau festzulegen und in weiterer Folge auch transparent zu machen. Siehe dazu auch die Ausführungen in Abschnitt 6.4.1: Das Kontrollbedürfnis der Organisation.

Kommt ein Team- oder Funktionsgruppen-Training nicht ohnedies im Rahmen eines Beratungsprojektes zustande, sollte der Vertrag niemals ohne Klärung untenstehender Fragen und deren schriftlichem Ausdruck abgeschlossen werden:

6.2.1 Checkliste für das Contracting innerbetrieblicher Trainings

1. Wer ist der Auftraggeber, wer ist der Klient?
2. Welche Ziele umfaßt der Auftrag genau? Welche *speziellen* Lern- und Interventionsziele lassen sich daraus ableiten?
3. Was gilt als „Erfolg" des Trainings?
4. Ist die Veranstaltung ein- oder mehrteilig? Sind *Follow-ups* sinnvoll?
5. Welche Dauer und zeitliche Placierung der Veranstaltung ist sinnvoll? Innerhalb der Arbeitszeit oder eventuell außerhalb (Wochenende)?
6. Wann soll die Veranstaltung beginnen? Am Vorabend, am Morgen oder zu Mittag?
7. Welches Setting und welche Methoden kommen zur Anwendung (und was bedeutet das für das kritische Beziehungsdreieck[141])?

---

141 Siehe Abschnitt 4.1.1: Externalität und das „kritische Beziehungsdreieck".

8. Wie ist die genaue Zusammensetzung der Teilnehmer, d. h., wer darf oder oder muß ins Training?

9. Mit welchen Widerständen ist im Falle der Pflichtigkeit von Trainings zu rechnen und wie sieht die adäquate Rückendeckung seitens der Organisation aus?

10. Wie groß soll beziehungsweise darf die Gruppe sein?

11. Wie erfahren die Teilnehmer von dem Training, von den Rahmenbedingungen und von der Anwesenheitsregelung (siehe nächsten Abschnitt)?

12. Welche Form des Feedbacks an die Organisation ist vorgesehen? Wie und durch wen? (Vermeidung der bekannten Zwickmühle des Trainers, wenn der Auftraggeber nachher überraschend fragt: „Na, und was war mit dem Soundso...?“)

Bei Funktionsgruppen-Trainings:

13. Wie wird die Lerngruppe zusammengesetzt? Je nach Thema ist sorgfältig zu klären, wer mit wem in der Gruppe zusammenarbeitet – entweder in Abbildung oder in bewußtem Kontrast zu den Strukturen der Organisation.

14. Ist die Hierarchie beziehungsweise Unternehmensspitze in das Funktionsgruppen-Training irgendwie einbezogen oder nicht, zum Beispiel in Form eines Kaminabends?

15. Welche Abfolge (bei flächendeckenden Veranstaltungsserien) der Gruppen ist sinnvoll? Geht man nach bereichsbezogenen Kriterien oder nach hierarchischen Kriterien *(top-down* oder *bottom-up)* vor?

6.3 Erfolg von Trainings: Bewertung und Evaluierung

Den Erfolg von innerbetrieblichen Trainings zu bewerten – *messen* im Sinne quantitativer Evaluierung[142] läßt er sich ohnehin kaum – ist fast noch schwieriger als bei der Beratung. Dies ist deswegen so, weil hier die Distanz zum Auftraggeber wesentlich größer ist als bei der Beratung (dort ist der Auftraggeber auch häufiger mit dem Klienten ident), was eine größere Differenz zwischen den Interpretationen des Erfolges zwischen Klienten und Auftraggeber bewirkt. Außerdem zeitigen Trainings eher mittelfristig Effekte in der Organisation, während Beratung oft verblüffend schnelle Wirkungen haben kann.

Generell gibt es drei verschiedene Kriterien des Trainingserfolges: Erfolg für den Trainer, für die Teilnehmer und für den Auftraggeber.

6.3.1 Erfolg für den Trainer

Als Trainer kann man seinen Erfolg zunächst rein geschäftlich sehen („Folgeauftrag oder nicht?"). Ein weiteres mögliches Kriterium kann die Erreichung seines *Trainingszieles* im Sinne der relevanten Trainingsfunktionen sein:

1. Wurden Ressourcen entwickelt?
2. Hat der Teilnehmer seine Initiation überstanden?
3. Wurde der Organisationshygiene gedient?
4. Ist die Hilfe zur Anpassung[143] der Mitglieder an die geänderten Anforderungen der Organisation gelungen?

Im letzten Fall des Funktionsgruppen-Trainings endet aber die Erfolgsbewertung. Denn ob die Anpassung als solche erfolgreich war oder nicht, läßt sich

142 Zur Evaluierung von Führungsseminaren siehe Etzel, G., Frank-Oestreich, H., Rußland, W., Welz, F.G.: Führungsverhaltenstraining in Intervallen und Lerntransfer: Erprobung eines neuen Konzeptes. In: Zeitschrift f. Arbeits- und Organisationspsychologie, 37.Jg. (N.F.11) 1, 1993.

143 Siehe dazu auch Abschnitt 3.3.3: Innerbetriebliches Training als Minimierung des Transferproblems.

meist erst zu einem wesentlich späteren Zeitpunkt feststellen und deckt sich darüber hinaus auch *nicht unbedingt* mit der spontanen Sichtweise von Auftraggeber und Klienten[144] (siehe unten).

6.3.2 Erfolg aus der Sicht der Teilnehmer

Aus der Perspektive der Teilnehmer drückt sich der Erfolg von Trainings, nach vielerorts gängiger Ansicht, in *Akzeptanz*, also in euphorischen Abschiedsstatements der Schlußrunde und in guten Zensuren bei der Teilnehmerbewertung aus. Wenn das Trainingsziel Stratifikation oder Organisationshygiene ist, mag das auch ein brauchbares Kriterium sein. War jedoch die Verfolgung anderer Trainingsfunktionen wichtig, so wäre die alleinige Heranziehung dieses Erfolgskriteriums der Teilnehmerakzeptanz, vorsichtig gesagt, eine Naivität. Das höchstbenotete Seminar kann hier für die Organisation beziehungsweise den Trainer auch einen *Mißerfolg* bedeuten!

Dieses Phänomen kennt jeder professionelle Trainer beziehungsweise Auftraggeber: Trainings werden oft aufgrund der „Gruppendynamik" oder der Unterhaltungsqualitäten des Trainers phantastisch bewertet, müssen dann jedoch nichts im Sinne der Weiterentwicklung der Kompetenz von Teilnehmern geschweige denn der Ziele der Organisation gebracht haben. Dazu ein Zitat aus einer bereits zitierten Untersuchung, die zu dem Schluß kommt, daß

> *„... Teilnehmerbeurteilungen unmittelbar nach... Führungsseminaren in der Regel hervorragend ausfallen, sofern die Referenten lebendig, abwechslungsreich und plausibel agiert haben, daß aber eine Umsetzung der Seminarinhalte in die alltägliche betriebliche Praxis kaum erkennbar ist..."*[145]

Nicht nur in der Avantgarde des Trainings mit systemtheoretischem, gruppendynamischem und psychoanalytischem Hintergrund, sondern auch zunehmend auf breiterer Front in der traditionellen Erwachsenenbildung[146] setzt sich daher die

---

144 Näheres dazu siehe Abschnitt 4.1.1: Externalität und das „kritische Beziehungsdreieck".

145 Etzel, G., Frank-Oestreich, H., Rußland, W., Welz, F.G.: Führungsverhaltenstraining in Intervallen und Lerntransfer: Erprobung eines neuen Konzeptes. In: Zeitschrift f. Arbeits- und Organisationspsychologie, 37. Jg. (N.F.11) 1, 1993.

146 Diese ist häufig eine von der TZI beeinflußte Tradition eher naturwissenschaftlich ausgerichteter Psychologie und Soziologie. Siehe dazu etwa Wellhöfer, P.R.: Gruppendynamik und soziales Lernen. Theorie und Praxis der Arbeit mit Gruppen. Stuttgart 1993, Abschnitt 7.3.4.2.

Einsicht durch, daß die üblichen schriftlichen Seminarbewertungen am Ende der Veranstaltung vielleicht einiges über die *Akzeptanz* (von Trainer und Seminarveranstaltung), aber nur wenig über den *Erfolg* des Trainings aussagen können.

Dazu ein Beispiel: Teilnehmer, die tatsächlich oder nur vermeintlich zum *Nachsitzen* geschickt werden, *können* gar keine zufriedenen Teilnehmer sein; im Gegenteil, je besser das Seminar war, desto mehr müssen sie sich selbst, dem Trainer, ihren Seminarkollegen und besonders der Organisation via Fragebogen versichern, daß sie „das Wesentliche ohnehin schon vorher *gewußt* haben". (Dieser Verweis auf „gewußt" verrät dabei oft den psychologischen Widerstand, dem dieser Hinweis entspringt, wenn nämlich in professionellen Verhaltenstrainings von Anfang an darauf hingewiesen wurde, daß es weniger um neues *Wissen,* sondern um die emotionale Verankerung eines erweiterten Verhaltensrepertoires geht.)

Selten jedoch wird auf diese Fragebögen ganz verzichtet, weil sie doch einen gewissen Informationsrückfluß über die Veranstaltung ermöglichen und dadurch von der Organisation „verlangt" werden[147]. Jedenfalls sind die schriftlichen Teilnehmerbewertungen immer betont kritisch zu handhaben, zumal auch bei den verwendeten Fragestellungen meist unklar ist, ob sie nun für den Trainer oder für den Auftraggeber gedacht sind.

Für gute Trainings gilt, daß man als Teilnehmer am Ende bestenfalls wissen kann, was man von den Inhalten und Anregungen umsetzen *will.* Kein Teilnehmer kann aber wissen, was er in der Organisation wirklich umsetzen oder anwenden *kann;* dieser Erfolg kann daher erst *post festum* – also wesentlich später – evaluiert werden. Einige fortschrittliche Trainer gehen daher so weit, auch die Schlußrunde, das für viele obligate „Ritual der kollektiven Selbstbeweihräucherung", so kurz wie möglich zu halten, um den *Arbeitscharakter* der Veranstaltung hervorzuheben: Das *Seminar* ist zu Ende, doch die *Arbeit* in der Organisation beginnt erst jetzt richtig.

6.3.3 Erfolg für den Auftraggeber

Dieser sollte sich mit dem Erfolg für den Trainer decken, indem also das *Trainingsziel* erreicht wird. Da Trainings aber häufig einen Teil der „Spiele" in der Organisation darstellen, kann es leicht passieren, daß der Auftraggeber unzufrieden ist, wenn der Trainer die vereinbarten Seminarziele *wirklich* erreicht hat. Geschäftlich ist dies natürlich etwas heikel. Siehe dazu ausführlicher die nächsten

147 Siehe dazu Abschnitt 6.4.1: Das Kontrollbedürfnis der Organisation.

Abschnitte sowie die Abschnitte 2.2.3: Innerbetriebliches Training aus der Perspektive des Auftraggebers und 4.1.1: Externalität und das „kritische Beziehungsdreieck".

6.4 Stolpersteine in der Beziehung Trainer-Organisation

6.4.1 Das Kontrollbedürfnis der Organisation

Organisationen leben von Kontrolle, das gilt auch für ihre Trainings. Besonders die Frage des zu wählenden Lernsystems läßt die Organisationen selten kalt. Zur Rekapitulation: bei den *innerbetrieblichen* Trainings nimmt die Organisation *direkt* Einfluß auf die Festlegung von Auftragsziel, Thema und Setting (bei *überbetrieblichen* Trainings obliegt dieser Einfluß dem Kräftespiel des Marktes); bei allen Seminaren mit offenen Designs können grundsätzlich auch die *Teilnehmer* inhaltlichen Einfluß nehmen[148].

Der Wunsch nach Kontrolle seitens der Organisation einerseits und die Möglichkeit von Einflußnahme seitens der Teilnehmer andererseits erklären nun die tiefe Ambivalenz von Organisationen und Auftraggebern bezüglich der offenen Seminardesigns: Dort können sie nur begrenzt Kontrolle ausüben, was die Angelegenheit für sie naturgemäß suspekt macht. Das ist die *negative* Komponente der Ambivalenz. Die *positive* Komponente ist in der Intention begründet, daß Seminare oder Lernen („maßgeschneidert") der Bewältigung von realen Problemen der Organisation[149] dienen sollen, weshalb der Einfluß der konkreten Interessen der betroffenen Teilnehmer wiederum wichtig ist.

Daher liegt es auf der Hand: Ein *standardisiertes* Seminardesign stiftet grundsätzlich mehr *Sicherheit* für den Auftrageber und die Organisation, weil es dem Bedürfnis nach Einflußnahme und Kontrolle der Inhalte entgegenkommt. Man sollte daher dieses Bedürfnis niemals unterschätzen und als Trainer nicht naiv auf „nur pädagogische Argumentationen" bei der Designerstellung pochen, ohne dieses Bedürfnis der Organisation ernstzunehmen.

---

148 Ausgeführt im Abschnitt 3.3.2: Die innerbetrieblichen Klientensysteme (2, 3 und 4) und 7.3: Offene und standardisierte Trainingsdesigns.

149 Ist mit dem Attribut des *offenen Designs* jedoch der Anspruch auf Lösung von strukturellen Problemen, also auf der *Ebene der Organisation*, gemeint, so muß hierauf einmal mehr eine negative Antwort folgen: Trainings allein verändern Menschen und Gruppen, *nicht* jedoch die Organisationsstruktur.

Dazu folgendes Beispiel. Ein Verantwortlicher der Managementbildung eines Großunternehmens berichtete mir, daß seine Organisation seit Jahren erfolgreich (zumindest im Sinne der Trainer und Teilnehmer) eine breite Palette von Seminaren für Führungskräfte durchführte. Diese deckten sämtliche wichtigen Inhalte der Mitarbeiterführung ab und hatten mehrheitlich teiloffene Designs, die den speziellen Interessen der Teilnehmer viel Platz einräumten.
In einer für die gesamte Branche wirtschaftlich heiklen Phase besann sich nun plötzlich die Topebene der Organisation ihrer Verantwortung bezüglich der Managementbildung und mußte – so die Interpretation – zur Kenntnis nehmen, daß derartige Veranstaltungen inhaltlich nicht restlos von ganz oben steuer- beziehungsweise kontrollierbar sind. Es herrschte in dieser Sache daher eine gereizte bis unmütige Stimmung besonders gegenüber den Bildungsverantwortlichen, welche natürlich die erreichten Qualitätsstandards in diesem Projekt gegen „Modifikationen" von oben bewahren wollten.
Das bedeutete, daß sie ihren Einfluß auf die offenen Seminardesigns nicht zugunsten von mehr Kontrolle von oben schmälern lassen wollten; in der heißen Phase des Konfliktes[150] schien es daher eine gewisse Zeit, als würde ein gut Teil dieser Seminare still und leise „der Krise zum Opfer fallen".
Schließlich kam die Debatte auf das zeitliche Setting. Der damit befaßte Vertreter des Topmanagements mußte feststellen, daß sämtliche Seminare um neun Uhr morgens begannen und mindestens zwei Stunden Mittagspause vorsahen. Dieser Punkt eignete sich offenbar hervorragend als Hebelpunkt für Einflußnahme und Kontrolle. Es folgte nämlich kurz darauf die Direktive, daß angesichts der allgemeinen Situation des Unternehmens diese Gepflogenheiten des späten Beginns und der langen Pausen dahingehend anzupassen sind, daß auch in den Ausbildungsveranstaltungen, wie es hieß, eine „gewisse zeitliche Anspannungskomponente" gegeben sein müsse.
Alle Erklärungsversuche der Bildungsexperten, daß diese Beginn- und Pausenzeiten nicht Ausdruck von Faulheit (es war üblich, bis in die vorgerückten Abendstunden hinein zu arbeiten), sondern von lerntechnischen und pädagogischen Überlegungen inspiriert seien, blieben erfolglos. Somit wurden die Beginnzeiten auf acht Uhr dreißig vorverlegt und die Mittagspausen gekürzt. Damit wurde pro Tag netto aber nicht etwa mehr gearbeitet, sondern lediglich die Arbeitszeit komprimiert – eine pädagogisch unsinnige Maßnahme. Positiv zu vermerken ist daran, daß damit das Kontrollbedürfnis der Organisation befriedigt zu sein schien, denn das Seminarprogramm wurde daraufhin weder inhaltlich gekürzt noch in anderer Hinsicht von oben beeinflußt.

Neben dem Kontrollbedürfnis spielen oft auch noch andere, ideologische Faktoren der Organisationskultur in der Kontroverse um offen versus standardisiert eine Rolle. Nach der Hochkonjunktur von Emanzipation und Humanisierung gibt es heute in steigendem Ausmaß wieder viele Auftraggeber oder Teilnehmer (meist als „Macher" oder „Technokraten" apostrophiert), die dem ihrer Ansicht nach modischen Getue um die „*soft facts*" und das, was sie als den Zeitgeist der „bunten Vögel, Chaoten und Sozialträumer" bezeichnen, wenig abgewinnen können. Daher bestehen sie in der Organisation erst recht auf klarer „Ergebnis-

---

150 Siehe dazu Glasl, F.: Konfliktmanagement. Graz 1994.

und Faktenorientierung". Solche Personen bevorzugen naturgemäß auch in der Bildung klar durchstrukturierte Methoden und harte Sozialtechnologien mit dementsprechend ausgerichteten Trainern.

Aus rein pädagogischer Perspektive ist diese ideologische Dimension natürlich absurd. Nur Inhalt und Lernziel dürfen dieser Meinung nach dafür ausschlaggebend sein, welche Form die geeignetere ist: Bei klaren, feststehenden Wissensinhalten wie etwa dem Erlernen eines neuen EDV-Standardprogrammes ergibt es wenig Sinn, die Kurse (außer auf den Hintergrund der Teilnehmer oder den Bedarf der Abteilung) auch auf soziale oder psychologische Prozesse der Lerngruppe ausrichten zu wollen. Daher werden hier *standardisierte Seminare sinnvoll* anzuwenden sein. Bei Lerninhalten, die heute unter dem Sammelbegriff „soziale Kompetenz" zusammengefaßt sind, werden dagegen vorzugsweise *offene Designs* zur Anwendung kommen.

Doch auch dieser Standpunkt der „reinen Pädagogik" kann im innerbetrieblichen Training, in dem es um organisationsbezogenes Lernen geht, niemals die allein bestimmende Rolle spielen. Aus der Perspektive einer systemtheoretischen Organisationstheorie wäre das Vorhandensein einer derartigen harten „Ideologie" beim Auftraggeber also nicht als kontraproduktive Entgleisung zu *bewerten,* sondern in Hinblick auf eine spezielle Realitätsdefinition der Organisation bereits als ein *Punkt bei der Bedarfsdefinition*[151] anzusehen. Die Kunst dabei wäre es, von der Organisation als Externer eine Beteiligung an der Bedarfsdefinition ermöglicht zu bekommen.

Das Kontrollbedürfnis der Organisation ist ein derart wichtiger Parameter bei der Planung und Durchführung von Trainings, daß schon aus diesem Grund klare Vereinbarungen zwischen Auftraggeber und Anbieter bezüglich Inhalt, Form und Lernzielen unbedingt notwendig sind (wie zuvor im Abschnitt 6.2: Contracting näher ausgeführt).

6.4.2 Das negative Image externer Trainer und Berater – Versuch einer Analyse

Die *positiven* Erwartungen in der Beziehung zwischen Trainer und Auftraggeber sind selten tabu und daher nicht außergewöhnlich problematisch: Der Auftraggeber[152] erwartet sich die Lösung seines „Problems" unter der Vorausset-

151 Siehe Abschnitt 7.1: Der Prozeß der Planung.

152 Siehe Abschnitt 2.2.3: Innerbetriebliches Training aus der Perspektive des Auftraggebers.

zung, daß er selbst dabei in der Organisation in irgendeiner Weise „gewinnt"; der Trainer erwartet sich angemessene Arbeitsbedingungen und vielleicht Folgeaufträge.

Wie bereits im Abschnitt 4.2.2: Wer wird Trainer? Versuch einer Charakteranalyse zur „Einzigartigkeit" externer Trainer ausgeführt, haftet den hauptberuflichen, externen Trainern und Beratern in den Fremdzuschreibungen (gegenüber „normalsterblichen" Berufstätigen) ein Nimbus des Besonderen und Erfolgreichen an. Das spürt man auch häufig ganz deutlich in bestimmten – natürlich unerfüllbaren – Erwartungen der Klienten. Diese Bewunderung ist jedoch nur die eine, oberflächlichere Seite, denn die Gefühle gegenüber „Autoritäten und Unentbehrlichen" sind fast immer ambivalent. In der Praxis treten seitens der Klienten daher oft ganz andere Einstellungen hervor, nämlich die *negativen Komponenten der Ambivalenz.*

Wie kommen diese zustande? Erhellend ist für diese Frage ein Blick darauf, wie sich die Berufsgruppe der externen Betriebsberater und Trainer klassischerweise rekrutiert hat (und sie scheint sich aktuell noch immer mehrheitlich so zu rekrutieren):

Zuerst muß man einen Beruf erlernen und diesen über längere Zeit erfolgreich ausüben. Ist man dann außergewöhnlich tüchtig auf einem Spezialgebiet, so kann man es sich leisten, auszusteigen und sein Wissen auf die bequeme Art eines Konsulenten teuer verkaufen. Wie immer man auch vom Manager oder Spezialisten zum Berater oder Trainer wurde, im Prinzip tut man – so die Meinung – *dasselbe, was man auch vorher getan hat;* man ist nur eben etwas *Besonderes* jetzt. Das ist eine zutiefst autoritäre Auffassung und entspricht dem im Abschnitt 5.1 kritisierten „Trichtermodell" und einer allzu narzißtischen Persönlichkeit. Sie steht in scharfem Gegensatz zu den im Abschnitt 4.2: Anforderungsprofile für Trainer entwickelten Kriterien professioneller Trainerqualifikation: Gute Trainer sind eben *nicht* die besseren Fachexperten oder Manager.

Das Negativimage dieser Berufsgruppe dürfte jedoch genau hier seine faktische Grundlage haben: Es ist klar, daß eine derartige „Privilegierung" mit Neid und Mißgunst verbunden sein *muß.* Dabei handelt es sich bei der Privilegierung noch um eine eher positive Zuschreibung (im Sinne einer Bewunderung). Die negativere Variante, verstärkt in Zeiten der Konjunkturflaute zu konstatieren, lautet: Abgehalfterte, gefeuerte oder sogar gerichtlich verurteilte Manager drängen in die Beratungs- und Trainingsbranche frei nach dem Motto: „Wer keine seriöse Arbeit mehr findet, der kommt allemal noch als Berater oder Trainer unter..."

Abgerundet und verstärkt wird das negative Image noch durch häufige und immer wiederkehrende Berichte von absurd professionsfernen Personen, die in der Branche auftreten und nicht selten exorbitant hohe Honorare bekommen – vom ehemaligen Coach oder Star im Leistungssport über erfolgreiche Unterhaltungskünstler bis hin zum Sexualtherapeuten: Nichts scheint heute mehr undenkbar auf diesem Gebiet zu sein. Ein Versuch, einige dieser Phänomene systematisch zu deuten, wurde bereits[153] unternommen; gelegentlich aber fragen sich auch abgebrühte Kenner der Szene, ob sich die Organisationen nicht doch vielleicht – einem bestimmten Image entsprechend – mit ein bißchen Intelligenz und Kreativität unter dem Titel „Beratung und Training" fast beliebig „ausnehmen" lassen *wollen...*

Die Selbst- und Fremdzuschreibung einer Privilegierung trifft übrigens nicht nur auf klassische Betriebsberater oder externe Fachreferenten zu, sondern auch auf die Organisationsberater und Trainer, die weniger aus dem Management, sondern aus ganz anderen Traditionen kommen (aus den Bereichen Gruppendynamik, Organisationsentwicklung, Psychotherapie und so weiter) und ihrem professionellen *Selbstbild* nach das genaue *Gegenteil* der Lehrerhaftigkeit und Einzigartigkeit *vertreten,* indem sie zum Beispiel *gegen* Autorität, Hierarchie[154] und so weiter *auftreten:* Psychologisch spricht man hier von einer *Kompensation,* bei welcher diese (moralisch abgelehnten) Elemente in der eigenen Persönlichkeit durch Betonung ihres Gegenteils in Wort und Tat psychisch „verarbeitet" werden.

Zusammengefaßt lautet also das negative Image, grob gesprochen: *Externe, hauptberufliche Berater und Trainer sind schlichte „Organisationsflüchtlinge", welche die rauhe Arbeitsroutine und die drückende Verantwortung der Entscheidungen scheuen. Sie erteilen weise Ratschläge oder liefern scharfsinnige Analysen, und das stets aus der geschützten Position des nicht Entscheidungsverantwortlichen. Wenn es um die praktische Umsetzung ihrer Konzepte in der Organisation geht, sieht und hört man meist nichts mehr von den klugen Beratern und Trainern*[155].

Damit nun Trainern wie Auftraggebern die *Kenntnis der negativen Zuschreibungen ihrer Zusammenarbeit* für die Praxis ihrer Arbeit für Organisation und Klienten nützen kann, ist es notwendig, die Einsicht über diese populäre Vergröberung hinaus zu vertiefen. Dies ist psychologisch gesehen keine leichte Sache für die Betroffenen; wenn man sich dennoch darüber wagt, diese negativen Tendenzen in der Auftraggeber-Trainer-Beziehung möglichst leidenschaftslos auszudifferenzieren, könnten sie etwa folgendermaßen aussehen:

---

153 Abschnitt 4.2.2: Wer wird Trainer? Versuch einer Charakteranalyse.

154 Zu den „emanzipatorischen" Ansprüchen der Organisationsentwicklung siehe Abschnitt 1: Einleitung: Was ist Training?

155 Fairerweise muß hier angemerkt werden, daß diese Zuschreibung nur für die sogenannten Fach- oder Expertenberater gelten kann, die ja den Hauptanteil in der Branche stellen. Prozeßberater und Organisationsberater sezten keine Konzepte um, sondern begleiten die Organisation bei der Entwicklung und Umsetzung von Veränderungsschritten und löffeln somit auch fast jede Suppe aus, die sie mit eingebrockt haben.

Negative Trainer-(Berater-) Tendenz	Korrespondierende negative Auftraggeber-Tendenz
„Unterwürfiger“ ↓ „Besserwisser“ ↓ „Parasit“ ↓ „Größenwahnsinniger“	„Delegierter“, „Ausrichter“ ↓ „Hilfs-/Rachebedürftiger“ ↓ „Wichtigtuer/Komplexler“ ↓ „Veränderer/Aufwiegler“

6.4.2.1 Das System „Unterwürfiger – Delegierter, Ausrichter“

Die Haltung der Unterwürfigkeit läßt sich leicht aus jener Tatsache herleiten, daß man sich als Dienstleister in einem relativ ungeschützten Rahmen von *Abhängigkeiten* bewegt. Man ist von Auftraggeber- beziehungsweise Kundenwünschen ebenso abhängig wie – bis zu einem gewissen Grad – vom *Feedback* der Klienten[156]. Daher wird man strukturell dazu forciert, fast alles zu tun, um weitere Aufträge zu bekommen.

Dies trifft aber, so könnte man einwenden, auch auf einen Steuerberater zu. Doch diese Dienstleister arbeiten gewissermaßen *außerhalb* der unmittelbaren Sichtweite der Organisationen und an Problemen, wo die meisten von uns froh sind, daß sie damit möglichst wenig konfrontiert werden. Externe Berater oder Trainer innerbetrieblicher Seminare jedoch arbeiten mitten in der Organisation und im Berufsalltag der Auftraggeber und Klienten. So sehr diese oft froh sein mögen über ihre Dienste, so leicht kann es auch passieren, daß sie ihnen plötzlich massiv im Wege stehen. Die unterwürfige Haltung der Externen ist daher ein Versuch, diesem Risiko aus dem Wege zu gehen.

Welcher Art sind die typischen Auftraggeber für unterwürfige Trainer? Hauptsächlich sind es ebenfalls unterwürfige „Führungskräfte“, also mehr oder minder Delegierte der wahren Entscheidungsträger, welche letztlich nur ausrichten müssen, können oder wollen, was ihnen tatsächlich oder vermeintlich aufgetragen wird. Der unterwürfige Trainer gibt ihnen Sicherheit sowie das Gefühl, doch in irgendeiner Weise bedeutend zu sein.

156 Siehe dazu Abschnitt 6.3: Erfolg von Trainings: Bewertung und Evaluierung.

Mit dem Trainertyp des Unterwürfigen korrespondiert im übrigen gut ein Teilnehmer, der zur *Belohnung* auf ein Seminar geschickt[157] wird und nicht wirklich daran interessiert ist, daß er etwas lernt oder arbeitet.

6.4.2.2 Das System „Besserwisser – Hilfs- und Rachebedürftiger"

Die Mentalität der Besserwisserei ist ein Effekt der populären „defizitorientierten"[158] Fehleinschätzung, daß sich Berater und Trainer durch überdurchschnittliche Informiertheit oder Fähigkeiten von den übrigen Berufstätigen unterscheiden. Der besserwisserische Trainer lebt diese „Überlegenheit" einfach aus: Viele Trainer *können* aufgrund ihrer Persönlichkeitsstruktur gar nicht aus der Rolle der lehrerhaften, asymmetrischen[159] Autoritätsfigur heraustreten; darüber hinaus kann kein Externer *dem immanenten Problem des Dienstleisters* ganz ausweichen, nämlich „dienen" zu müssen. Tiefenpsychologisch handelt es sich beim Dienen um ein masochistisches Element, und die Besserwisserei wäre dann die dazupassende sadistische Kompensation.

Dahinter steckt noch ein komplizierter organisationspsychologischer Mechanismus. Tatsächlich fühlen sich viele Trainer und Berater aus den besagten Ursachen – ob nun unbewußt oder bewußt und reflektiert – „besser" – will heißen klüger oder tüchtiger – als ihre Klienten. Die Klienten wiederum *stellen* sich vordergründig oft untüchtiger als ihre Trainer, weil diese als Autoritäten zunächst *Sicherheit* stiften, und schon gibt es einen funktionierenden neurotischen Kreislauf im Training:

Trainer-Sadismus

↑ ↓

Klienten-Masochismus

Wie alle neurotischen Symptome löst er daher durchaus ein bestehendes Problem und kann prinzipiell ewig fortbestehen. Funktionieren kann dieses System natürlich immer nur, wenn auch der *Auftraggeber* bis zu einem gewissen Grad mitspielt.

---

157 Näheres dazu wurde im Abschnitt 3.2: Was soll trainiert werden? Funktionen und Ziele von Trainings ausgeführt.

158 Siehe dazu Abschnitt 3.2.1: Trainingsfunktion 1: Ressourcenentwicklung.

159 Siehe dazu Abschnitt 5.1.3: Was heißt Autorität bei Lernprozessen?

Dies wäre zum einen der „hilfsbedürftige“ Entscheidungsträger, zum Beispiel wie so häufig einer der potentiellen Verlierer in der Organisation. Diesem dient der besserwisserische Trainings-Sadismus psychohygienisch zur Entlastung von seinem eigenen Masochismus des Verliererdaseins nach dem Motto: „Jetzt kommt mein großer Bruder und hilft mir!“ Der „rachebedürftige“ Entscheidungsträger unterscheidet sich nicht im Grunde vom Hilfsbedürftigen, es sind lediglich seine masochistischen Komponenten in einem reiferen Stadium, in dem des legendären „Radfahrers“ in der Organisation: von oben wird er getreten und buckelt, er selbst tritt kräftig nach unten. Besserwisserische Trainer und Berater sind daher seinen Intentionen dienlich (Motto: „Die Teilnehmer sollen in den Trainings ruhig spüren, daß sie nicht allwissend sind und ich in der Organisation sehr wohl wichtig bin...“).

Somit leisten *alle* Seiten, Auftraggeber, Anbieter und Konsumenten von Trainings, ihren Beitrag zur Besserwisserei (durch ihr auf dem Trichermodell fußendes, unaufgeklärt-autoritäres Verständnis von Training und Beratung). Die „sadistische“ Besserwisserei erfüllt in psychohygienischer Hinsicht eine Entlastungsfunktion für Trainer und Berater, in organisationspsychologischer Hinsicht eine Entlastungsfunktion für Klienten und Auftraggeber (soferne sie auf ihr „masochistisches“ Pendant in den Vertretern der Organisation trifft; von „emanzipierter“ Klientenseite wird die notorische Besserwisserei der Berater und Trainer vorwiegend negativ oder lächerlich empfunden).

Kein Trainer sollte daher glauben, dieser fatalen Tendenz seines Berufes ohne Supervision oder Intervision entgegentreten zu können. Diese kann als Einzelsupervision oder wechselseitig in einem professionellen Team stattfinden; wesentlich ist, daß man es als Trainer nicht ablehnt, selbst zu lernen.

6.4.2.3 Das System „Parasit – Wichtigtuer und Komplexler“

Der Parasit unter den Trainern und Beratern lebt, drastisch ausgedrückt, davon, die Arbeit in der Organisation zu erschweren, indem es ihm gelingt, seine (zunächst brauchbar scheinenden, im Endeffekt jedoch überflüssigen oder sogar kontraproduktiven) Dienste als notwendig und vorteilhaft und sich selbst natürlich als unentbehrlich[160] hinzustellen. Die hierzu korrespondierenden Auftraggebertypen wären wiederum gewisse Spielarten des *potentiellen Verlierers* in der Organisation: „Wichtigtuer und Komplexler“.

160 Siehe dazu auch Abschnitt 5: Wie soll trainiert werden? Die Trainer-Klient-Beziehung.

Der Wichtigtuer *ist* sich offenbar zu unwichtig in der Organisation, sonst müßte er mit derartigen Trainings nicht wichtigtun; der Komplexler ist eine schärfere und tragischere Variante desselben, wiederum *masochistischen* Musters. Beide brauchen einschlägige Trainer und Berater, um den Klienten immer gerade soviel Gutes zu tun, daß sie selbst dabei nicht überflüssig werden. Der Parasit erfüllt diese Nachfrage, indem er *nicht offen besserwisserisch* tut, sondern seinen Sadismus elegant und indirekt zum Beispiel im Dienste des Fortschritts auslebt und dabei die Abhängigkeit seiner Klienten sicherstellt.

Häufig reiten diese überaus geschäftstüchtigen Anbieter und Veranstalter auf den gängigen Modewellen in Management und Beratung und verkaufen den Organisationen immer die jüngste Version des *„Management by...“*. Im Zeitalter des systemischen Managements ist es etwa en vogue, zu verlangen, daß Entscheidungen stets „hinterfragt“ oder „reflektiert“ werden. Auch wenn oder gerade weil Anbieter und Auftraggeber häufig wenig Ahnung von den teilweise erst im prototypischen Stadium befindlichen, extrem diffizilen Anwendungen der neuen Erkenntnisse haben (wie etwa der Selbstreferentialität von Systemen), lassen sich das Minderwertigkeitsgefühl und die Uninformiertheit mit solchen vermeintlich philosophischen und esoterischen Seminarinhalten besonders lukrativ ausbeuten.

Zwischen dem Parasiten und dem im nächsten Abschnitt untersuchten „Größenwahnsinnigen“ stehen manche tragische *Entertainer* des Trainingsgeschäftes. Gemeint sind nicht jene, die ihre Tätigkeit mit Augenzwinkern oder sogar bewußt als Show zu Zwecken der Organisationshygiene betrachten, sondern jene, welche *tatsächlich* der Ansicht sind, mit ihren überflüssigen, aber beklatschten Darbietungen konstruktive Arbeit zu leisten.

6.4.2.4 Das System „Größenwahnsinniger – Veränderer und Aufwiegler“

Die Mentalität des *Größenwahns* resultiert psychologisch aus den oben geschilderten sadistischen Komponenten in der Persönlichkeit eines Trainers oder Beraters, gepaart mit einem *überdurchschnittlichen* Quantum an Narzißmus. An der Oberfläche zeigt sich ein derartiger Größenwahn von Trainern beispielsweise an Erfolgsversprechungen oder sogenannten Erfolgshonoraren.

Auch die vielzitierten „Missionare“ – ob von eigenen oder fremden Gnaden – zählen häufig zu dieser Kategorie. Es sind Menschen, welche neben dem Dienen ein weiteres Grundmerkmal aller Beratungs- und Trainingsberufe nicht akzeptieren können oder wollen: daß bei guter Arbeit nie man selbst, sondern der Kunde berühmt wird.

Die korrespondierenden Auftraggebertypen sind der Veränderer oder, in der schärfsten Variante, der Aufwiegler, die man in negativer Weise als „Idealisten" in der Organisation bezeichnet. Die Handhabung ihres „Ideals" oder ihrer „Ideologie" des Wahren und Richtigen erweist sich in bezug auf ihre Umsetzung bei den Mitmenschen in der Organisation als zwanghaft dominant. Der größenwahnsinnige Trainer oder Missionar paßt dazu wie der Schlüssel zum Schloß, indem er den Zielsetzungen des Auftraggebers quasi eine äußere, organisationsfremde Autorität unterfüttert und dadurch ihren anmaßenden Charakter verschleiert.

Für manche Größenwahnsinnige kann noch die Komponente der Organisationsflucht eine Rolle spielen, wie im Abschnitt 4.2.2: Wer wird Trainer? Versuch einer Charakteranalyse ausgeführt wurde. Die echten Aussteiger, also Organisations*verweigerer,* müßten sich, pragmatisch gesehen, eigentlich weniger zum doch sehr arbeitsintensiven Trainerberuf eignen. Doch der Markt belehrt hier offenbar eines Besseren, denn anders läßt sich der finanzielle Erfolg einiger „größenwahnsinniger Weltverbesserer" in der Trainingsbranche kaum erklären.

6.4.2.5 Resümee der negativen Imagekomponenten

Um Mißverständnisse bei den vorangegangenen Analysen nochmals klar auszuschließen: Es geht um tatsächliche oder angemutete *Tendenzen* in der Beziehung zwischen Auftraggeber und Trainer, welche von *anderen* (z.B. den Klienten, aber auch von nicht involvierten Teilen der Organisation) negativ konnotiert werden *können.* Damit sollte weder ausgedrückt werden, daß die Dienstleistung Training *immer* etwas von diesen negativen Elementen enthält oder zugeschrieben bekommt, noch, daß sich alle Trainer und Auftraggeber in dieses Spektrum einreihen lassen *müssen.*

Es soll hier vielmehr auf eine Reihe von *Fallstricken* aufmerksam gemacht werden, deren Kenntnis die Trainingsarbeit von der Planung bis hin zur Design- und Interventionsarbeit für alle Beteiligten ungemein erleichtern kann nach dem Motto: Negative Emotionenen wirken sich besonders dann *destruktiv* aus, wenn sie *unerkannt* (unbewußt) bleiben und dadurch *nicht ansprechbar, bearbeitbar und korrigierbar* sind. Die Konsequenz für die Praxis lautet somit:

1. Wann immer ein Auftraggeber oder Auftragnehmer den Verdacht entwikkelt, daß sich deren Beziehung *tatsächlich* in eine der beschriebenen negativen Richtungen entwickelt (hat), so ist dem unverzüglich durch Thematisierung auf der Meta-Ebene (Watzlawicks „Beziehungsebene"[161]) gegenzusteuern.

---

161 Watzlawick/Beavin/Jackson: Menschliche Kommunikation. Formen, Störungen, Paradoxien. Bern/ Stuttgart 1969.

2. Wann immer ein Trainer bei der Arbeit merkt, daß sich seine Beziehung zum Auftraggeber *in den Fremdzuschreibungen der Klienten (Teilnehmer)* in eine der dargelegten negativen Richtungen entwickelt (hat), so muß er dies *von sich aus* unverzüglich thematisieren und so bearbeiten, daß sich daraus die Arbeitsbeziehung möglichst verbessert.

Generell ist die Kenntnis von beziehungsweise der interventionstechnische Umgang mit *negativen Komponenten* in den Erwartungen beziehungsweise Konnotationen der Teilnehmer schlichtweg die „Hohe Schule" professioneller Trainingspraxis. Daher wird sich auch ein guter Teil der folgenden drei Abschnitte damit immer wieder eingehend beschäftigen.

7 Planung innerbetrieblicher Trainings

7.1 Der Prozeß der Planung

Ausgangspunkt ist – nach dem Auftreten eines Problems und seiner Diagnose[162] – die Definition eines bestimmten *Bedarfs* der Organisation beziehungsweise des Auftraggebers. Dieser legt dann allein oder gemeinsam mit dem Trainer oder Berater ein passend erscheinendes *Ziel* des Projektes fest. Daraus erst ergibt sich dann das eigentliche *Auftragsziel,* aus welchem sich die Zielgruppe *(Wer ist der Klient?,* also das Klientensystem) und das genaue *Thema beziehungsweise die Rahmeninhalte* und damit die von der Organisation gewünschten Lernziele des Trainings ableiten.

Letzterer Parameter bestimmt nun das Setting[163] (struktureller Aufbau, Größe der Gruppe, Dauer und formaler Rahmen der Veranstaltung) und weiter das sogenannte *Design,* welches die Rahmeninhalte, Methodik und Aufbaustruktur umfaßt. Aus diesen Rahmeninhalten können schließlich auch noch die Teilnehmer beziehungsweise die Gruppe ihre *individuellen Lernziele* ableiten und realisieren, woraus in Summe dann – zusammen mit dem Auftragsziel – der *Seminarerfolg* bestimmt werden kann. Veranschaulicht wird dies in nachfolgender Grafik:

---

162 Siehe dazu Abschnitt 2.2.3: Innerbetriebliches Training aus der Perspektive des Auftraggebers.

163 Siehe zu diesem Begriff Däumling, A.M., Fengler, J., Nellessen, L. & Svensson, A.: Angewandte Gruppendynamik. Stuttgart 1974, S. 101ff. und Sandner, D.: Psychodynamik in Kleingruppen: Theorie des affektiven Geschehens in Selbsterfahrungs- und Therapiegruppen (selbst-analyt. Gruppen). München 1978, 4.1.4.

Schema eines Planungsprozesses

[Problem ⇒ Diagnose]	[leistet die Organisation, eventuell mit Unterstützung externer Berater]
⇓	
Bedarfsdefinition	⇒ formuliert die Organisation, eventuell mit Unterstützung externer Berater
⇓	
Zieldefinition	⇒ fixiert Auftraggeber, teilweise gemeinsam mit dem Trainer
⇓	
Auftragsziel (Zielgruppe/ Thema bzw. Rahmeninhalte/ Lernziele)	⇒ fixieren Trainer und Auftraggeber gemeinsam
⇓	
Setting (Veranstaltungsrahmen, Dauer, Größe der Gruppe)	⇒ fixieren Trainer und Auftraggeber gemeinsam
⇓	
Design:	⇒ fixiert hauptsächlich der Trainer:
Inhalte	• (teil)offen oder standardisiert
Methodik	• (teil)offen oder standardisiert
Aufbau und Struktur	• (teil)offen oder standardisiert
⇓	
Individuelle Lernziele	⇒ kann bei offenem Design die Gruppe mitbestimmen
⇓	
Erfolgskontrolle, Evaluierung	⇒ durch Teilnehmer, Trainer und Auftraggeber

In der Praxis der Planung und des *Contracting* (siehe Abschnitt 6.2) laufen diese Schritte niemals so logisch geordnet und konsequent ab wie in dieser Darstellung. Hier führen Intuition, Erfahrung und Routine zu kreativen „Sprüngen" und „Schleifen", aber auch zu Schlamperei mit allen negativen Auswirkungen von Vorurteilen und vermeintlichen Selbstverständlichkeiten bei der Problemdefinition. Im Endeffekt sollten jedenfalls *alle* angeführten Parameter eines Seminars restlos klar sein, weil sonst die Qualität nur darunter leiden kann.

7.2 Trainings „maßgeschneidert oder von der Stange"?

Die Unterscheidung *standardisiert* versus *maßgeschneidert* war im Marketing für innerbetriebliche Seminare längere Zeit sehr gebräuchlich und wurde dort zunehmend verwässert. Im *pädagogischen* Sinn hatten diese Begriffe immer eine *andere* Bedeutung als in der branchenüblichen Umgangssprache. Die daraus resultierende Unklarheit ist somit nicht nur eines der Symptome für das nicht immer hohe Niveau in der Trainingsbranche, sondern in der Kommunikation zwischen Auftraggeber und Trainer oft auch ziemlich lästig, weil es mühsam ist, zu klären, wovon genau die Rede ist. In diesem Abschnitt wird daher die *umgangssprachliche* Bedeutung dieser Unterscheidung, im nächsten Abschnitt die *pädagogische* Dimension beleuchtet.

Im *Alltagsverständnis* könnte man zunächst „maßgeschneidert" mit „flexibel" und „standardisiert" mit „starr" übersetzen. Bei einem guten Schullehrer etwa setzt man voraus, daß er den Kindern den Lehrstoff „lebendig" bringt, was bedeutet, daß er mit seiner Darbietung auf die individuelle Geistes- und Gemütsverfassung der Klasse eingeht. Nicht anders verhält es sich in der Erwachsenenbildung. Daß ein fähiger Erwachsenenpädagoge oder Trainer die Vermittlung der Lerninhalte teilnehmerbezogen, also auf den *Hintergrund der Klienten*, ausrichten sollte, ist eine Trivialität; so gesehen kann oder sollte sogar *jedes Seminar maßgeschneidert im Sinne von teilnehmerbezogen* sein.

Warum wird dann so viel Aufsehen um das Attribut „maßgeschneidert" gemacht? Zwei Erklärungen bieten sich dafür an:

1. In einer Zeit der Hochkonjunktur des Individualismus, der Selbstverwirklichung, der Chaostheorie und des *anything goes*[164] in den Organisationen schätzen viele Bezeichnungen wie „standardisiert“ oder „feststehend“ nicht sehr. Derartige Seminare und Trainer werden daher *a priori* als minderwertiger betrachtet als die sogenannten maßgeschneiderten.

2. Es liegt in der verständlichen Intention von Auftraggebern, mit innerbetrieblichem Training relevante Probleme der Organisation[165] zu lösen. Daher möchte natürlich *jeder* ein einzigartig klingendes Seminar, um sicherzustellen, daß es auf *seine* Bedürfnisse, *seine* Abteilung *seiner* Firma individuell abgestimmt ist.

Solange man also mit dem Attribut maßgeschneidert nur das Eingehen auf den individuellen Hintergrund der *Teilnehmer(gruppe)* im obigen, alltagssprachlichen Sinne meint, ist dagegen nichts Prinzipielles einzuwenden. Es erscheint nur etwas überflüssig, da jedes innerbetriebliche Seminar für den Betrieb maßgeschneidert sein sollte. Mir persönlich sind zumindest keine Anbieter bekannt, die innerbetriebliche Seminare *nicht* maßgeschneidert anbieten.

7.3 Offene und standardisierte Trainingsdesigns

Auf der *pädagogischen* beziehungsweise *methodischen* Ebene ist die Unterscheidung zwischen standardisiert und nicht-standardisiert *nicht* trivial. Hier bezieht sie sich sowohl auf innerbetriebliche als auch auf überbetriebliche Trainings und hat einen ganz klaren Sinn: Sie spezifiziert die zur Anwendung kommende *Methodik* und das *Design,* also den aus Thema, Lernziel und Methode resultierenden strukturellen Aufbau eines Trainings. Der Unterschied zwischen „standardisiert“ und „offen“ kann bei ausreichendem pädagogischen Verständnis einen wichtigen Aufschluß über die Möglichkeit und Unmöglichkeit der Bearbeitung gewisser Themenkreise und die Erreichung verschiedener Ziele geben.

Im Prinzip hat zunächst *jedes* Training – also auch das „offene“ – ein *bestimmtes* Thema, einen formalen, *vorgegebenen* Rahmen, das sogenannte Setting sowie gewisse *vorgegebene* Spielregeln und Strukturen. All dies sollte in der Planung

164 Diese Wendung ist die Verballhornung einer These von Paul Feyerabend (Feyerabend, P.: Wider den Methodenzwang – Skizze einer anarchistischen Erkenntnistheorie. Frankfurt 1976; Feyerabend, P.: Erkenntnis für freie Menschen. Frankfurt 1981).

165 Siehe Abschnitt 2.2.3: Innerbetriebliches Training aus der Perspektive des Auftraggebers.

für die Bedürfnisse der Organisation *adaptiert* worden sein; geht das Seminar jedoch einmal über die Bühne, ist hier jedoch wenig „offen". Jedes Training verfolgt weiters ein *Lernziel*, und *nur* dieses kann nun mehr oder minder inhaltlich-konkret oder allgemein-offen definiert sein. Offen bedeutet hier, daß die individuelle Interessenlage der Teilnehmer beziehungsweise der Gruppe und deren Prozeßverlauf auf das Training Einfluß nehmen *kann* (daher sollte man hierbei die alltagssprachlichen Bezeichnungen wie „maßgeschneidert" vermeiden und statt dessen von „offenem Design" sprechen).

Offene Designs	Standardisierte Designs
Von „offen" läßt sich also sinnvoll nur hinsichtlich der Designparameter *Inhalt, Methodik und Aufbaustruktur*[166] sprechen, wenn dies bei Thema, Rahmeninhalt und Lernziel – bis zu einem gewissen Grad! – offen gelassen wurde. Auftragsziel und Setting sind und *bleiben vorgegeben* und werden von den Teilnehmern *nicht beeinflußt*. (Das ist ein wesentlicher formaler Unterschied zu Beratungsklausuren, wo sich auch diese drei Parameter während des Arbeitens ändern können.) Trainings mit *offenem Design* sind aus der Trainerperspektive inhaltlich bis zu einem gewissen Grad *nondirektiv zu führen*. Hier bestimmt der Trainer nicht alles selbst, sondern	*Standardisierte Seminare* haben von vornherein *feststehende Inhalte und Zielsetzungen* und fußen auf der Voraussetzung, daß es Wissen oder Fähigkeiten gibt, welche die Teilnehmer unabhängig von ihren persönlichen Zielen und Erfahrungen zu lernen haben. Der Teacher oder Referent ist Experte für diese Inhalte und vermittelt sie zumeist nach bewährten und anerkannten Lernmethoden. Inhalt, Methodik und Aufbaustruktur des Seminars sind fix. Standardisierte Seminare speziell *im sozialen Bereich* fußen auf einer „harten Technologie" sozialer Beziehungen. Beispiele hierfür sind GRID-Seminare[167], Entscheidungseminare nach Vroom und Yetton[168], in gewis-

166 Das trifft auch auf die sogenannten *Organisationslaboratorien*, kurz Orglabs, zu. Dort haben die Teilnehmer zwar die Freiheit, auch die Struktur des Seminars zu gestalten (dort fallen also gewissermaßen Inhalt und Struktur zusammen), an der *Grundstruktur* wie dem Verhältnis Staff und Teilnehmer kann jedoch nicht gerüttelt werden. Siehe auch Abschnitt 10.2.5: Organisationslaboratorien – Läßt sich die Organisation simulieren?

167 Blake, R.R., Mouton, J.S.: The Managerial Grid. Houston 1964.

168 Vroom, V.H. & Yetton, Ph.W.: Leadership and decision making. Pittsburgh 1973.

setzt *innerhalb des Settings und innerhalb einer vorgegebenen Rahmenthematik* bei dem von ihm wahrgenommenen Bedarf der Lerngruppe an, die dadurch *Inhalt und Ziel* mitbestimmt (offene Designs müßten daher eigentlich richtiger als „teiloffene Designs" bezeichnet werden).	ser Hinsicht auch die klassische T-Gruppe nach dem NTL-Modell. Tritt der Leiter des Seminars gegenüber den Teilnehmern inhaltlich als „Vorbild" auf, so kann man von „normativer Verhaltensschulung" sprechen. Siehe dazu auch die Abschnitte 5.1: Lernen nach dem „Trichtermodell": Professionals auf der Schulbank? und 10.1.1: Fachliche Aus- und Weiterbildung, „normative Verhaltensschulung". Diese harte Sozialtechnologie hat betriebswirtschaftlich eine gewisse Entsprechung im Taylorismus, der Lehre des *scientific management:* Es gibt den *one best way*[169], das heißt, es gibt ein klares *„Richtig oder Falsch"* in der Führung, im Marketing, in der Planung und so weiter. Von diesem Standpunkt aus ist es nur konsequent, das Wissen um dieses soziale *Richtig-oder-Falsch* den Teilnehmern klar zu vermitteln.

Offene und standardisierte Seminardesigns lassen sich daher auch anhand der Frage unterscheiden: Wer kontrolliert wen? Im standardisierten Seminardesign bestimmt überwiegend der Trainer über die Teilnehmer, im offenen Seminardesign steuern sich Trainer und Teilnehmer gegenseitig[170].

169 Taylor, F.W.: Die Grundsätze wissenschaftlicher Betriebsführung. München 1913. Auch die *Human-relations*-Bewegung und die Gruppendynamik kennen im übrigen diese harten Technologien.

170 Die sogenannte T-Gruppe ist hier insofern ein Mittelding, weil sie zwar designmäßig standardisiert ist, ihr Inhalt jedoch der Prozeß selbst ist, weshalb die Teilnehmer in hohem Maße auch über den Trainer bestimmen. Siehe dazu Abschnitt 10.2: Was ist Gruppendynamik? Trainingsgruppe und Organisationslaboratorium.

7.4 Settings: Veranstaltungsformen und Gruppengröße

7.4.1 Seminar, Workshop, Arbeitsklausur

Die im Umlauf befindlichen Bezeichnungen Seminar, Workshop, Arbeitsklausur werden erfahrungsgemäß äußerst „kreativ" gehandhabt und sind daher nicht ganz eindeutig; auch die Unterschiede zwischen Training und Beratung sind bei außer Haus stattfindenden Klausuren häufig unscharf. Eine klare Systematik wäre daher nützlich.

Hier bietet sich eine Einteilung der von Organisationsberatern und Trainern gleichermaßen verwendeten Arbeitssettings „Seminar, Workshop, Arbeitsklausur" an, die auf der Unterscheidung der *Zielrichtung* der externen Unterstützung zwischen den Polen des „Lernens" und des „Entscheidens" im Klientensystem basiert (siehe Abschnitt 2.3: Lernen oder Arbeiten? Anforderungen für ein modernes Bildungswesen). Daraus geht hervor, daß beim Training das *Lernen* in allen Klientensystemen im Vordergrund steht:

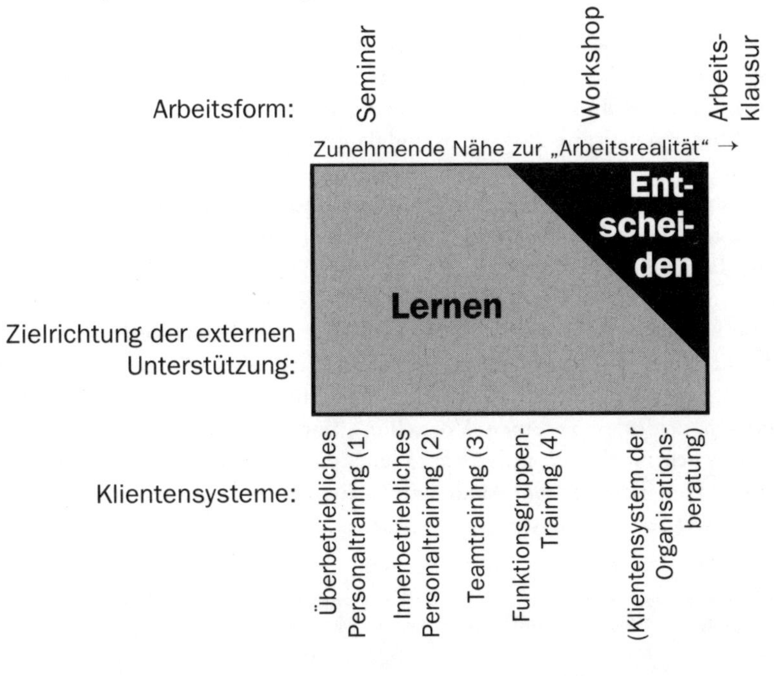

Das Setting für sämtliche Trainings ist damit das Seminar, während Workshop und Arbeitsklausur der Klarheit zuliebe nicht mit dem Training in Verbindung gebracht werden sollten, sondern nur mit der Beratung beziehungsweise mit der Supervision. Workshop und Arbeitsklausur unterscheiden sich formal nur graduell voneinander und werden hier der Vollständigkeit halber kurz gegenübergestellt:

Der Workshop	Die Arbeitsklausur
ist, obwohl der Name schon „Arbeit" oder „Ergebnis" signalisiert, mit einer noch verhältnismäßig „relaxten" Grundstimmung verbunden. Hier ist es fallweise erwünscht, einen Theorieinput oder ein Rollenspiel einzuschalten oder auch sich wieder einmal auf einer sehr basalen Reflexionsebene auszutauschen. So gesehen gibt es noch gewisse Gemeinsamkeiten mit dem Training.	hat mit dem Training keine Gemeinsamkeiten mehr im Sinne des Lernens oder Übens von Wahrnehmungs-, Denk- und Verhaltensweisen, sondern ist konzentrierte „Arbeit in auswärtiger Klausur". Konkrete *Entscheidungen*, meist unter hohem Zeitdruck, stehen im Vordergrund, das „Lernen" steht psychologisch im Hintergrund. Auch hier sind „Reflexionsstops" und dergleichen nützlich und dem Ergebnis förderlich, daher ist die Grenze zum Workshop eher unscharf.

Das *Seminar* hat hinsichtlich der Gefühlsbesetzung der Teilnehmer den höchsten „Lernanteil", es wird auf der anderen Seite am wenigsten mit „Arbeit" assoziiert. Das hat Vor- und Nachteile. Der Vorteil ist, daß die Organisation und die Teilnehmer verhältnismäßig arglos und damit *angstfrei* an die Sache herantreten. Gerade bei der Unterstützung von Entwicklungs- und Veränderungsprozessen (Trainingsfunktion 4) kann dies zu Beginn einen unschätzbaren Vorteil bedeuten. Der Nachteil dieser Veranstaltungsform (speziell für das Funktionsgruppen-Training) liegt auf der Hand: Jedes Seminar stellt eine gewisse *Sondersituation* dar, schon allein deshalb, weil es außer Haus stattfindet und weil ein Trainer(staff) anwesend ist, der im Arbeitsalltag der Organisation keine Rolle spielt.

Somit bietet das Seminar für Teilnehmer, die starke Widerstände oder Vorurteile gegen Veränderungen haben, allein durch die Assoziation mit der landläufigen, leider praxisfernen Vorstellung von „Lernen" einen bequemen psychologischen Fluchtweg an, während jene, die eher positiv beziehungsweise konstruktiv zum Training eingestellt sind, sich eher die Letztkontrolle über die *Anwendbarkeit* der Trainingsinhalte[171] vorbehalten:

---

171 Dieselbe „gesunde Skepsis" gilt auch für die Erfolgsbewertung von Veranstaltungen. Siehe dazu Abschnitt 6.3: Erfolg von Trainings: Bewertung und Evaluierung.

„Ich bin hier, um etwas Interessantes zu lernen und werde sehen, was davon dann anwendbar ist."

Training bleibt jedenfalls immer Training; werden daher mit innerbetrieblichen Veranstaltungen sehr hohe Erwartungen *bezüglich der direkten und raschen Umsetzung* des Gelernten in der Organisation verbunden, *ohne* daß dort auch andere spezifische Aktivitäten gesetzt werden, so braucht sich hinterher niemand zu wundern, wenn die Wirkung hinter den Erwartungen zurückbleibt (siehe dazu Abschnitt 2.2: Training und Beratung – Ergänzung oder Konkurrenz?). Auf alle Fälle sollten Typus und Form des Trainings, das *Setting,* immer in den Vereinbarungen mit dem Auftraggeber klargelegt und in weiterer Folge für die Klienten transparent sein.

7.4.2 Mehrstufige Trainings für konstante Gruppen

Mehrstufige Trainings im Sinne innerbetrieblicher *Trainingsprogramme für geschlossene Gruppen* werden entweder als routinemäßige Ausbildungsinstitution (Trainingsfunktion 1, Ressourcenentwicklung) oder punktuell als Unterstützung von Veränderungs- und Entwicklungsprozessen (Trainingsfunktion 4) eingesetzt. In diesem Fall werden sie oft mehr oder minder offen im Sinne eines prozeßorientierten Vorgehens[172] geplant. Soll Training also Veränderungsprozesse unterstützen, kann dies daher oft kaum anders als in Form von Trainingsprogrammen stattfinden. Mehrstufige Trainings bieten für die Qualität der Bildungsaktivitäten aber in jedem Fall spezielle Möglichkeiten:

- Der *gruppenpädagogische* Vorteil liegt in der Möglichkeit zu einer kontinuierlichen, prozeßorientiert aufbauenden Vorgangsweise. Soziale Sensibilität beziehungsweise Kompetenz läßt sich kaum in einmaligen Seminarbesuchen, sondern – wenn überhaupt – nur in mehrstufigen Lernsettings entwickeln. Komplexe und umfangreiche Inhalte auf sozialem Gebiet werden dadurch besser oder überhaupt erstmalig lernbar.
- Ein essentieller Vorteil der Mehrstufigkeit für die Zielsetzungen von Trainings liegt auch in der Möglichkeit, Erfahrungen in der Organisation oder dortige Reaktionen in den Lernprozeß einzubeziehen. Beispielsweise können die Teilnehmer flankierend zwischen den Veranstaltungen spezielle Aufga-

172 Siehe dazu Abschnitt 7.5: Phasenmodell eines Projektes von Funktionsgruppen-Trainings.

ben in ihrem Tätigkeitsfeld bearbeiten, etwa Vorgesetzte oder Vertreter anderer Abteilungen befragen. Diese Erfahrungen können dann im folgenden Training ausgetauscht und weiterbearbeitet werden.

Die Gruppenprozesse bei mehrstufigen Trainings für geschlossene Gruppen sind in jedem Fall ebenso mächtig wie diffizil und erfordern daher sowohl von seiten der Organisation als auch von seiten der involvierten Trainer spezielle Kompetenzen. Ihre Besonderheit besteht im Grunde darin, daß die konstant geführten Gruppen als temporär eigenständige Systeme in der Organisation *steuerbar* bleiben *sollen*. Dies ist nur möglich, wenn sich während der gesamten Kursdauer Trainer wie Teilnehmer immer wieder vor Augen halten, daß es bei aller Relevanz der bearbeiteten Themen für die Organisation *hier im Training nicht* um die *Veränderung* deren Strukturen geht. Das ist eine schwierige Arbeit, weil man ständig gegen das Überborden gruppendynamischer Effekte[173] wie die Zusammenschließung gegen die Organisation oder die Entstehung einer Wir-Euphorie ankämpft.

Eine hohe Anforderung liegt aber auch in der Eigendynamik von länger geführten Gruppen begründet. Man kämpft häufig gegen eine mächtige Tendenz zur *Verwahrlosung der Arbeitsmoral* an, da die Mitglieder von Gruppen immer dazu neigen, Grenzen zu ziehen, sich bevorzugt mit ihrem Innenleben zu beschäftigen, Subgruppen zu bilden etc.; das macht viel mehr Spaß als der nüchterne Anspruch des Trainings, Teil der „Arbeit" zu sein. Dagegen kann man als Trainer nichts anderes tun, als dies sofort anzusprechen und die Reflexion darüber zu einem Anliegen der Gruppe werden zu lassen.

Aus dem Gesagten geht hervor, daß mehrstufige Trainings natürlich von ein und demselben Trainer oder Staff geführt werden müssen. Ist ein Training Teil einer umfassenderen Ausbildung auch im fachlichen Bereich, dann kommt noch ein gravierendes Problem hinzu: Durch die Mischung von verhaltens- und wissensorientierten Seminaren für ein und dieselbe Gruppe erleben die Teilnehmer nicht nur einen *personellen* Wechsel ihrer Trainer (beziehungsweise Referenten), sondern auch ein Wechselbad von sozialen und kognitiven *Lernformen*.

Dies bedeutet meist einen erheblichen Druck, dem die Teilnehmer verständlicherweise durch Widerstand gegen neue Anforderungen, aber auch durch gekonntes gegenseitiges Ausspielen der einzelnen Referenten begegnen. Dem hilft das regelmäßige Abhalten von Referentenmeetings ab, wo der Gesamtprozeß besprochen und eventuelle Interventionen erarbeitet werden können, eventuell

173 Siehe dazu Abschnitt 8.3.1: Was ist eine Gruppe?

unterstützt durch eine eigene Seminarbegleitung. Da es sich hier aber aufgrund der Vertretung verschiedener Fachgebiete oft um einen äußerst inhomogenen Staff handelt, meist noch dazu als Mischung interner und externer Referenten, ist es kein Wunder, daß diese Programme mit hohem Begleitaufwand und damit auch dementsprechenden Kosten verbunden sind.

Diese enormen Effekte von Gruppenbildung in Organisationen waren übrigens das wichtigste Instrument der klassischen Organisationsentwicklung, wie in Abschnitt 2.2.1: Organisationsentwicklung und innerbetriebliches Training – der gruppendynamische Anspruch auf Veränderung dargelegt und kritisiert wurde. Zum interventionstechnischen Umgang mit speziellen Formen hier besonders häufig auftretender Widerstände von Teilnehmern wie insbesondere dem Thema Abwesenheit siehe Abschnitt 8.4: Kritische Situationen – Umgang mit Widerständen der Teilnehmer.

7.4.3 Wie groß sollen Gruppen sein?

In der Praxis finden sich Gruppen von von sechs bis fast dreißig Teilnehmern. Auf die Frage, welche Dimensionen angemessen sind, gibt es keine einfachen Standardantworten, weil sie von mehreren Parametern bestimmt wird:

- Trainingsziele (siehe Abschnitt 3.2: Was soll trainiert werden? Funktionen und Ziele von Trainings)
- Lerninhalt und methodische Zweckmäßigkeit
- Anzahl der Trainer
- Zeit- und Geldressourcen

7.4.3.1 Der Einfluß der Trainingsziele

Geht es der Organisation um Ressourcenentwicklung (Trainingsfunktion 1), so werden pädagogische Zweckmäßigkeiten vorrangig die Gruppengröße bestimmen (siehe unten). Generell tendiert man hier zu verhältnismäßig kleinen Gruppen, wo der einzelne Teilnehmer viel Zeit und Raum einnehmen kann. Geht es der Organisation um Unterstützung bei Anpassungsprozessen (die „harte" Trainingsfunktion 4), sind häufig größere Gruppen und fast immer mehrere Trainer im Einsatz, weil hier die Individualität der Teilnehmer einen anderen Stellenwert[174]

174 Siehe Abschnitt 3.4.6: Mensch und Organisation – Die Wertschätzung der Person im Training.

hat, die Mitglieder gewisser Funktionsgruppen ausreichend repräsentiert sein sollen und schließlich die Aufgabenstellung zu komplex ist, als daß mit nur einem Trainer qualitätsvoll gearbeitet werden kann.

Ist Organisationhygiene oder Stratifikation (Trainingsfunktionen 2 und 3) das vorrangige Anliegen, so sind pädagogische Erwägungen bezüglich der Gruppengröße meist nachrangig. Wenn es etwa um Dinge wie „Stimmung“ oder „Action“ bei Seminaren geht, die zum Zweck der Motivationsverbesserung durchgeführt werden, so versteht es sich von selbst, daß die Gruppengröße anderen Richtlinien folgt als bei den obigen Beispielen.

7.4.3.2 Der Faktor Lerninhalt und methodische Zweckmäßigkeit

Hier gibt es im wesentlichen zwei Größen, die auf die Anzahl der Teilnehmer Auswirkungen hat:

1. die erwünschte *Prozeßqualität* (vulgo die „Gruppendynamik“): Will man etwa in Konfliktseminaren auch die Ebene der Intergruppenkonflikte bearbeiten, so muß die Gruppe so groß sein, daß sinnvoll Untergruppen gebildet werden können; geht es vornehmlich um eine tiefschürfende Bearbeitung persönlicher Muster und Prägungen, wird eine kleinere, „intimere“ Gruppe zweckmäßig sein;

2. die erforderliche Zeit pro Teilnehmer: In einem Rhetorikseminar, wo für jeden Teilnehmer drei Statements vorzubereiten, zu halten und zu analysieren sind, wird man für eine viertägige Veranstaltung pro Trainer maximal sechs Teilnehmer kalkulieren können, während es in einem Seminar zur „Rhetorischen Kommunikation“ nicht undenkbar ist, wenn ein Trainer eine dreitägige Veranstaltung mit acht bis zehn Teilnehmern leitet.

7.4.3.3 Die Anzahl der Trainer

Im Abschnitt 4.1.3: Einzeltrainer oder Trainerstaff? wurde betont, daß diese Frage hauptsächlich nach *Qualitätskriterien* entschieden werden sollte. Die Rechnung „Mehr Trainer ist gleich mehr Teilnehmer“ stimmt nicht unbedingt. Es gibt Verhaltenstrainings mit nahe zwanzig Teilnehmern, die von einem Trainer noch bewältigbar sind (wenngleich nicht unbedingt in der Optimalqualität), während es Trainings mit sechs Teilnehmern gibt, für welche zwei Trainer *unabdingbar* für eine sinnvolle Arbeit sind (insbesondere bei konfliktträchtigen Teamtrainings). In dieser Frage hängt also sehr viel von der Professionalität *beziehungsweise* Erfahrung von Trainingsanbietern und Trainingseinkäufern ab.

7.4.3.4 Zeit- und Geldressourcen

Ein sehr „unpädagogischer Parameter", der aber oft berücksichtigt werden muß, sind die vorhandenen Zeit- und Geldressourcen. Gerade wenn Trainings der Unterstützung von Entwicklungs- und Veränderungsprozessen dienen (Trainingsfunktion 4), gerät man oft genug in Zeitdruck, damit eine gegebene Anzahl von Personen bis zu einem gewissen Termin ein bestimmtes Training absolvieren kann. Daher wird man stellenweise von der pädagogisch optimalen Gruppengröße nach oben oder unten abgehen müssen. Auch enge Budgetgrenzen können gelegentlich einen Druck in Richtung „über die Optimalgröße" erzeugen. Hier ist in erster Linie der Anbieter von Trainings gefordert, Grenzen einzuziehen in Hinblick auf die Seriosität seiner Arbeit, was nicht selten zu konflikthaften Situationen mit dem Auftraggeber führt.

Zur Frage der Gruppengröße finden sich im Abschnitt 8.3.1: Was ist eine Gruppe? weitere theoretische wie praktische Details.

7.4.4 Wie lange sollen Trainings dauern?

Eine Faustregel besagt, daß soziales Lernen in (neuen) Gruppen mindestens drei Trainingstage benötigt. *Unter* dieser Größenordung wird auf der Prozeßebene quasi „die Gestalt nicht geschlossen", es entstehen dadurch bestimmte Frustrationen bei den Teilnehmern, die etwaige Lerneffekte übertönen. Viele Trainings beginnen daher am Vormittag des ersten Tages (hier ist es wichtig, der Mehrzahl der Teilnehmer eine zumutbare Anreisedauer einzuräumen; kommt jemand von sehr weit, so wird für ihn eine Anreise am Vorabend sinnvoll sein) und enden zu Mittag oder im Laufe des Nachmittags des dritten Tages.

Nach oben ist die Trainingsdauer prinzipiell offen, in der Praxis freilich limitieren organisationsinterne Notwendigkeiten den Zeitrahmen auf maximal eine Woche: Weder Führungskräfte noch qualifizierte Mitarbeiter sind leicht entbehrlich, somit muß auch hier eine optimale Balance zwischen pädagogischen Erfordernissen und den Ansprüchen der Organisation gefunden werden. Bei manchen Trainings wie etwa jenen der Rhetorik diktiert hauptsächlich der Rechenstift die Trainingsdauer (erforderlicher Zeitaufwand pro Teilnehmer), während bei anderen Themen wie etwa der klassischen T-Gruppe die erwünschte Prozeßdynamik eine Mindestdauer von fünf Tagen bestimmt.

Eine Frage taucht in diesem Zusammenhang immer wieder auf: Soll man lieber öfter und kürzer trainieren oder seltener und mit längerer Dauer? Zum Beispiel könnte man Trainings zur Verbesserung der innerbetrieblichen Kommunikation mit drei mal drei Tagen oder mit zwei mal fünf Tagen bei annähernd gleichen Kosten (für Unterbringung, Verpflegung und Honorare) durchführen. Viele Führungskräfte sind hier der Ansicht, ihre Mitarbeiter lieber gleich eine ganze Woche und dafür seltener „herzugeben“ als öfter einen Großteil der Woche, die doch ganz unter dem Eindruck des Seminarbesuches bleibt. Hier zeigt die Erfahrung, daß bei Inhalten, die keine ausgesprochen längere Prozeßdynamik erfordern (wie zum Beispiel die T-Gruppe und manche Arten von Konflikttrainings), das Prinzip „lieber öfter, aber kürzer“ eine höhere Effektivität bringt.

7.5 Phasenmodell eines Projektes von Funktionsgruppen-Trainings

Viele Organisationen beziehungsweise ihre Bildungsverantwortlichen sehen heute relativ klar, daß mit der hergebrachten Konzentration auf die Schulung von Einzelpersonen die aktuellen Probleme und Erfordernisse hinsichtlich Anpassung, Veränderung und Weiterentwicklung nur mehr teilweise bearbeitet werden können. Das Bildungswesen erfüllt daher nun oft Aufgaben, die vor einiger Zeit noch unbekannt beziehungsweise undenkbar für diesen Sektor waren: Training als gezielte Unterstützung ausgewählter Funktionsgruppen (Klientensystem 4) einer Organisation bei Anpassungs- und Veränderungsprozessen (Trainingsfunktion 4)[175].

In einigen Großbetrieben[176] wie auch bei manchen größeren Verwaltungsorganisationen mit eigener Bildungsabteilung ist die Abwicklung von Trainings nach den hier entwickelten Kriterien professioneller Planung und Durchführung bereits Realität. Dort werden auch immer weniger die beiden klassischen externen Dienstleistungen „Training und Beratung“ wahlweise eingekauft beziehungsweise abgewickelt, sondern man versteht sich zunehmend als integrative *Servicestelle,* die zunächst die „Probleme“ in der Organisation analysiert und daraus dann *maßgeschneiderte Projekte* entwickelt, welche dann Forschungs-, Beratungs- und Trainingselemente enthalten können.

Bei den zahlreichen Organisationen vor allem mittlerer Größe[177], welche selten über derartige Bildungsabteilungen verfügen, lautet hingegen oft die Frage

175 Siehe Abschnitt 3: Wer und was soll trainiert werden? Eine organisationsbezogene Systematik.
176 In Deutschland und Österreich versteht man darunter Firmen ab ca. 500 Mitarbeitern.
177 In Deutschland und Österreich versteht man darunter Firmen mit ca. 60–500 Mitarbeitern.

des (häufig in einer Position vereinten) Personal-, Bildungs- und Entwicklungsverantwortlichen, wenn er an einem anspruchsvollen, längerfristigen Programm innerbetrieblicher Trainings interessiert ist:

- *Womit fängt man konkret an – muß oder soll man zum Beispiel alles gleich für ganze drei Jahre vorausplanen?*
- *Gibt es Erfahrungswerte, mit welchen Themen, in welchen Bereichen oder mit welchen Personenkreisen man am besten startet (...)?*

Als Anbieter steht man diesen Fragen oft ein wenig zwiespältig gegegenüber: Das Bedürfnis nach Orientierung ist legitim und verständlich, aber inhaltlich schwer zu befriedigen, wenn man um die Unsinnigkeit von Standardverfahren und Patentlösungen weiß. Es kann hierauf dennoch Antworten zur Orientierungshilfe geben, die sowohl zufriedenstellend für den Einkäufer als auch seriös im Sinne des Anbieters sind – freilich niemals „objektiv" wie aus einem Katechismus, sondern subjektiv aus dem persönlichen Erfahrungshintergrund des externen Anbieters.

Ein zusammenfassendes Phasenmodell des Planungsprozesses von innerbetrieblichen Trainings aus meiner Praxis in Organisationen, welche auf diesem Gebiet professionell vorgehen, sieht folgendermaßen aus:

Phasenmodell eines Projektes von Funktionsgruppen-Trainings:

Phase	Aktivität (in) der Organisation	Aktivität der externen Trainer [Berater]
1. **„Problem" beziehungsweise Handlungsbedarf taucht auf** (zum Beispiel die Kommunikation zwischen zwei Abteilungen)	Man reagiert mit Versuchen zur „einfachen" Lösung (meist auf der kommunikativen, personalen Ebene, zum Beispiel Gespräch zwischen den Abteilungsleitern und dem Vorgesetzen, mit Schulung bis zum Austausch „schwieriger" Mitarbeiter oder Führungskräfte etc.). Ändert dies nichts: → Phase 2	Externe sind in dieser Phase selten anwesend oder involviert. Wenn das dennoch der Fall ist, so sollten sie keineswegs der Organisation Probleme, die diese (noch) nicht sieht, „einreden", sondern sie auf ihrem Weg zu deren (Selbst-)Erkenntnis unterstützen.
2. **Diagnose und „Therapie"-Maßnahmen** (zum Beispiel die Identifikation struktureller Kommunikationsprobleme führt zur Neudefinition der Aufgabenverteilung zw. Innen- und Außendienst)	Fragen wie *„Warum tritt das Problem auch bei Austausch von Personen weiter auf?"* führen zu komplexeren Problemlösungen (zum Beispiel Interventionen *auch* auf der Ebene der Organisation wie Neustrukturierung der Kompetenzen). Ergibt sich hierbei ein Bedarf nach Unterstützung/Begleitung durch externes Training: → Phase 3	Hier, im klassischen Feld der Prozeß- und Organisationsberatung, können externe Berater und Supervisoren durch ihre Außensicht und das professionelle Hinterfragen von Problemdefinitionen und Lösungsalternativen besonders wichtig sein. Die Folgen einer unangemessenen Problemdefinition können sich für die Organisation als ziemlich kostspielig erweisen.
3. **Bedarfsdefinition, Planung und Einkauf von externen Trainings** (zum Beispiel Trainings zur internen Kommunikation)	Man versucht eine genaue Definition des Bedarfes an Training. Ein Auftraggeber tritt an die Anbieter (oft nur zur Orientierung, nicht zum Abschluß!) heran; ein „rollender" Plan zur Durchführung wird erarbeitet, d.h., nach Festlegung des Grobziels werden Etappenziele nach den laufenden Erfahrungen aus dem Projekt nachjustiert. ↓	Wie in Phase 2 können externe Berater die Organisation unterstützen und kommen oft auch bei der Durchführung der Trainings personell zum Einsatz. Manchmal besteht der Auftraggeber auf alleiniger Bedarfsdefinition und Planung (sogar ohne Einbeziehung der Betroffenen), wodurch das Problem dann sehr leicht nur suboptimal bearbeitet wird.

4. Contracting (zum Beispiel „3stufiges Training des Innendienstes als Unterstützung für die geänderten Anforderungen“)	Das Verhältnis zwischen Auftraggeber, Berater und Klient wird definiert; dann erfolgt die Definition des Projektes: Auftragsziel, Zielgruppe, Durchführung, Zeithorizonte, Honorare, Evaluation... ↓	Hier agieren Auftraggeber und Trainer als gleichberechtigte Verhandlungspartner. Keiner sollte sich etwas aufzwingen lassen, es rächt sich sonst während des Projektes.
5. Durchführung der Pilotphase/ der 1. Etappe (zum Beispiel mit dem Ziel „Marktorientierte Kommunikation im Innendienst“)	Vor der ersten Durchführungsetappe werden meist „Pilottrainings“ für ausgesuchte Gruppen (oder auch nur für eine Gruppe) veranstaltet, von welchen man gemäß der rollenden Planung notwendige Informationen für die exakten Inhalte und Vorgangsweisen gewinnt; danach wird die erste Etappe spezifiziert und abgewickelt. ↓	Wenn das Auftragsziel und die Frage „Wer ist der Klient?“ gemeinsam definiert sind, sollte die Festlegung von Thema, Design (Inhalt, Aufbau, Methoden) der Professionalität des Trainers anheimgestellt sein. Individuelle Lernziele müssen freilich die Klienten bestimmen können, worauf der Trainer von Anfang an auch hinweisen sollte.
6. Evaluation/ Erfolgsbestimmung[178] und Weiterplanung (zum Beispiel Einbeziehung des Außendienstes in die Trainings)	Als längerfristige Maßnahme ist nur die Akzeptanz, nicht aber der Erfolg innerbetrieblicher Trainings gleich sichtbar; dennoch lassen sich für Organisation und Bildungswesen oft bald wertvolle Informationen über zu verankernde Maßnahmen gewinnen.	Teilnehmer, Auftraggeber und Trainer haben notwendigerweise verschiedene Sichtweisen des Erfolges von Trainings. Auf die möglichen „Fallen“ besonders in puncto Weiterplanung der Trainings sollte der Auftraggeber hingewiesen werden.

Dieses Phasenmodell sollte keinesfalls überstrapaziert werden, weil es sich dann natürlich mühelos als grob, subjektiv und idealtypisch kritisieren läßt. Dennoch kann es für Anbieter, Veranstalter und Einkäufer von Trainings nützlich sein – nicht bezüglich genauer Inhalte, Zeithorizonte oder Auswahlverfahren, sondern als eine Orientierungshilfe zum Procedere.

178 Siehe dazu Abschnitt 6: Hinweise zum Zusammenspiel Trainer-Auftraggeber.

7.6 Beispiel eines Teilnehmer-Einladungsbriefes

An...

Betrifft: Seminar „Interne Kommunikation I"
Zeit: ....
Ort: ....
Trainer: ....

Sehr geehrte... !

Nachdem Sie bereits von Ihrem Vorgesetzten vorinformiert wurden, laden wir Sie nun zu Ihrem ersten Seminar der Reihe „Interne Kommunikation I" ein. Diese Seminare sind Teil des seit einem halben Jahr unternehmensweit laufenden Projektes zur *kundenbezogenen Weiterentwicklung unserer internen Kommunikation* und werden für alle Führungskräfte und Spezialisten verbindlich veranstaltet.

Dies bedeutet gegenüber den bisherigen Trainings eine Besonderheit: Die Seminargruppen und Seminarinhalte werden entsprechend unserer Unternehmensstruktur speziell zusammengestellt, weshalb ein Wechsel in eine andere Seminargruppe nicht möglich ist. Wir bitten Sie, dies in Ihrer Terminplanung (Urlaubszeiten!) zu berücksichtigen sowie Ihre Kollegen und Vorgesetzten rechtzeitig darüber zu informieren.

Jede Seminarreihe wird von einem Referenten unserer Bildungsabteilung in Kooperation mit einem externen Spezialisten geleitet. Wie gewohnt werden auch diese Seminare in Klausurform durchgeführt. Das bedeutet, daß ein verspäteter Einstieg in das Seminar ebenso wie Unterbrechungen der Anwesenheit nicht möglich sind und daß die Übernachtung am Seminarort unbedingt erforderlich ist, wofür wir um Verständnis ersuchen.

Die üblichen Kosten für Reise und Aufenthalt trägt zur Gänze das Unternehmen; nähere Informationen darüber sowie über das Seminarhotel finden Sie in der Anlage.

Wir stehen Ihnen für weitere Fragen gerne zur Verfügung und wünschen ein erfolgreiches Seminar!

Die Bildungsabteilung

7.7 Qualitätssicherung und qualitative Evaluation im Trainingswesen

Die bisherigen Ausführungen zur Meßbarkeit des „Erfolges“ oder „Transfer-Wirkungsgrades“ von Verhaltenstrainings fielen skeptisch aus, weil jegliche Arbeit zur Entwicklung sozialer Kompetenzen für Mitarbeiter und Führungskräfte (Management oder Training) *nicht dem Modell der Trivialmaschine folgt,* wo eine halbwegs exakt berechenbare Relation zwischen Ursache (Training als Investition) und Wirkung *(Return on Investment)* angenommen wird. Vielleicht lassen sich noch am ehesten Verkaufsschulungen quantitativ auf der Basis exakter Funktionsgleichungen evaluieren; für den Großteil der modernen, innerbetrieblichen Trainingsaktivitäten zur Steigerung sozialer Kompetenzen zwecks Unterstützung der Arbeit erscheint dies aber kaum möglich[179].

Dies bedeutet jedoch nicht, daß sich Trainingsmaßnahmen notwendigerweise im „weichen“ Bereich einer quasi chaotischen Beliebigkeit bewegen, wo man in der Planung auf Mutmaßungen oder Gerüchte und operativ auf das Prinzip des *„Fire and Forget“* zurückgreifen muß. Im Gegenteil: Haben sich einmal die Trainingsverantwortlichen in der Organisation, die im Bildungsbereich tätigen Organisationsberater und vor allem die Führungsspitze von der Hoffnung auf quantitativ-exakte Erfolgsberechnungen verabschiedet, so steht das zugegebenermaßen nicht einfache, aber lohnende Feld einer „qualitativen Trainingsevaluation“ zur laufenden Optimierung und Qualitätssicherung offen.

Daraus folgt, daß innerbetriebliche Trainings nicht mehr im wesentlichen alleinige Sache einer Abteilung oder Stabstelle bleiben dürfen, deren „Erfolg“ beziehungweise „Kosten“ dann irgendwo und irgendwie vage goutiert werden oder nicht (besonders in Phasen ökonomisch angespannter Lage wird erfahrungsgemäß hier gerne zuerst gespart), sondern daß Planung, Finanzierung, Evaluierung und Weiterentwicklung von innerbetrieblichen Trainingsmaßnahmen in der Organisationsarchitektur implementiert werden, und zwar in Gestalt eines *offenen Prozesses* (eines „Zirkels“ oder, vielleicht treffender, einer „Schraube“). Dies soll die nachfolgende Skizze illustrieren.

179 Siehe dazu Kahr, D.: Weiterbildungsseminare: Wie meßbar ist der Erfolg? (In: Io Management Zeitschrift 63 [1994], Zürich), wo die Gültigkeit der drei heute hauptsächlich zur Anwendung kommenden, quantitativ-monetären Evaluationsansätze als „gering bis mittel“ eingeschätzt werden: „Alle drei Modelle basieren auf zahlreichen Annahmen, sind teils buchhalterisch bis ins letzte auskalkuliert und stecken doch noch in den Kinderschuhen...“ Abschließend heißt es dort: „Schwer meßbar ist und bleibt der ganze emotionale Bereich... Emotionale Reaktionen beeinflussen das gesamte Arbeitsklima in elementarer Weise – und gerade sie lassen sich nicht in Kennzahlen ausdrücken. Eine Auswertung in Geldeinheiten ist damit stets eine relative Angelegenheit.“ (S. 74).

7.7.1 Beispiel einer Prozeßarchiktektur qualitativer Trainingsevaluation

Phase	**Beteiligte** (neben der Trainings-abteilung)	Issues
1. Bedarfserhebung ↓	• Unternehmensspitze • Alle Zielgruppen • Alle Vorgesetzten der Klientel • Eventuell externe Experten	• Was will die Organisation? (Erhebung der Anliegen der Betroffenen und der Vorgesetzten) zur • Formulierung eines „Optimalkataloges" an Bildungszielen
2. Zielformulierung ↓	• Vertreter der Zielgruppen • Vertreter der Vorgesetzten • Unternehmensspitze	• Formulierung eines Realkataloges an Bildungszielen für die definierten Klientensysteme
3. Erstkonzeption ↓	• Externe Trainer beziehungsweise Organisationsberater	• Erstellung eines „Optimalkonzeptes" zur Erreichung der Bildungsziele
4. Finanzierungs-konzeption ↓	• Vertreter der Vorgesetzten • Unternehmensspitze	Bildung als „Interne Dienstleistung": • Wer beteiligt sich an den Kosten? • Wem ist was wieviel wert? (Finanzierungs-schlüssel)
5. Erste Ausschreibung ↓	• Alle Zielgruppen	• Abschätzung des tatsächlichen Aufwandes

6. Budgeterstellung ↓	• Alle an der Finanzierung Beteiligten	• Festlegung des Budgets • Festlegung der Auswahlkriterien für die definitive Teilnahme
7. Auswahlverfahren ↓	• Vorgesetzte	• Auswahl und Einladung der Teilnehmer • Information aller, die (noch) nicht teilnehmen können
8. Durchführung ↓	• Externe und ggf. interne Trainer	• Abwicklung der Trainings
9. Auswertung ↓	• Alle Teilnehmer • Alle betroffenen Vorgesetzten • Externe und ggf. interne Trainer	• Akzeptanz der Teilnehmer bei Trainingsschluß • Feedback der Teilnehmer und Führungskräfte nach einer gewissen Zeit • Feedback der Trainer
10. Erfolgsbestimmung ↓	• Vorgesetzte • Unternehmensspitze	• Welche Ziele wurden erreicht, welche nicht und was sind die Gründe?
11. Weiterentwicklung, Anpassung, Reformulierung der Ziele... ⟹ **Prozeß beginnt wieder bei Phase 1**	wie bei Phase 1...	wie bei Phase 1...

Aufgrund der Nicht-Trivialität von Training und Bildung gibt es auch hier *keine* Patentrezepte (die für ähnliche Organisationen oder ähnliche Bildungsziele anwendbar sind), sondern die allgemeine Richtschnur, daß Training heute als ein Teil der Arbeit[180] zu betrachten ist. Daraus folgt, daß *alle* Teile einer Organisation, die vom Trainingswesen profitieren beziehungsweise betroffen sind (durch Kosten etc.), auf die Prozesse seiner Planung und Qualitätssicherung Einfluß nehmen und sie dadurch auch mit verantworten sollten.

180 Siehe Abschnitt 2.3: Lernen oder Arbeiten? Anforderungen an ein modernes Bildungswesen.

8 Interventionstechnik

„Techniken" werden als solche rasch durchschaut –
und damit wirkungslos.

Ch. W.

Zunächst eine Vorbemerkung: Mit dem nicht unproblematischen Titel „Technik" sollen hier und im Abschnitt 9 *keine* Erwartungen nach Trivialrezepten aus einer harten Sozialtechnologie geschürt werden. Man könnte mit mindestens ebenso großer Berechtigung auch von „Interventions- und Designkunst" sprechen; mit der getroffenen Begriffswahl soll aber einem gängigen Sprachgebrauch nachgekommen werden.

Dieser und der Abschnitt 9 richten sich an Anbieter, Veranstalter und Einkäufer von Trainings, die sich enger mit der pädagogischen Planung auseinandersetzen müssen oder wollen. Alle Ausführungen befassen sich speziell mit den *innerbetrieblichen* Trainings in der dargelegten Komplexität des „kritischen Beziehungsdreieckes"; sie gelten aber ebenso für überbetriebliche Trainings, wobei natürlich einige der hier zentralen Parameter und Dimensionen wegfallen. Zur Einleitung werden noch einmal die hierfür relevanten Punkte aus den beiden vorangegangenen Abschnitten zusammengefaßt.

8.1 Ausgangssituation der Design- und Interventionstechnik

8.1.1 Wer bestimmt über das Training?

Im wesentlichen bestimmen bei *allen* innerbetrieblichen Trainings die drei Pole des kritischen Beziehungsdreiecks die Interventionen des Trainers:

1. der *Auftraggeber*, die Organisation über deren Ziele;
2. der *Trainer* über sein konkretes Trainingsziel;
3. die *Klienten* über ihre individuellen Interessen und – bei Einsatz der prozeßorientierten Methode – laufend über den Gruppenprozeß.

8.1.2 Welche Rolle hat der Trainer?

Der Trainer hat die Aufgabe, Lernprozesse zu initiieren beziehungsweise zu unterstützen. Das pädagogische Verständnis geht bei innerbetrieblichen Trainings meist von zwei grundsätzlich gleichwertigen Partnern[181] aus: Der Trainer ist wie der Organisationsberater nicht „kompetenter" als der Klient, und deren Verhältnis ist zumindest von der Zielsetzung her in Richtung Symmetrie[182] klar auf die Erwachsenenebene[183] fokussiert. Autorität hat der Trainer nur in struktureller Hinsicht, also das Seminarsetting betreffend; beide Partner *lernen* laufend, jeder freilich auf spezifische Art.

Kernpunkt der thematischen Arbeit ist die *inhaltliche* Abstinenz, also die strikte Enthaltung von normativen Aussagen[184] *bezüglich Meinungen und Verhaltensweisen der Teilnehmer.* Auch in Fragen betrieblicher Entscheidungen[185] kann und sollte der Trainer sich nicht zu einer Stellungnahme „verführen" lassen: Diese sollten das alleinige Aufgabenfeld der Teilnehmer bleiben, auch wenn sie, wie die Erfahrung zeigt, noch so sehr danach verlangen und den Trainer dazu drängen.

Jeder Trainer innerbetrieblicher Trainings ist rettungslos verloren und der Eigendynamik der Teilnehmergruppe ausgeliefert, wenn er sich nicht absolut klar ist über das Ziel der Organisation bezüglich seiner momentanen Tätigkeit und jederzeit weiß: „Was ist mein Klientensystem?" Notwendig ist ähnlich wie im Management eine *situative Führung* des Seminars im Spektrum zwischen der Ausrichtung auf Personen, Gruppen oder die Organisation. Dies wurde bereits im Abschnitt 3.3.2: Die innerbetrieblichen Klientensysteme (2, 3 und 4) illustriert (siehe Abbildung Seite 56).

---

181 Siehe dazu Abschnitt 5: Wie soll trainiert werden? Die Trainer-Klient-Beziehung.

182 Nach Watzlawicks fünftem Axiom der Kommunikation. Siehe Watzlawick/ Beavin/ Jackson: Menschliche Kommunikation. Formen, Störungen, Paradoxien. Bern/Stuttgart 1969.

183 Im Sinne der Transaktionsanalyse. Siehe Harris, T.A.: Ich bin OK – Du bist OK. Eine Einführung in die Transaktionsanalyse. Reinbek 1973; Berne, E.: Spiele der Erwachsenen. Psychologie der menschlichen Beziehungen. Reinbek 1967.

184 Carl Rogers' Variable der Akzeptanz. Siehe Rogers, C.: Die klientenzentrierte Gesprächspsychotherapie. München 1978.

185 2.3: Lernen oder Arbeiten? Anforderungen an ein modernes Bildungswesen.

8.2 Interventionstechnik des Erfahrungslernens

Jede neue Gruppensituation und daher auch jedes Training bedeuten zu Beginn für die Teilnehmer eine unsichere *Streßsituation,* welche aus psychologischer Sicht eine Regression[186] provoziert, d.i. ein Zurückgehen auf frühere Entwicklungsstufen in Wahrnehmung und Verhalten. Unabhängig von der inhaltlichen Zielsetzung von Trainings, unabhängig von hierarchischem Status oder Wissensstand der Teilnehmer und unabhängig von den bestehenden Beziehungen unter den Teilnehmern gibt es daher eine regressive Tendenz weg von einem *gleichwertigen Verhältnis zum Trainer* (nicht zu verwechseln mit *gleichem* Verhältnis im Sinne der Nivellierung seiner speziellen Funktion).

Für den Trainer bedeutet diese massive Verführung in Richtung „Sicherheit geben um jeden Preis", also Vorgabe klarer Normen und Ziele, daß er zwar nicht seine formell-funktionale, wohl aber seine (oft angemutete) *inhaltliche Autoritätsposition teilweise zu verweigern* hat. Es ist zwar selten eine derart rigide Abstinenz[187] wie bei der klassischen T-Gruppe, aber trotzdem immer weniger, als sich die Teilnehmer wünschen oder erwarten.

Die Handhabung von Theorien, Modellen und Rezepten in verhaltensorientierten Seminaren ist daher auch von heikler, oft entscheidender Bedeutung. Kommen sie in althergebrachter Weise *vor* dem praktischen Erleben, dann bieten sie einen „Fluchtweg" zur kognitiven Ebene. Auf dieser Ebene läßt sich über das Verhalten ebenso unbegrenzt wie unfruchtbar diskutieren, da man dort „sicher ist" vor einer inneren Beteiligung. Daher erfolgt die theoretische Aufarbeitung am besten *nach* der gemeinsamen Analyse der in Übungen und Rollenspielen gemachten Erfahrungen.

Diese Analyse besteht in einer phänomenologischen Aufarbeitung des Erlebten beziehungsweise Beobachteten, oder sie wird mit Leitfaden, Strukturhilfe etc. durchgeführt. Die Veröffentlichung der differierenden Wahrnehmungen beziehungsweise Interpretationen von Akteuren und Beobachtern[188] sind fast immer

---

186 Balint, M.: Therapeutische Aspekte der Regression. Hamburg 1973; Sandner, D.: Psychodynamik in Kleingruppen: Theorie des affektiven Geschehens in Selbsterfahrungs- und Therapiegruppen (selbst-analyt. Gruppen). München 1978, 4.1.6.

187 Im Sinne von Sigmund Freuds Psychoanalyse. Freud, S.: Vorlesungen zur Einführung in die Psychoanalyse. 1916/17.

188 Zur Veranschaulichung des Lernens an dieser Differenz wurde das mittlerweile legendäre Modell des JOHARI-Windows entwickelt. Siehe Luft, J.: Einführung in die Gruppendynamik. Stuttgart 1971.

eine ergiebige Quelle für Verhaltenslernen. Die Möglichkeiten des kombinierten Einsatzes der Arbeitssettings von Einzel-, Paar-, Kleingruppen- und Plenararbeit[189] sowie der Audio- und Videotechnik[190] sind in der Analysephase beinahe unbegrenzt.

Zusammengefaßt:

- Beim Erfahrungslernen sind einzig und allein die Erlebnisse und Wahrnehmungen *in der Gruppensituation, im Streß des Hier und Jetzt* geeignet, gefühlsmäßige Beteiligung zu schaffen, aus denen sich dann brauchbare Analysen ableiten und praxisrelevante Theorien und Modelle entwickeln lassen.

- Ob nun eine Analysephase stattfindet oder nicht, es gibt beim Erfahrungslernen für *Theorieinputs* meist nur *einen* sinnvollen Platz im Seminarablauf, und der befindet sich *zeitlich hinter der Erfahrung,* dem Erleben beziehungsweise dessen Analyse. Daher muß der Trainer der regressiven Tendenz, doch sein theoretisches Wissen den Teilnehmern *vor ihrer Erfahrung* zur Verfügung zu stellen anstatt sie ständig dem Streß von ungewohnten Verhaltenssituationen auszusetzen, professionell entgegenwirken können.

Daraus ergibt sich interventionstechnisch der *Dreischritt des Erfahrungslernens*[191]*:*

Erfahrung ➔ persönliche Verarbeitung ➔ Analyse, Theorie(-bildung)

8.3 Prozeßorientierte Interventionstechnik

Für viele, aber nicht für alle Trainingsziele beziehungsweise -sequenzen eignet sich der Einsatz prozeßorientierter Methoden. Ihre großen Vorteile liegen dort, wo es um Themen wie

- Selbständigkeit,
- Eigenverantwortung,

189 Siehe dazu Abschnitt 9.1, Lern- und Arbeitssettings.
190 Siehe dazu Abschnitt 9.4.4: Ort, Räumlichkeiten und Technik.
191 Siehe Abschnitt 5.2.2: Verhaltenslernen durch Erfahrung oder Kognition?

- Selbstorganisation,
- Kreativität,
- Umgang mit Autorität (...)

geht. Oft kommt es daher darauf an, flexibel eine für die Gruppe passende Mischung von eher prozeßorientierten („non-direktiven") und eher direktiven Elementen zu finden.

Die wichtigste Frage bei *allen* Spielarten der prozeßorientierten Methode lautet: *„Wie erlangt man als Trainer in gewissen Gruppensituationen wieder die Kontrolle?"* Die Antwort auf diese Frage ist leicht formuliert, aber höchst schwierig umzusetzen: *„Durch eine aus der richtigen Einschätzung der Situation resultierende Intervention."* Dies läßt sich jedoch nicht theoretisch lernen, sondern nur in Form einer professionellen Ausbildung. In der Praxis ist eine Fülle von gruppendynamischen wie organisationstheoretischen Kentnissen und vor allem Erfahrungen notwendig, um im oft rasant galoppierenden Gruppenprozeß und unter schwierigsten Anforderungen seitens der beauftragenden Organisation nicht nur einen gewissen Durchblick zu wahren, sondern auch die nötige „Gelassenheit" (im Sinne von Handlungsfreiheit als Voraussetzung zur gelungenen Intervention) zu behalten.

Diese Kompetenz, wie sie insbesondere zur Leitung von prozeßorientierten Trainings unverzichtbar ist, läßt sich nach der hier vertretenen Einschätzung nicht ohne jene Voraussetzungen erwerben, wie sie teilweise bereits im Abschnitt 4.2.1: Ausbildung und fachliche Anforderungen genannt wurden:

1. eine gewisse Begabung beziehungsweise Vorliebe zur *Selbstreflexion* und zur Arbeit nicht nur auf der Inhaltsebene, sondern auch auf der *Metaebene*[192] *der sozialen Beziehungen);*

2. eine einschlägige, am besten auch formal abgeschlossene oder in anderer Hinsicht fundierte methodische *Ausbildung* bei einer anerkannten Institution (oft genug, um die dort gelernten Methoden hinter sich zu lassen beziehungsweise weiterzuentwickeln!);

3. *praktische Erfahrung* im Umgang mit Personen, Gruppen und Organisationen;

4. *theoretisches Wissen* über Psychologie, Gruppendynamik sowie Soziologie der Gruppe und Organisation.

---

192 Nach Watzlawicks zweitem Axiom der Kommunikation. Siehe Watzlawick/Beavin/Jackson: Menschliche Kommunikation. Formen, Störungen, Paradoxien. Bern/Stuttgart 1969.

8.3.1 Was ist eine Gruppe?

Diese Frage ist eine Grundfrage des Trainings: Die Arbeit in oder mit Gruppen ist *das* Instrument schlechthin für soziales Lernen und für die effiziente Bearbeitung von vielen Trainingsinhalten. Eine Gruppe ist nach der hier verwendeten Definition ein soziales System, dessen Mitglieder

1. sich nach außen abgrenzen[193] und das sogenannte „Wir-Gefühl" entwickeln[194],
2. ein gemeinsames Ziel[195] verfolgen, wofür sich die Mitglieder wechselseitig brauchen,
3. direkt untereinander kommunizieren können[196],
4. innerhalb der Gruppe Beziehungsstrukturen aufbauen, deren Prozesse einer Nicht-Trivialmaschine[197] entsprechen, wodurch eine nicht restlos vorhersagbare Eigendynamik (das, was man alltagssprachlich oft als „Gruppendynamik" bezeichnet) entsteht und weshalb die Individuen auch nicht „austauschbar" sind, und
5. in sich soziale Substrukturen – also Paare oder Untergruppen – bilden können.

Organisationen schätzen übrigens Gruppen unter anderem deshalb nicht sonderlich, weil sie Grenzen bilden und nicht mehr mit den herkömmlichen Mitteln der Organisation steuerbar sind: Sie sind keine Trivialmaschinen, wo man den Output durch einen geeigneten Input regeln kann (Punkt 1). Daher ist auch das Kontrollbedürfnis[198] speziell beim innerbetrieblichen Training sehr hoch und sollte niemals übersehen werden.

---

193 Dieses Kriterium wurde besonders ausgearbeitet von folgenden Gruppendynamikern: Gibbard, G.S., Hartmann, J.J. & Mann, R.D.: Analysis of groups. San Francisco 1974. Eine systemische Theorie der Gruppe und ihrer Abgrenzung nach außen findet sich in Willke, H.: Elemente einer Systemtheorie der Gruppe: Umweltbezug und Prozeßsteuerung. In: Soziale Welt, Göttingen 1978, S 343ff.

194 Dieses Kriterium geht auf einen Pionier der Sozialwissenschaft, Georg Simmel, zurück. Siehe Simmel, G.: Über soziale Differenzierung. Soziologische und psychologische Untersuchungen. Leipzig 1890.

195 Erstmals formuliert von Schindler, R.: Grundprinzipien der Psychodynamik in der Gruppe. Psyche 11, 1957/58. Eine besonders differenzierte Darstellung findet sich in Mills, T.M.: Soziologie der Gruppe. München 1969.

196 Die sogenannte Kommunikation face-to-face siehe Homans, G.C.: Theorie der sozialen Gruppe. Opladen 1972.

197 Zum Modell der Trivialmaschine siehe Foerster, H.v.: Abbau und Aufbau. In: Simon, F.: Lebende Systeme. Berlin-Heidelberg, 1988.

198 Siehe dazu Abschnitt 6.4.1: Das Kontrollbedürfnis der Organisation.

8.3.1.1 Kleingruppe

Im normalen Sprachgebrauch ist mit „Gruppe“ fast immer die Kleingruppe gemeint. Numerisch läßt sich allerdings nicht sicher angeben, wo die Kleingruppe endet und wo die Großgruppe beginnt[199]; manche Praktiker nennen für die Kleingruppe eine Obergrenze von 8 bis 10, andere bis zu 16 Mitgliedern.

Die genannten Kriterien 1 bis 5, inklusive dem Wir-Gefühl und der Möglichkeit zu direkter Kommunikation, sind auch bei mehr Mitgliedern grundsätzlich erfüllbar, es hängt von der passenden Struktur der Gruppe ab. Es steigt „lediglich“ der Zeitaufwand, da sich die Anzahl der möglichen Beziehungen in einer Gruppe nach der Formel n(n-1)/2 berechnet und daher exponentiell mit der Anzahl der Mitglieder ansteigt. Dies bewirkt, daß der Aufwand für Kommunikation (Punkt 3) in der Gruppe mit steigender Mitgliederanzahl rasch „explodiert“, und ihr Vermögen, aus sich heraus passende Unterstrukturen (Punkt 5) zu entwickeln, abnimmt. Dies hat wiederum für die Formulierung und Erreichung des *Ziels* der Gruppe (Punkt 2) entscheidend negative Auswirkungen.

Die *theoretische* Unterscheidung zwischen Kleingruppe und Großgruppe soll hier nicht weiter verfolgt werden zugunsten einer pragmatischen, „funktionalen Definition“ der Gruppengröße: Einfach gesprochen bedeutet diese, daß – abgesehen von der arithmetischen Mindestanzahl von drei Personen – eine Gruppe immer dann eine solche ist, wenn sie die Voraussetzungen 1 bis 5 erfüllt und „funktioniert“. So wird vielleicht die Gruppengröße des Vorstandes eines Weltkonzerns mit zehn Personen schon viel zu hoch sein, während ebendort eine Projektgruppe zur Strategieentwicklung mit zehn Personen ihre optimale Kreativität entfalten kann. Für psychologische Ausbildungsgruppen mit ihrer Notwendigkeit hoher emotionaler Dichte ist eine Mitgliederanzahl von 14 vielleicht bereits jenseits der Grenze der Mühseligkeit, während sie bei ähnlicher Thematik zu Zwecken beruflicher Supervision noch verkraftbar sein kann und den Vorteil eines breiteren Erfahrungshintergrundes bietet.

---

199 S.H. Foulkes schreibt dazu: „Wann ist eine Gruppe als ‚groß‘ zu bezeichnen? ...Diese Frage ist von besonderer Bedeutung, wenn wir uns klarmachen, daß wir uns innerhalb einer Skala bewegen, in der alles relativ ist. Es ist wichtig zu bedenken, daß Quantität in Qualität umschlägt; der Punkt... ist nicht immer genau zu definieren, aber er kann klinisch exakt festgestellt werden... Ab acht bis neun Teilnehmern verändert sich der Charakter der Gruppe beträchtlich, und ich schätze, daß er sich bei vierzehn Teilnehmern erneut verändert. ...eine Gruppe von... [vierzehn bis ...fünfundzwanzig Teilnehmern] zeigt gewiß andere Merkmale und lenkt die Aufmerksamkeit auf ganz andere Fragen und Mechanismen... Wo beginnt nun eigentlich die große Gruppe? Das weiß niemand.“ Foulkes, S.H.: Probleme der großen Gruppe vom gruppenanalytischen Standpunkt aus. In: Kreeger, L. (ed).: Die Großgruppe. Stuttgart 1977, S. 44f.

8.3.1.2 Strukturierte Großgruppe

Oft ist aus organisatorischen Gründen oder aus Kostengründen eine Gruppengröße von vierzehn bis zu dreißig Teilnehmern notwendig, beispielsweise bei Ausbildungsgängen, die auch kognitiv geführte Fachseminare beinhalten (siehe oben). Man muß hier also eine geeignete Substruktur im Sinne einer *Lernorganisation sozialer Kompetenzen* aufbauen. Ein probates Mittel ist, temporäre oder stabile *Kleingruppen* zu bilden und diesen spezielle Aufgaben im Rahmen des Gesamtprozesses zu geben. Die strukturierte Großgruppe kommt dann beispielsweise für bestimme Übungen und Rollenspiele, für Theorieinputs und nicht zuletzt als Forum des Austausches zwischen den Kleingruppen zum Einsatz.

Ein System von Untergruppen läßt auch die in *Organisationen* wichtigen *Intergruppenprozesse* simulieren (die „eigentliche" Organisation kann in überbetrieblichen Trainings nach der hier vertretenen Auffassung jedoch nicht[200] simuliert werden).

8.3.1.3 Unstrukturierte Großgruppe

Ohne Unterstrukturen neigen große Gruppen, besonders wenn sie im Training (oder in der Organisation) wie eine Kleingruppe geführt werden, zu deutlich regressiven Verhaltensformen und sind nicht mehr funktional. So sind diese Formationen allein nicht mehr wirklich entscheidungsfähig, und es spalten sich permanent in destruktiver Weise Subformationen ab. Dies resultiert ganz einfach aus dem organisatorischen Unvermögen von Großgruppen, sich selbst adäquate Strukturen zu geben.

Dieses Phänomen können Schullehrer leidlich bestätigen; ein künstlerisch gelungenes Anschauungsbeispiel dafür ist auch William Goldings Roman Lord of the Flies[201]. Lediglich bei entschiedener autoritärer Führung läßt sich mit solchen unstrukturierten Großgruppen eine Zeitlang arbeiten, freilich auf einer sehr regressiven, autoritätsbezogenen Ebene, wie es in manchen Therapiesettings sinnvoll ist. Ansonsten jedoch sind unstrukturierte Großgruppen aber weder in der Organisation selbst, noch als Lern- oder Arbeitssetting in Trainings sinnvoll.

---

200 Siehe Abschnitt 10.2.5: Organisationslaboratorien – Läßt sich die Organisation simulieren?

201 Golding, W.: Lord of the Flies. London 1954.

8.3.2 Grundprinzipien situativ-prozeßorientierten Intervenierens

Die größte formale Ähnlichkeit hat die prozeßorientierte Methode für innerbetriebliche Trainings mit der Leitung einer klassischen T-Gruppe, wie im Abschnitt 10.2.2: Darstellung und kritische Würdigung des T-Gruppenkonzeptes der NTL ausgeführt wird, wobei es aber auch essentielle Unterschiede gibt:

1. Man sollte als Trainer keinen Prozeß selbst initiieren oder *zulassen,* den man nicht bearbeiten kann oder will. Das bedeutet oftmals die Notwendigkeit eines restriktiven Intervenierens.
2. Inhalt und Ziel des Trainings werden nicht nur von der Gruppe bestimmt, sondern auch von der Organisation mitdefiniert. Der Trainer hat die Rolle eines partnerschaftlich (s.u.) unterstützenden Moderators oder Beraters. Mit den in schwierigen oder konflikthaften Gruppensituationen unweigerlich auftretenden Regressionen muß er umgehen können, ohne eine andere Autorität über beziehungsweise Verantwortung für das formale Setting zu übernehmen.
3. Fokussierung durch Ausklammerung aller nichtrelevanten *Umwelten* durch Beziehung des Geschehens auf die Organisationsrealität, deren Teil diese Gruppe ist.
4. Bewußtmachen der von den Teilnehmern geäußerten (Abhängigkeits-)Wünsche an den Trainer nach inhaltlicher Orientierung, Entscheidungshilfen oder Kochrezepten und Wiederherstellung des partnerschaftlichen Verhältnisses.
5. Rückführung aller (der Situationsflucht dienenden) Versachlichungen, Verallgemeinerungen, Abstraktionen und Modellbildungen.
6. Hilfestellung bei der Reflexion und Analyse der relevanten Gruppenprozesse, besonders in Unterscheidung zu einer einseitig psychologischen und personenzentrierten Sichtweise von Problemen in Gruppen, aber auch in der Organisation.

8.3.3 Vor dem Training

Wie fast immer bei kommunikativen Prozessen gilt auch beim Trainieren: „Die Weichen werden zu Beginn gestellt". Dieser simple Merksatz gilt nicht nur für alle Formen von prozeßorientierten Trainings, sondern auch für fast alle Beratungsaktivitäten beim Klienten. Das bedeutet, daß sich jede Unklarheit und jeder Irrtum beim Contracting rächen muß, und zwar immer auch auf Kosten des Trainers. Daher müssen schon vor dem Training diesbezüglich klare Strukturen und ein messerscharfes Bewußtsein über die Situation vorhanden sein.

Die Überlegungen zum kritischen Beziehungsdreieck[202] spielen vor dem ersten Kontakt zwischen Trainer und Klientengruppe die zentrale Rolle. Aus Sicht des sich hier in einer Doppelbindung[203] befindlichen Trainers sind für die Vorbereitungsarbeit vor allem folgende Punkte wichtig:

- Die Beziehung als Trainer zum Auftraggeber sollte möglichst zu Veranstaltungsbeginn angesprochen werden, zusammen mit dem Inhalt und Ziel des Auftrags.

- Die Bedeutung der Mitverantwortung bezüglich Trainingsziele und -organisation muß erläutert und die Teilnehmer müssen motiviert werden, diese auch wahrzunehmen.

- Die besonders zu Beginn fast unvermeidlichen Artikulationen von Angst und Aggression sollten als solche angenommen, nicht harmonisiert, verniedlicht oder verschoben werden; dabei sollte man jedoch klar bei seinem Standpunkt (dem zweckmäßigen Grad an Distanz) bleiben.

- Der Trainer muß die Belastung aus diesem *double bind* professionell auf sich nehmen und sie zum Bestandteil seines Interventionsrepertoires machen können. Grundfalsch wäre es, den Ball zu den Teilnehmern zurückzuspielen, und sogar geschäftsschädigend wäre es, während des Trainings den Ball zum abwesenden Auftraggeber zurückzuspielen.

Für überbetriebliche Seminare oder Trainings, welche die Teilnehmergruppe selbst eingekauft hat und welche die Teilnehmer auch selbst bezahlen, fallen die obigen Überlegungen weg, weil es keine Beziehung zwischen dem Auftraggeber des Trainers und den Teilnehmern gibt.

---

202 Siehe Abschnitt 4.1.1: Externalität und das „kritische Beziehungsdreieck“.

203 Zur Theorie des „double bind“ siehe Watzlawick/Beavin/Jackson: Menschliche Kommunikation. Formen, Störungen, Paradoxien. Bern/Stuttgart 1969; Bateson, G.: Ökologie des Geistes. Frankfurt [5]1983: Die Doppelbindung hat 3 Voraussetzungen: 1. Widersprüchliche Botschaft oder Anforderung; 2. Situation der Abhängigkeit; 3. Situation kann nicht verlassen werden.

8.3.4 Hinweise zur Eröffnung des Trainings

8.3.4.1 Einschätzung der Gruppensituation

Die richtige Einschätzung der Gruppensituation ist ein unüberschätzbarer Startvorteil für den Trainer. Es geht dabei um die Kunst, sich bereits *vor* Trainingsbeginn in die Situation der Klienten einzufühlen und *bei* Trainingsbeginn blitzschnell seine Einschätzungen zu korrigieren.

Die Ausgangssituation der Teilnehmer wird im wesentlichen von der Antwort auf die Frage „Wer in der Organisation muß lernen?“ (siehe Abschnitt 3.2: Was soll trainiert werden? Funktionen und Ziele von Trainings) bestimmt:

1. Die *klassischen Nachsitzer* sind naturgemäß schlechter Stimmung, die sie aber unter allen Umständen zu verheimlichen oder zu rationalisieren trachten. Bei Vorstellrunden gewinnt man häufig den Eindruck, daß ihre Anwesenheit hier schierer Zufall oder Irrtum ist.

2. Die *Belohnten* sind meist guter Stimmung, es sei denn, man erwartet von ihnen ernstzunehmende Anstrengung. Oft reagieren sie völlig verstört, wenn man bekanntgibt, daß man hier *wirklich* das Seminarthema seriös *bearbeiten* will. Anzahl und Umfang der Pausen, die Öffnungszeiten der Sauna oder die Menülisten sind es, was sie wirklich interessiert.

3. Die *Arbeitenden* schließlich sind meist ganz *normal motiviert* und gut belastbar; sie befinden sich jedoch häufig in der Minderheit.

8.3.4.2 Vorstellung des Trainers

Mit der *Art seiner Vorstellung und der Form seiner Kommunikation* mit der Gruppe während der ersten Momente des Trainings stellt der Trainer ausschlaggebende Weichen. Man sollte sich also eine angemessene Vorstellung der eigenen Person und Funktion zurechtlegen.

Die aus der T-Gruppe bekannten *opener,* so gut wie nichts zur eigenen Person preiszugeben, sowie der Verzicht, Teilnehmer persönlich anzusprechen (indem man anonymisierend beispielsweise nur in der Mehrzahl oder allgemein von „der Gruppe“ spricht), fördern *massiv ein regressives Verhalten*[204] der Teilnehmer: *Man fixiert ihr Interesse auf den Trainer und treibt sie quasi in einen Autoritätskonflikt.*

---

204 Sandner, D.: Psychodynamik in Kleingruppen: Theorie des affektiven Geschehens in Selbsterfahrungs- und Therapiegruppen (selbst-analyt. Gruppen). München 1978.

Eine dysfunktionale Fixierung auf den Trainer erzielt man übrigens paradoxerweise auch, indem man als Trainer *zuviel* über sich erzählt und jeden sich zu Wort meldenden Teilnehmer mit einem Übermaß an Verbindlichkeit bedenkt: Hier entsteht die Tendenz zur kindhaften Abhängigkeit, die leicht jedes selbständige und selbstorganisierte Verhalten auf der Erwachsenenebene, worauf es bei der Mehrzahl innerbetrieblicher Trainings unter anderem ankommt, konterkariert.

8.3.4.3 Deklaration des Verhältnisses zum Auftraggeber

Zur Erinnerung: Es ist im innerbetrieblichen Training jene *abwesende Person oder Stelle* von eminenter Bedeutung für den Verlauf und den Erfolg, welche für den Trainer der *Auftraggeber*, für die Teilnehmer zumeist der *Vorgesetzte* ist. Hierin liegt eine Quelle vieler Schwierigkeiten zwischen Auftraggeber, Trainer und Teilnehmern. Vom kritischen Beziehungsdreieck ist beim Training ja nur die Achse Trainer-Klient klar und öffentlich, die Verbindung zum Auftraggeber beziehungsweise Vorgesetzten jedoch nicht. Für die Klienten *muß* der Trainer daher gefühlsmäßig angstbesetzt oder sogar gefährlich sein, da er sie einerseits um Vertrauen bittet – was freilich Diskretion und Exklusivität bedeuten würde – andererseits aber mutmaßlich mit dem Vorgesetzten „unter einer Decke steckt" (sonst hätte dieser den Trainer ja nicht beauftragt).

Der Auftraggeber wiederum muß wie in jedem Dreiecksverhältnis auf der Hut sein, daß sich die Achse Trainer-Teilnehmer nicht *zu* gut entwickelt, da er in so einem Fall beziehungsmäßig leicht als überflüssiger Dritter „vor der Tür" landen kann. Seine tätige Unterstützung der Interessen des Trainers wird sich daher immer in gewissen Grenzen halten.

Somit gilt auch hier die Regel: Der Auftrag und das Verhältnis des Trainers zum Auftraggeber gehören unbedingt angesprochen. Nachfragen der Teilnehmer dazu sind hier fast nie in die Kategorien „Regression oder Widerstand" einzustufen, sondern auf der Erwachsenenebene ehrlich und ausreichend informativ zu beantworten, freilich ohne sie breitzudiskutieren, was eine Form der Ausflucht vor einer heiklen thematischen Arbeit sein kann.

8.3.4.4 Bekanntgabe der Rahmenbedingungen

Jedes Training hat Rahmenbedingungen, die von Anfang an klargestellt werden sollten:

- Hotelformalitäten (Unterbringung, Mahlzeiten, Freizeiteinrichtungen etc.)
- Arbeitszeiten (feststehend oder verhandelbar?)

- Anwesenheitsregeln (Umgang mit der Zeit)
- Verhaltensnormen für die Arbeitssitzungen bzgl. Rauchen, Kaffeetrinken, Telefonieren etc.
- Diskretion von Teilnehmern und Trainern nach außen
- Verhältnis zwischen Trainer und Gruppe bei Mahlzeiten und arbeitsfreien Zeiten (bleibt der Trainer bei der Gruppe oder nicht?)
- Beziehungsstruktur des Trainerstaffs (falls mehrere Trainer eingesetzt sind)
- Einsatz von Audio- und Videotechnik
- Mitschrift, Skripten und Unterlagen
- Verbleib der von Teilnehmern beziehungsweise Trainern produzierten *charts* und Videos

Bei innerbetrieblichen Trainings kommen folgende Punkte hinzu:

- Welche Kosten übernimmt die Organisation? (Unterbringung, Verpflegung, Telefon, Kosten für Freizeiteinrichtungen etc.)
- Modalitäten einer gemeinsamen Rückfahrt zum Beispiel im Falle des Einsatzes eines Firmenbusses

8.3.4.5 Vorstellung der Teilnehmer – Transparentmachen der Gruppensituation

Außer den üblichen Informationen über die Teilnehmer (Name und Funktion) sind bei innerbetrieblichen Trainings folgende Informationen äußerst wichtig:

1. *Die Frage nach bereits bestehenden Bekanntschaften:*
   Diese sollten unbedingt transparent gemacht werden, nicht nur als Service für die Teilnehmer, sondern auch für den Trainer, der zum Beispiel bei der Bildung von Kleingruppen darauf Rücksicht nehmen sollte.

2. *Die Frage der Freiwilligkeit:*
   Innerbetrieblichen Personaltrainings (Klientensystem 2) haftet häufig, Team- und Funktionsgruppen-Trainings (Klientensysteme 3 und 4) so gut wie immer das Attribut der „Pflichtigkeit“ an, was bedeutet, daß die Teilnahme nicht freisteht. Dies betrifft die Beziehung zwischen Auftraggeber und

Klienten und sollte vom Trainer aus eigenem Interesse von Anfang an ebenfalls möglichst genau eingeschätzt und ausgesprochen werden, da eine solche Einstellung für das Training weichenstellend wirkt, ob man sie nun bemerkt oder nicht.

3. *Die Frage nach der Position:*
   Gibt es bei den Teilnehmern Unterschiede in der hierarchischen Position, wie bei Team- und Funktionsgruppen-Trainings üblich, und ist wie in seltenen Fällen sogar der Auftraggeber dabei, so sind auch diese Punkte unbedingt anzusprechen. Totschweigen oder verniedlichende Parolen verkünden (lassen) wie „Wir sitzen hier schließlich alle im selben Boot" bewirken entweder nichts, oder sie schaden sogar im weiteren Seminarverlauf.

All diese Informationen lassen sich oft im Prozeß der Gruppenbildung (siehe weiter unten) schöpfen und veröffentlichen, zum Beispiel durch Sichtbarmachen mittels einer „Differenzenübung" (siehe unten). Man erspart sich dadurch später viel mühsame und unnötige Widerstandsarbeit.

8.3.4.6 Zielvereinbarung

Bei offenen Trainingsdesigns übernehmen die Teilnehmer Verantwortung für das Training. Daher sollte auch gleich zu Beginn deklariert beziehungsweise verbindlich gemacht werden:

1. Was ist das *Ziel der Organisation* für dieses Training?

2. Welche *Methode und Grundhaltung* (Berufsprinzipien) sind dem *Trainer* zueigen?

3. Was sind die *Anliegen der Gruppe* in diesem Rahmen?

Aus diesen drei Vektoren sollte dann ein für alle Seiten befriedigendes Trainingsziel formuliert (und am besten auch auf Flipcharts o.ä. visualisiert) werden.

8.3.5 Beispiele prozeßorientierter Gruppenbildung

Interventionstechnisch stehen bei Gruppen, in denen die meisten Teilnehmer einander nicht kennen, interessante Möglichkeiten des Prozesses der Gruppenbildung zur Verfügung, wenn man bewußt auf die bei Seminaren übliche und meist *ermüdende* Vorstellrunde verzichtet:

1. *Keine sofortige Vorstellung* der einzelnen Teilnehmer im Plenum (die eventuell später, zum Beispiel künstlerisch-kreativ, nachgeholt wird), sondern nur innerhalb von Kleingruppen (eventuell mit ein wenig „Strukturhilfe" wie dem bekannten Minilab[205]): der Plenumsprozeß beginnt dann fast sofort wie bei der T-Gruppe.

2. *Vorstellung als erste Übung,* zum Beispiel durch wechselseitige Partnervorstellung nach einem Interview (nicht in der gängigen Version[206], sondern als massive Kick-off-Intervention wie zum Beispiel in Abschnitt 9.1.2: Paararbeit beschrieben). Diese Übung wird im folgenden skizziert.

8.3.5.1 Paarbildung als prozeßorientierter Kick-off

Besonders reizvoll kann der *Findungsprozeß* der Partner sein, da hier nicht nur individuelle Verhaltensweisen zum Tragen kommen, sondern auch organisationsrelevante Normen und Standards. Diese bieten einen hervorragenden Ansatzpunkt für Reflexionsarbeit, wenn sie öffentlich gemacht werden.

Stellt man es als Trainer beispielsweise bewußt frei, *wie* sich die Interviewpartner finden sollen (also ohne Vorgabe von Kriterien, wodurch die Übung jede Tendenz zur Flucht vor heiklen Themen verunmöglicht), so versetzt man eine Gruppe zu Prozeßbeginn in einen besonderen Streß: Die Teilnehmer sehen sich gezwungen zu deklarieren, „wer mit wem" möchte, und das in einer Situation, wo wenig Vertrauen und Offenheit, aber um so mehr Angst vorhanden ist. Die Gruppe „löst" diese „Organisationsaufgabe" daher meistens ohne offene Kommunikation geschweige denn „Beziehungsdeklaration" zwischen einzelnen durch:

1. Erfindung eines *Systems* der Zuordnung, man unterwirft sich dadurch dem „Schicksal", will heißen dem Zufallsprinzip (etwa nach Sitzordnung, Anfangsbuchstaben der Namen etc.),

2. Erfindung einer *„sachlich"* guten Zuordnung, zum Beispiel sollen sich die Kollegen aus benachbarten Ressorts gegenseitig befragen, da dies aus den Gründen X und Y klug wäre,

---

205 Hjelholt, G.: Das Minilab – Ein spezieller Einstieg in ein längeres experimentelles Lernarrangement. In: Heintel, P. (ed): Gruppendynamik. Geschichte und Zukunft. Wien 1993, S. 105ff. Beschrieben auch in Antons K.: Praxis der Gruppendynamik. Göttingen 1973, [5]1992, fälschlicherweise mit dem Hinweis „Ursprünglicher Autor unbekannt".

206 U.a. beschrieben in Wellhöfer, P.R.: Gruppendynamik und soziales Lernen. Theorie und Praxis der Arbeit mit Gruppen. Stuttgart 1993.

3. Unterwerfung durch „Akzeptieren" des Einteilungsvorschlages eines „Vorpreschers" oder einer anderen (zum Beispiel hierarchischen) Autoritätsperson,
4. Rückdelegation[207] des „Problems" an den Trainer („Treffen doch *Sie* eine Entscheidung, wer mit wem soll, Sie sehen, daß das zu nichts führt!").

Wenn man nun nach der Übung die Spannung richtig auflöst und die Teilnehmer entlastet, kann man anschließend einen Reflexionsschritt über den Prozeß der Partnerfindung einschieben, der den Teilnehmern so manches Aha-Erlebnis in bezug auf typische Verhaltens- und Entscheidungsmuster ihrer Organisationskultur beschert.

8.3.5.2 Differenzenübung

Wenn für die weitere Arbeit Untergruppen formiert werden sollen, bedeutet dies (wie *jede* Gruppenteilung, nicht nur zu Trainingsbeginn) Streß, da man die Gruppe zwingt, sich mit *Unterschieden* zwischen den Mitgliedern zu befassen, während die Teilnehmer zu Beginn eher dazu tendieren, überall möglichst viel „Gleichheit" zu sehen. Man sollte dies daher schon im Design von Anfang an beachten und berücksichtigen: Ohne Hilfe erzeugt man hier nur Angst, Abwehr und Widerstand.

Hier bieten sich die sogenannten „Differenzenübungen" an: Man lädt das Plenum zu einem Brainstorming darüber ein, welche *Unterschiede* zwischen den Teilnehmern bestehen könnten und notiert diese auf ein Flipchart. Dann wählt man einige davon aus und ersucht die Teilnehmer, sich in entsprechenden Gruppen zusammenzustellen und zwanglos eine Zeitspanne von ein paar Minuten über diese Differenzen, im Regelfall in bezug auf das Hier und Jetzt der Trainings, zu kommunizieren. Natürlich kann man bei weniger offenen Designs auch als Trainer bewährte Differenzkriterien vorgeben.

Lautet beispielsweise eine Differenz „Dienstalter", dann läßt man Gruppen *„youngsters"*, *„midlife"* und *„oldies"* bilden und bittet, sich ein paar Minuten über die Bedeutung der Zugehörigkeitsdauer zur Organisation auszutauschen. Mit dieser Übung lassen sich Unterschiede zwischen den Teilnehmern sichtbar machen und der Prozeß der Gruppenbildung fördern, ohne den damit immer verbundenen Streß in destruktiven Widerstand ausufern zu lassen.

207 Zu Flucht, Unterwerfung und Delegation als Konfliktlösung siehe Schwarz, G.: Konfliktmanagement. Wiesbaden 1992.

8.3.6 Zum Trainingsabschluß

Gute innerbetriebliche Trainings *können* inhaltlich nicht „abgeschlossen" werden, weil sie Teil der Arbeit sind. Emotional und „dramaturgisch" *müssen* sie freilich einen Abschluß finden, da im anderen Fall unnötige Frustration gestiftet werden kann. Auf alle Fälle sollten die zu Beginn gesteckten Lernziele des Trainings abschließend überprüft werden.

Ein eigenes Kapitel ist die übliche Teilnehmerbewertung – anonym oder gezeichnet – zum Abschluß des Seminars. Nach Ansicht der meisten Praktiker unter den Trainern und Auftraggebern haben diese Ergebnisse nur sehr begrenzte Aussagekraft und auch nur dann, wenn hinreichend klar ist, ob dies an den Trainer oder an den Auftraggeber adressiert ist. Dies berührt letztlich die Frage nach dem Erfolg von Trainings. Siehe dazu Näheres im Abschnitt 6.3: Erfolg von Trainings: Bewertung und Evaluierung.

8.3.7 Verwendung von Skripten und Arbeitsblättern

Arbeitsblätter und sogenannte *Handouts* können ein nützliches Hilfsmittel für alle Arten von Verhaltenstrainings sein und werden von den Teilnehmern auch als Serviceleistung empfunden. Je offener das Design und je prozeßorientierter die Trainingsmethode, desto weniger werden sie eine Rolle spielen. Hier ist es meist auch schwer möglich, *vor* dem Training genau zu wissen, was davon gebraucht werden wird. Viele Trainer lösen diese Frage so, daß sie stets ein dicker Ordner mit Kopiervorlagen und gegebenenfalls ein Notebook als ständiger „Bauchladen" begleiten, woraus bei Bedarf geschöpft werden kann.

Skripten im Sinne verschrifteter Seminarinhalte *vor* und *während* des Trainings gehören tendenziell zur (kognitiven) Trichterpädagogik und zählen insbesondere für prozeßorientierte Verhaltensseminare nicht zu den adäquaten Lehrmitteln. Sie würden eine *Konterkarierung* des Erfahrungslernens und der prozeßorientierten Gruppenpädagogik bedeuten. Aber auch *weiterführende Skripten, die zum „Nach-Lesen" gedacht sind,* können zur „kognitiven Killerintervention" für das Erfahrungslernen geraten, wenn sie schon vor oder während des Trainings ausgeteilt werden: Manche Teilnehmer fangen dann oft reflexartig an, darin bis zum Ende des Seminars ständig zu blättern und verabschieden sich solcherart vom Hier und Jetzt des Erfahrungslernens.

Persönliche Notizen sind unbestrittenermaßen die zweckmäßigste Unterstützung für das Erfahrungslernen. Es gilt dabei folgener Leitspruch:

„Die dünnste Tinte ist besser als das perfekteste Gedächtnis."

Damit ist gemeint, daß es beim Erfahrungslernen kein adäquateres Mittel zur *Sicherung von sozialen wie emotionalen Erkenntnissen zwecks eines dauerhaften Lerngewinns* gibt als die individuelle Mitschrift (und sei sie noch so dürftig). Nicht nur für Neulinge, sondern auch für „alte Hasen" des Erfahrungslernens besteht immer wieder die *Falle* darin, ihre im Hier und Jetzt als so interessant, wichtig und dabei sonnenklar erscheinenden Erlebnisse und Erkenntnisse während des Trainings *nicht als (teils hochkomplexe und diffizile) Resultate harter „Arbeit"* zu sehen (vor allem wenn sie aus fachorientierten Bereichen der Organisation wie Technik, Recht und Betriebswirtschaft kommen), sondern eher nach dem Motto: „Das ist doch so einfach und mir jetzt sonnenklar." Man glaubt also irrtümlicherweise in der Situation, daß man das Gelernte oder Erkannte doch „niemals vergessen" würde – und nach kurzer Zeit im Alltag ist vieles unwiderruflich dem Gedächtnis verlorengegangen.

Viele Teilnehmer meinen zum Beispiel ganz euphorisch nach einer Übung: *„Jetzt ist mir klar, daß ich unter Streß die Beziehungsebene nie anspreche und mir dadurch vieles erschwere! Das werde ich nie mehr vergessen!"* Alle einschlägigen Erfahrungen lehren hier aber, daß bald nach *Ende der Gruppensituation* dieses Trainings die Erinnerung vor allem an komplexere Zusammenhäng auf der sozialen Ebene regelrecht aus dem Gedächtnis verschwindet. Wenn daher nicht das, was einem *persönlich* wichtig oder be-merkenswert in einer Seminarsituation erscheint, *möglichst bald notiert* wird, so geht es ziemlich sicher verloren.

Es ist interventionstechnisch sehr wichtig, die *Nichtverwendung* von Skripten gleich zu Seminarbeginn bekanntzugeben, da dieser Umstand thematisch in das Feld der Trainerabstinenz gehört, die leicht Teilnehmerregression auslöst. Die „Standardargumente" lauten jedenfalls:

- Kein Trainer weiß im vorhinein, was im Seminar alles wichtig sein wird.
- Kein Skriptenverfasser kann wissen, was davon für den Einzelnen persönlich wichtig sein wird.

Weiterführende *Seminarunterlagen „danach"* bergen *nicht* die Gefahr einer „kognitiven Killerintervention" in sich. Aus dem Wesen des Erfahrungslernens versteht es sich von selbst, daß es sich hierbei nicht um die „verschrifteten Seminarinhalte" handeln kann. Solche Seminarunterlagen lassen sich eher wie Literaturempfehlungen sehen: zur Vertiefung und Erweiterung im nachträglichen Selbststudium.

Das Interessante bei den weiterführenden Skripten ist immer wieder, daß Teilnehmer wie Auftraggeber hinter vorgehaltener Hand darauf hinweisen, daß sie „ohnehin so gut wie niemand liest". Schlägt man nun als Trainingsanbieter aber vor, sie als für das Erfahrungslernen ohnehin nicht notwendiges Accessoire einfach wegzulassen (und interessierten Teilnehmern etwa persönlich Literaturempfehlungen zu geben), ist die Reaktion des Auftraggebers und auch der Teilnehmer nicht selten *Entrüstung*. Wozu dienen sie also, wenn nicht wirklich zum Nachlesen? Vermutlich haben sie einen „symbolischen" Wert, wenn sie

- den Teilnehmern in der unsicheren Situation des Erfahrungslernens doch etwas „Handfestes" symbolisieren, das der Trainer als Urheber dieser Unsicherheiten letztendlich „hergeben muß" und
- dem Auftraggeber zumindest die Illusion eines Quentchens mehr an Kontrolle[208] des Trainings geben.

8.3.8 Der Einsatz von Metaplantechnik und Visualisierung

Die Frage der eingesetzten Technik und Accessoires zur Visualisierung wie Overheadfolien oder EDV-Bildschirmprojektoren läßt sich bezüglich der prozeßorientierten Trainings relativ einfach beantworten: Sie sollen *so sparsam wie möglich* eingesetzt werden, da sie auf die kognitive Ebene verweisen und vom sozialen beziehungsweise emotionalen Lernen ablenken.

Dies trifft insbesondere auch auf die Anwendung der klassischen Metaplantechnik[209] oder, wie sie oft genannt wird, Kärtchenmethode zu, welche eine „Informations- und Komplexitätsreduktions-Methode" für Gruppen ist, die

1. keine nennenswerten Probleme auf der sozialen Ebene haben und
2. eine hohe Motivation zur Lösung eines klar definierten Sachproblems aufweisen.

Dies ist jedoch *nicht* die Kernsituation von innerbetrieblichen Verhaltenstrainings, insbesondere von prozeßorientierten Trainings. Die klassische Kärtchentechnik eignet sich daher punktuell sicher für manche Brainstormings oder Kreativitätsarbeiten, sie ist jedoch völlig ungeeignet, auch nur halbwegs anspruchsvollere soziale Lern- und Gruppenprozesse zur Wirkung kommen zu lassen, geschweige denn zu unterstützen. Hier würde der Einsatz dieser Technik den

---

208 Siehe Abschnitt 6.4.1: Das Kontrollbedürfnis der Organisation.

209 Schnelle, E. & Stolz, I.: Interaktionelles Lernen. Quickborn 1978; Schnelle, E.: Metaplan-Gesprächstechnik. Metaplan Reihe Heft 2, Quickborn 1982. Metaplan: Fibel zur Metaplantechnik. Quickborn 1992.

Gruppenprozeß wie eine verfahrenstechnische Frage[210] atomisieren und standardisieren; der Erlebnis- beziehungsweise Erfahrungswert der Arbeit ist damit quasi „wegsterilisiert". Das schafft andererseits für jene Sicherheit, die mit Prozessen oder allgemein der Beziehungsebene nicht umgehen können oder wollen.

Dennoch wird in Verhaltenstrainings nicht gerade selten an sozialen Prozessen mit der Kärtchentechnik gearbeitet. Oftmals hat man sogar den Eindruck, daß einige Teilnehmer die Metaplanmethode a priori als „die" Arbeitsweise von Gruppen schlechthin interpretieren. Solche Teilnehmer sind freilich enttäuscht, wenn ihrer Meinung nach „nur herumdiskutiert" wird.

Dazu folgendes Beispiel. Als ich einmal auf einem Kongreß für Unternehmensberater einen Workshop mit dem Titel „Prozeßorientierte Beratung (Impulsreferat mit moderierter Diskussion)" leitete, wandte sich in einer Pause ein Teilnehmer sichtlich verärgert an mich mit der Frage:
„Sagen Sie, Herr Kollege, nach welcher Methode moderieren Sie eigentlich?"
Ich versuchte darauf, meine dort verwendete (verhältnismäßig offene, nondirektive) Methode der Plenumsmoderation in kurzen Sätzen zu beschreiben. Der Teilnehmer war zwar nicht restlos zufrieden damit, meinte dann aber versöhnlich:
„Wissen Sie, als ich *moderierte Diskussion* las, erwartete ich eigentlich die Kärtchenmethode! Sie müssen nämlich wissen, daß ich am Rande auch mitgearbeitet habe bei der Entwicklung der Metaplantechnik!"

Auch die weitverbreitete Anwendung der Kärtchenmethode zwecks Feedback an den Trainer[211] während des Prozesses („Stimmungsbarometer"), zwecks Prozeßreflexion oder auch zwecks Bestimmung des Seminarerfolges („Rückmeldewand") *allein* scheint für die prozeßorientierte Methode zu oberflächlich zu sein (es sei denn, die Kärtchen werden nur unterstützend, also zur Visualisierung, eingesetzt). Viele Trainer arbeiten aus all diesen Gründen daher mit sparsamstem Medieneinsatz, also überwiegend mit dem *Flip-chart,* verwenden die Pinnwände meist nur punktuell zu Visualisierungszwecken oder „artfremd" als Plakatwand für Flipcharts und Overheadprojektoren fast überhaupt nicht.

---

210 „Trainer, die sich in starre Zeitpläne flüchten, mit fertigen Folien oder vorgezeichneten Antworten den innovativen Herausforderungen eines Unternehmens begegnen wollen, scheinen kaum geeignet, einen intelligenten Umgang mit dessen Komplexität zu modellieren... Ein Reflecting Team, das etwa zur Bewertung einer Firmenkrise oder zur Vernetzung verschiedener Innovationsvorhaben eingesetzt wird, erzeugt zum gleichen Thema andere perspektivische Qualitäten als eine Szenario-Analyse oder die Metaplantechnik." (Schwendner, R.: Wenn Trainer falsch ausbilden. In: Harvard Business Manager 1/1995, S. 34)

211 Beschrieben u.a. in Wellhöfer, P.R.: Gruppendynamik und soziales Lernen. Theorie und Praxis der Arbeit mit Gruppen. Stuttgart 1993.

8.3.9 Trainieren im Staff und im gemischtgeschlechtlichen Duo

Wie im Abschnitt 4.1.3: Einzeltrainer oder Trainerstaff? ausgeführt, ermöglicht der Einsatz von mehr als einem Trainer in vielen Fällen einen regelrechten Qualitätssprung. Durch eine Vielfalt im Staff wird auch das heikle Problem der Übertragung besser entschärft. Aus Sicht der Trainer bietet die Arbeit im Staff über den Qualitätszuwachs hinaus auch den Vorteil, während und nach der Arbeit der Gruppe nicht allein gegenüberzustehen. Die notwendige Distanz der prozeßorientierten Methode ist daher für beide Seiten leichter und einsichtiger zu ertragen.

Allerdings verkomplizieren sich auch manche Aspekte bei gemeinsamer Leitung von Gruppen. Anstelle schneller Entscheidungen herrschen im Staff üblicherweise die Mühen der Basisdemokratie, außerdem ist ein Staff alles andere als immun gegen interne Autoritäts-, Rivalitäts- und Sachkonflikte. Die meisten *Interventionsregeln* für das Arbeiten im Staff sind eher kompliziert und situationsbezogen und damit Sache einer seriösen Ausbildung; für die Praxis hilft nur eine breite Erfahrung als Trainer in verschiedenen Staff-Konstellationen. Die wenigen „einfachen" Regeln zur Kooperation mehrerer Trainer lauten:

1. Die Teilnehmer sehen den Staff in seinen „positiven" Aspekten eher als *Gruppe* denn als Individuen und beurteilen die Trainer daher nur bis zu einem gewissen Grad individuell[212]. Profilierungsversuche eines Trainers auf Kosten der Kollegen werden daher selten verstanden, geschweige denn honoriert.

2. In anspruchsvollen Trainings „verlangen" die Trainer von den Teilnehmern meist auch Dinge, welche als unangenehm erlebt werden. Diese verarbeiten dann die Spannung häufig durch Versuche, den Staff in einen „guten" und einen „bösen" Teil zu spalten. Hier kann man daher gar nicht vorsichtig genug sein, so schnell wird ein Staff von den Teilnehmern „auseinanderdividiert". Dazu einige Beispiele:

   - Übernimmt ein Trainer die Leitung einer Übung oder auch einen Theorieinput, so sollten seine gerade „passiven" Kollegen im Falle von Meinungsunterschieden oder auch Ergänzungen, und seien sie noch so

212 Diese Erfahrung macht man auch zumeist mit Seminarbewertungsbögen, wo die Teilnehmer die Trainer individuell bewerten sollen. Siehe dazu Abschnitt 6.3: Erfolg von Trainings: Bewertung und Evaluierung.

wichtig, *nicht direkt unterbrechen und mit dem Plenum interagieren,* sondern dies grundsätzlich über den aktiven Trainer tun. Alles andere wirkt wie ein Gerangel um Aufmerksamkeit und Priorität. Gegenseitiges Unterbrechen, ins Wort fallen und so weiter erinnert vielleicht süffisant an bekannte Gepflogenheiten in der Organisation, wird aber selten dem Staff „zugute gehalten". Bei eingespielten Teams genügt oft ein Blickkontakt vor einer Unterbrechung; wichtig ist, daß die Teilnehmer diesen Schritt wahrnehmen.

- Wer als Trainer in der Gruppe etwas „anfängt", zum Beispiel eine Übung ansagt oder eine Aufgabe für Arbeitsgruppen stellt, sollte dies auch zu Ende führen. Der Trainer, welcher also eine Arbeitsaufgabe gestellt hat, sollte in der Regel auch die Präsentation der Ergebnisse abnehmen beziehungsweise moderieren.

3. Konflikte und Differenzen im Staff sollten im Sinne der Vielfalt nicht grundsätzlich unter den Teppich gekehrt werden, sondern, wenn die Situation paßt, in jener Weise angesprochen und bearbeitet werden, in welcher man es auch für die Gruppe in Hinblick auf das Trainingsziel erwartet.

4. Der Einsatz des *gemischtgeschlechtlichen Duos* kann bei professioneller Handhabung (besonders in reinen Männergruppen) große Vorteile für den Lerneffekt bringen, aber auch „Fallen" in sich bergen, da er psychologisch ein „komplettes Elternpaar"[213] repräsentiert: Bei geschlechtlich homogenen, erfahrungsgemäß besonders bei rein männlichen Teilnehmerpopulationen, kann er bedrohlich und damit lernhemmend wirken, weil dadurch eine („ödipalisierende") eifersuchtsträchtige Dreieckssituation[214] entstehen kann. Wer sich also dazu entschließt, daß ein gemischtes Trainerduo einer reinen Männergruppe gegenüberstehen soll, muß dies sehr bewußt tun und daher genügend Erfahrung auf dem Gebiet „Umgang mit der Mann-Frau-Differenz" in Gruppen und Organisationen haben.

---

213 Zu dieser ödipalen Situation siehe Sandner, D.: Psychodynamik in Kleingruppen: Theorie des affektiven Geschehens in Selbsterfahrungs- und Therapiegruppen (selbst-analyt. Gruppen). München 1978, Abschnitt 2.5.2.2.

214 Siehe dazu auch Abschnitt 9.1.3: Triaden sowie Warhanek, Ch./Simsa, R.: Trainer-Paar mit Männergruppe – Erfahrungen und Deutungen psychodynamischer Effekte. In: ZS Gruppendynamik, Heft 1/1997 (Leske & Budrich).

8.4 Kritische Situationen – Umgang mit Widerständen der Teilnehmer

Die Arbeit des prozeßorientierten Trainers ist über weite Strecken von der Anforderung geprägt, mit „heiklen", schwer kontrollierbaren Situationen zurechtzukommen, wobei diese häufig durch spezielle *Widerstände* der Teilnehmer verursacht werden. Besonders innerbetriebliche Trainings rufen oft ganz eigentümliche Effekte hervor, die daher auch ein Schwerpunkt dieses Abschnitts sind.

8.4.1 Grundwiderstände durch Selbstverantwortung, Teilnahmepflicht, Defizitorientierung

8.4.1.1 Die Trainerabstinenz[215]

Ganz besonders lebhafte Widerstände ruft die *Trainerabstinenz,* also die notwendige und bewußte Distanz zur Gruppe, hervor. Die Teilnehmer reagieren hierauf regressiv, oft wütend, wenn ihr altes Erfolgsrezept in der Organisation:

> *„Ich versichere mich unter vier Augen der Wertschätzung des Kaisers (zum Beispiel, indem ich in der Pause versuche, mit dem Trainer in Kontakt zu kommen, am besten mittels einer ‚persönlichen' Frage zu den behandelten Inhalten...)"*

vom Trainer frustriert und in die Gruppensituation zurückgeworfen wird – etwa mit der Antwort:

> *„Das ist vielleicht ein wichtiger Punkt für alle –*
> *würden Sie ihn bitte in der nächsten Einheit ansprechen?"*

Die Folge davon ist: Man glaubt, „der Kaiser mag mich nicht, der Kaiser mag uns nicht..." und reagiert dementsprechend panisch mit Angst oder Aggression.

Hier helfen noch so viele gute, erklärende Worte zunächst meist sehr wenig, die Trainerabstinenz schafft fast immer *Situationen massiven Widerstandes.* Gelingt es dem Trainer, diese Situation durchzustehen und höflich-wertschätzend *bei*

---

215 Erläuterungen hierzu finden sich in Abschnitt 5: Wie soll trainiert werden? Die Trainer-Klient-Beziehung.

seinem Standpunkt zu bleiben, dann wahrt er die Chance, damit ein partnerschaftliches Arbeitsverhältnis auf der Erwachsenenebene aufzubauen: Die Teilnehmer lernen dadurch oft erstmals *wirklich* das Wesen einer *funktionalen Beziehung* (wie Trainer-Teilnehmer, Chef-Mitarbeiter etc.) kennen sowie damit auch andere und vielleicht angemessenere Interaktionsformen als jene aus der Organisation, wo nicht selten jedes Problem tendenziell *personalisiert* und jede Arbeitsbeziehung *familiarisiert* wird[216].

Nicht bei allen Teilnehmern gelingt jedoch dieser Lernprozeß, zumindest nicht sehr schnell. Erfahrungsgemäß ist die Trainerabstinenz daher eines jener Erlebnisse, das viele Teilnehmer ihr Leben lang so leicht nicht mehr vergessen (selbst wenn andere Seminarinhalte schon längst nicht mehr präsent sind) und dementsprechend auch in der Organisation weitererzählen – meist zur eigenen „seelischen Entlastung“ (und daher manchmal sogar sehr negativ getönt):

> *„Übrigens, das allerärgste bei diesem Seminar waren nicht die Arbeitszeiten, sondern die Trainer, die sich in den Pausen und beim Essen von uns total abgesondert haben...“*

So kommen dann oft ganz „ernsthafte“, arbeitsbezogene Trainings bei den Organisationen leicht in den Ruf sogenannter „Härtetrainings“, deren Teilnahme eben nur regelrechte „Helden“ durchstehen. Damit deuten also die Klienten das von der Organisation und dem Trainer intendierte Trainingsziel in Richtung Stratifikation[217] um. Darauf sollte die Organisation auf jeden Fall professionell – und sei es mit „interner Öffentlichkeitsarbeit“ – reagieren und es nicht übergehen, sonst kann sich dieser Mythos im Nu real etablieren!

8.4.1.2 Das Nachsitzen[218]

Alle berufsbezogenen Trainings, in denen die Trainingsfunktion 1: Ressourcenentwicklung eine Rolle spielt, können von vornherein unter dem von einigen Teilnehmern mitgebrachten Negativ-Fokus des Nachsitzens, der „Bestrafung für Defizite“, leiden. Nachsitzen bedeutet für erwachsene Professionals *besonders im Falle einer Pflichtteilnahme* immer eine Kränkung nach dem Motto: „Ich habe anscheinend versagt.“ Dies ist in vielen Fällen nur „eingebildet“, und zwar besonders häufig bei Teilnehmern, wo die Beziehung zum Chef sehr

---

216 Siehe dazu den nachfolgenden Abschnitt 8.4.7: Die „Konsumentenmentalität“ – eine organisationspsychologische Deutung der Widerstände.

217 Siehe dazu Abschnitt 3.2.2: Trainingsfunktion 2: Stratifikation.

218 Erläuterungen hierzu finden sich in Abschnitt 3.2.1: Trainingsfunktion 1: Ressourcenentwicklung.

„familiär", also auf einer Eltern-Kind-Ebene ist, wo alles gleich als Liebesentzug gewertet wird und es kein Mitarbeitergespräch über Entwicklungsfelder gibt. Verschlossenheit, Ängstlichkeit und Mißtrauen können daher die Folge sein, was das Verhaltenslernen in der Gruppe nicht gerade fördert.

Auch ein oft nur *vermeintlicher* Zwang im Zusammenhang mit dem „Lernen" spielt hier negativ verstärkend hinein: Viele Teilnehmer sind in ihrer Jugend von Eltern und Lehrern oft mit der Maxime „Was Hänschen nicht lernt, lernt Hans nimmermehr" zum Lernen unattraktiver Inhalte angehalten worden. Daraus folgt dann oft eine zusätzliche Abneigung gegen das Lernen neuer Inhalte an sich und ein Widerstand gegen alle Lernsituationen im Leben als Erwachsener. Der obige Spruch aus der Zwangspädagogik hat vermutlich nie gestimmt, in der modernen Arbeitswelt mit ihren kurzlebigen Technologien stimmt er jedenfalls ganz sicher nicht mehr; dennoch entfaltet er noch immer seine für die Lernmotivation verheerende Wirkung.

Im Gegensatz zur Beratung fällt es bei vielen Trainingsinhalten *tatsächlich* schwerer, an den *Stärken* der Teilnehmer zu arbeiten (wo nach der Grundmethode der Irritation bisheriger Erfolgsmuster gearbeitet wird, siehe Abschnitt 5.2.3: Grundmethoden des Erfahrungslernens). Ein gewisses annehmendes Grund-Wohlwollen seitens der Trainer ist daher unverzichtbar, wobei die Kunst in der angemessenen Balance zwischen „elterlichem Behüten und Schützen" (präödipales Verhältnis) und „erwachsenem Fordern" (ödipales *beziehungsweise* postödipales Verhältnis) liegt[219]. Erst wenn der Vertrauensaufbau im Training gelungen ist und die Gruppe sich formiert hat, kommen die Teilnehmer aus ihrem oft ängstlichen, vorauseilenden Widerstand heraus.

Die wichtigste Interventionsregel für den Umgang mit den Nachsitzern lautet vermutlich wie auch sonst so oft: *„Nicht an der oft organisationsbedingten Tabuisierung dieses Themas mitarbeiten, sondern dieses zum passenden Zeitpunkt oft durchaus ‚hartnäckig' zur Sprache bringen."* Zur Illustration folgt im nächsten Abschnitt dazu ein Beispiel.

8.4.2 Personen- versus gruppenbezogene Interventionen

Der letzte Schrei bei den Widerstandsformen gegen „Nachsitzen" scheint gegenwärtig zu sein, sich während der Arbeitszeiten anrufen beziehungsweise anfaxen zu lassen. Geschieht dies über das Hoteltelefon, ist die Bearbeitung nicht

219 Siehe dazu Abschnitt 5.3: Autoritätswahrnehmung, Stil und Berufsethik des Trainers.

weiter tragisch, wenn man es sich als Trainer zur Gewohnheit macht, vor Seminarbeginn die Verantwortlichen im Hotel darauf verbindlich[220] hinzuweisen, daß seitens der Hotelmitarbeiter *unter keinen Umständen* während der Arbeitszeiten Telefonate durchzustellen oder Faxnachrichten hereinzutragen sind; die Teilnehmer sollen in der Pause verständigt werden, wo sie auch zurückrufen können. Mit den modernen Handtelefonen jedoch gelingt es immer wieder dem einen oder anderen Teilnehmer, der Gruppe, der Organisation und dem Trainer zu signalisieren:

> *„Ich bin ja nicht wirklich (allein) da, sondern mit der Firma verbunden, wo man weiß, wer ich eigentlich bin."*

Hier wie in allen Fällen, in denen einzelne Personen Widerstand erkennen lassen, kann man nun als Trainer entweder personenbezogen oder gruppenbezogen intervenieren.

8.4.2.1 Die personenbezogene Intervention

Auf der Personenebene kann man die obige Sache zum Beispiel im wahrsten Sinne des Wortes „in die Hand nehmen" und wie bei folgendem Beispiel intervenieren:

> Ein Trainerkollege berichtete mir einmal, wie sich während der Eröffnungssitzung eines überbetrieblichen Mangementseminares plötzlich ein Firmendirektor seinem lärmenden Handtelefon zuwandte und seelenruhig zu telefonieren begann. Der Kollege schritt darauf zu dem Teilnehmer, nahm seinen Arm mit dem Telefon von seinem Ohr weg und sagte freundlich: „Wissen Sie, Herr Direktor, Sie müssen sich jetzt wirklich entscheiden: Wollen Sie hier telefonieren oder am Seminar teilnehmen?"

In diesem Beispiel wurde das „Störsignal" also direkt auf die Autorität des Trainers beziehungsweise dessen zeitliche und inhaltliche „Gestaltungshoheit" bezogen (nach dem Motto: „Wenn *ich* gerade etwas Wichtigeres zu tun habe, hat der Trainer Pause!") und dementsprechend „persönlich" interveniert.

8.4.2.2 Die gruppenbezogene Intervention

Bei vielen, besonders innerbetrieblichen Trainings gibt es demgegenüber die *Möglichkeit einer gruppen- oder sogar organisationsbezogenen Intervention.* Selbst wenn sich dem Augenschein nach die Störung direkt auf die Autorität des Trainers

---

220 Am besten schon schriftlich vor und dann mündlich bei Seminarbeginn; siehe dazu Abschnitt 9.4.6: Beispiel einer Hotelcheckliste.

bezieht, kann insgesamt jedoch dieser Aspekt relativ unwichtig sein gegenüber dem *Signalcharakter in Richtung Gruppe oder Organisation.* Eine passende Intervention des Trainers auf den Griff eines Teilnehmers zum Handtelefon wäre dann etwa:

„Seien wir bitte einen Moment still, Herr X will gerade telefonieren!"

Diese Intervention ist nicht wie die oben geschilderte personenbezogen (auf die Beziehung Teilnehmer-Trainer gerichtet), sondern rückt die Störaktion des Teilnehmers ins Schlaglicht der Gruppenöffentlichkeit, wo sie mit ziemlicher Sicherheit auch passend „aufgearbeitet" wird.

8.4.2.3 Resümee der personen- versus gruppenbezogenen Intervention

Die *personenbezogene Intervention* ist meist weniger effizient und bewirkt möglicherweise, daß die Autoritätsfrage wichtig wird. Dies ist nicht bei allen Seminarthemen zweckmäßig oder erwünscht. Die *gruppenbezogene Intervention* läßt sich auf der anderen Seite freilich immer nur dort sinnvoll einsetzen, wo ein Gruppenprozeß pädagogisch beabsichtigt ist. In einem streng persönlichkeitsorientierten Rhetorikseminar etwa wäre die Gruppenthematik rein zeitlich schwer zu bearbeiten und würde auch dem Lernziel wenig dienen, daher ist dort die personenbezogene Form der Intervention eher sinnvoll.

8.4.3 Widerstand gegen Anwesenheitspflicht und Zeitstruktur

Die lückenlose Anwesenheit und die kollegial-pünktliche Einhaltung der getroffenen Zeitvereinbarungen gehören gewissermaßen zum Vorfeld der Sebstverständlichkeiten *jedes* prozeßorientierten Trainings; die Arbeit insbesondere im Team- und Funktionsgruppen-Training kann oft überhaupt nur dann ernstzunehmend getan werden, wenn alle relevanten Personen anwesend sind – also nicht anders als in jeder seriösen Besprechung auch.

Eine fast immer anzutreffende Widerstandsform äußert sich nun im Umgang mit der Arbeitszeit, also der Abwesenheit der Teilnehmer (durch Zuspätkommen bei den Arbeitseinheiten, Unterbrechung der Anwesenheit oder vorzeitige Abreise...): Dies hat fast immer interessante, organisations- *und* personenbezogene Aspekte:

8.4.3.1 Organisationsbezogene Aspekte

Meist bildet sich beim innerbetrieblichen Training im Umgang der Gruppe mit Zeitstrukturen die Organisationsrealität ab und die Teilnehmer handeln nicht anders, als sie es von der Organisation her gewöhnt sind.

1. Oft passiert Abwesenheit oder Zuspätkommen durch bloße Gewohnheit beziehungsweise *Gedankenlosigkeit,* man verhält sich genauso wie in der Arbeit.

2. Häufig erlebt man auch das Vorbringen wichtiger *Gründe,* die Anwesenheit zu unterbrechen, um den einen oder anderen „überlebenswichtigen" Termin wahrzunehmen; auch das kann wiederum ein Spiegel der Organisationskultur sein, wo beispielweise von Vorgesetzten Bildung nicht sonderlich ernstgenommen wird.

Ein Beispiel hierfür sind Organisationen mit der berüchtigten „Abrufkultur", welche das Zuspätkommen geradezu herausfordert. Dort wird (ziemlich anachronistisch) davon ausgegangen, daß die jeweiligen Untergebenen nicht für Leistungen oder Problemlösungen, sondern für *zeitliche Verfügbarkeit* bezahlt werden. „Braucht" man daher gerade eine Information oder eine bestimmte Person, so ruft man sie sich ganz einfach her. In Beratungsprojekten stößt man immer wieder auf Personen, die nach oben hin die Abrufkultur beklagen, nach unten jedoch fleißig praktizieren.

Vorausgesetzt, Setting und Inhalt des Seminars lassen es zu, bietet dies eine klassische Gelegenheit für eine *prozeßorientierte* Bearbeitung des Themas „Umgang mit Anwesenheit", interventionstechnisch fast immer mittels *Ansprechen der Situation, etwa mit der Frage: „Wie empfinden Sie den Umgang mit der Anwesenheit hier?"* Dies ist für die Alltagspraxis in Organisationen ein wichtiges Lernfeld, beispielsweise für die Fragen: „Wer informiert wen?" und „Wessen Anwesenheit wird wofür als nötig erachtet?"

8.4.3.2 Personenbezogene Aspekte

Oft bedeuten Schwierigkeiten der Teilnehmer mit den Seminarzeiten nichts anderes als folgende Botschaft:

> *„Ich bin eigentlich viel zu wichtig für so ein Seminar, vermutlich handelt es sich um einen Irrtum, daß ich hergeschickt wurde. Wenn ich mich aber schon dazu herablasse, dann muß ich doch um Verständnis dafür ersuchen, daß ich vorher, nachher und gelegentlich unterdessen viel Wichtigeres zu tun habe!"*

Es ist also wieder das *Nachsitzen beziehungsweise die Defizitorientierung*, wogegen sich hier der Widerstand letztlich richtet, nur eben in einer *Spezialform* gegen die Arbeitszeiten. Oft ist in diesem Fall interventionstechnisch jedoch anders als beim oben erörterten „normalen Widerstand" gegen Nachsitzen zu reagieren, wo Verschlossenheit oder Mißtrauen das Problem und wohlwollend-erwachsene Beharrlichkeit das angemessene Instrument dafür war: Hier ist im Falle absoluter Pflichtigkeit der Seminarteilnahme (häufig bei Team- und Funktionsgruppen-Trainings) kaum anders als mit *Absage oder mit Abbruch* der Seminarteilnahme zu begegnen, sollen die Trainingsziele weiterhin ernst genommen werden.

Es muß dies freilich von seiten des Auftraggebers und der Organisation explizit gedeckt sein, indem die Seminarteilnahme schon im Einladungsschreiben als „Dienst" ausgeschildert wird (ein Beispiel dafür findet sich im Abschnitt 7.6: Beispiel eines Teilnehmer-Einladungsbriefes). Im anderen Fall, wenn das Training nicht so eindeutig „pflichtig" ist, ist diese „Störung" ganz normal zu quittieren, das heißt möglichst mit einer Intervention auf der Gruppenebene und *nicht* auf der Personenebene. Ansonsten ergibt sich leicht ein überflüssiger und kontraproduktiver Autoritätskonflikt mit dem Trainer.

8.4.4 Der Wunsch nach Verhaltensrezepten, Tips und Tricks

In fast jedem Training fordern Teilnehmer – erfahrende wie unerfahrene – oft einmütig und mit einer bisweilen verblüffenden Hartnäckigkeit vom Trainer „Hilfen" im Sinne von Rezepten, Tips und Tricks. Der Hintergrund für dieses Phänomen wurde im Abschnitt 5.1.1: Gibt es Erfolgsrezepte? versucht zu erhellen. Wie ist dies nun aber interventionstechnisch zu handhaben?

Das Problem der Rezepte als allgemein formulierte Regeln liegt rein sachlich betrachtet nach dem Philosophen Kant in der unendlichen Fülle der Bedingungen, wo eine allgemeine Regel anwendbar ist. Rezepte sind daher ohne praktische „Urteilskraft" nutzlos, wie er es ausdrückte[221]. Dies den Teilnehmer theoretisch zu erklären ist jedoch erst sinnvoll, nachdem sie auch emotional von ihrem Bedürfnis Abstand nehmen können. Denn *psychologisch* gilt für das Bedürfnis nach Verhaltensrezepten häufig, daß man damit den Zielen oder der Methode persönlichkeitsorientierter Trainings Widerstand entgegenbringt:

---

221 Kant, I.: Über den Gemeinspruch: Das mag in der Theorie richtig sein, taugt aber nicht für die Praxis. In: Schriften zur Anthropologie, Geschichtsphilosophie, Politik und Pädagogik. Berlin 1793.

1. dienen sie der Flucht von der Ebene emotionaler Betroffenheit auf die neutrale und unpersönliche Sachebene,

2. ist es eine massive Regression (Rückfall in Richtung kindlicher Abhängigkeit), in Richtung des Trichtermodells des Trainings[222]: Kindern muß man für schwierige Situationen Anleitungen vorsagen, nur Erwachsene sind in der Lage, situationsgerecht zu reagieren und entscheiden.

Passende Interventionen sind hierauf oft deshalb nicht leicht zu finden, weil viele marketingträchtige Seminarausschreibungen von Versprechungen in Richtung „Tips und Tricks zum Erfolg" strotzen. Vielen Teilnehmern wird es daher geradezu aufgedrängt, diese Erwartungshaltung[223] einzunehmen; als Trainer arbeitet man daher auch gegen einen regelrechten gesellschaftlichen Trend. Nicht als Trivialrezepte mißzuverstehende Antworten auf die Nachfrage nach Tips, Tricks und Verhaltensrezepten könnten nun zum Beispiel lauten:

- Was erwarten Sie sich persönlich von solchen Tips und Tricks genau?
- Ist jemand hier, der eine solche Situation schon einmal mit einem Trick gemeistert hat?
- Können wir hierzu vielleicht gemeinsam ein passendes „Rezept" entwickeln?
- Wodurch genau ist für Sie diese Situation, für die Sie Tips möchten, so irritierend?

8.4.5 Theoriefeindlichkeit

> *„Es kann also niemand sich für praktisch bewandert... ausgeben und doch die Theorie verachten, ohne sich bloß zu geben, daß er in seinem Fache ein Ignorant sei:*
> *indem er glaubt, durch Herumtappen in Versuchen und Erfahrungen, ohne sich gewisse Prinzipien (...was man Theorie nennt) zu sammeln..., weiter kommen zu können..."* [224]

---

222 Siehe Abschnitt 5.1: Lernen nach dem „Trichtermodell": Professionals auf der Schulbank?

223 Siehe dazu Abschnitt 8.4.7: Die „Konsumentenmentalität" – eine organisationspsychologische Deutung der Widerstände.

224 Kant, I.: Über den Gemeinspruch: Das mag in der Theorie richtig sein, taugt aber nicht für die Praxis, A 203. In: Schriften zur Anthropologie, Geschichtsphilosophie, Politik und Pädagogik. Berlin 1793.

Ein (gruppenpsychologisch mit dem Verlangen nach Rezepten oft verbundenes) Phänomen bei Verhaltensseminaren ist die *Theoriefeindlichkeit*, also die von Teilnehmern geäußerte Ablehnung der vom Trainer zur Verfügung gestellten Hintergrundtheorien. Sie tritt manchmal in offener Form zutage:

„Könnten wir bitte jetzt nicht stattdessen ein paar Praxisfälle diskutieren?"
„Sehen Sie, ich bin ein praktisch orientierter Mensch, das ist sicher alles sehr richtig und gescheit was Sie erzählen, aber ..."

Meistens jedoch wird die Theoriefeindlichkeit *verdeckt* ausgedrückt, man will in der Gruppe schließlich nicht als Antiintellektueller dastehen und wagt es auch seltener, diesen „Angriff" auf den Trainer beziehungsweise die (hinter ihm als Auftraggeber stehenden) Vertreter der Organisation als solchen zu deklarieren:

„Aber, bitte, dieses Axiom von Watzlawick ist für unsere Abteilungsbesprechungen doch völlig irrelevant, weil ..."

„Ist das in der Praxis nicht immer ganz anders, weil ..."

Man muß bei der Einschätzung von Theoriefeindlichkeit natürlich immer als erstes in Betracht ziehen, daß die spezielle Form der Darbietung des Trainers oder das Design selbst Mängel hat, was freilich viel Erfahrung und Einholen von Feedback erfordert. Am einfachsten gelingt die Einschätzung, wenn man Seminarsituationen und -populationen vergleichen kann: Wenn vergleichbare Theorieinputs, die in der einen Gruppe engagiertes Mitdenken ausgelöst haben, in einer anderen Gruppe von einigen Teilnehmern als praxisfremd abgetan werden, kann man davon ausgehen, daß es sich *psychologisch* gesehen eher um Widerstand handelt als um ein Anzeichen für ein Versagen des Trainers.

Interventionstechnisch ist in diesem Falle der Widerstand unbedingt als solcher zu bearbeiten, d.h. *nicht* die Theorie zu rechtfertigen oder breitzudiskutieren (da es sich wie erwähnt um einen „Aggression" handelt entweder gegen den Trainer oder gegen jene Normen, die er im Auftrag der Organisation vertritt, ist grundsätzlich wie beim Thema Rezepte auf der Beziehungsebene zu quittieren und keineswegs auf der theoretischen Ebene).

8.4.6 Umgang mit Hierarchieunterschieden

Hierarchische Unterschiede in der Teilnehmerpopulation treten sehr oft auf – zufällig bei überbetrieblichen Trainings, manchmal gewollt im innerbetrieblichen Training. Dies bedeutet immer eine schwierige Situation.

8.4.6.1 Hierarchieunterschiede im überbetrieblichen Training

Hier tut man sich verhältnismäßig leicht im Umgang mit den Statusunterschieden der Teilnehmer. Ziel bei derartigen Trainings ist vornehmlich die Erreichung optimaler Offenheit aller Teilnehmer, welche man durch Vertrauensaufbau und Zusicherung von Diskretion nach außen fördern kann. Daher gilt hier eine Art *Gleichheitsprinzip* aller Gruppenmitglieder, und Statusunterschiede in der „Außenwelt" sollten keine Rolle spielen beziehungsweise bearbeitbar sein, wenn sie stören oder als Lernthema wichtig sind.

Dieses Gleichheitsprinzip ist freilich nicht dahingehend mißzuverstehen, daß es – natürlich abhängig vom Trainingsziel und Prozeßverlauf – *in der Teilnehmergruppe* keine Unterschiede geben könne. Dies entspricht auch nicht der Realität einer Gruppenentwicklung. Nach einem soziologischen Grundgesetz *gibt* es kein soziales System, das sich *nicht* über soziale Ungleichheit konstituiert.

Freilich finden sich immer wieder Teilnehmer mit starken Minderwertigkeitsgefühlen, welche von Beginn weg auf die Beachtung ihres „höheren" Status geradezu erpicht sind. Selbst wenn sich beim besten Willen keine für das Lernthema relevanten Unterschiede herzaubern lassen, besteht man beispielsweise auf seinem Vorrang als *senior* gegenüber den anwesenden *youngsters* und so fort. Wenn man als Trainer jedoch über ein gewisses gruppendynamisches Interventionsrepertoire verfügt, gelingt es meist leicht, daß die Gruppe sehr rasch dafür sorgt, die Bedeutung dieser Unterschiede als sekundär für die Lern- beziehungsweise Gruppensituation herauszuarbeiten.

8.4.6.2 Hierarchieunterschiede im innerbetrieblichen Training

Ganz anderes sind die Verhältnisse im *innerbetrieblichen Training,* speziell beim Team- und Funktionsgruppen-Training. Es liegt in dessen Wesen, daß die Teilnehmerzusammensetzung bewußt anhand der Arbeitsrealität erfolgt. So können daher Vertreter mehrerer Hierarchieebenen zusammentreffen, oft noch dazu in direkten *disziplinarischen* Unterstellungsverhältnissen.

Sowohl von den Teilnehmern als auch von den Trainern verlangt dieser Sachverhalt die Bewältigung einer emotional wie rational äußerst widersprüchlichen Situation. Auf der einen Seite ist für den Lernerfolg eine möglichst große

Offenheit jedes einzelnen nötig, auf der anderen Seite erfordert die Organisationsrealität die – wenn auch oft kritische – Beachtung gegebener hierarchischer Strukturen, will man die Zielsetzung des innerbetrieblichen Trainings ernst nehmen.

Die Teilnehmer müßten in der Gruppe daher sowohl *„alle gleich"* viel gelten beziehungsweise Einfluß nehmen als auch in ihren *faktischen Unterschieden* zur Geltung kommen können. Hier hängt der Erfolg nicht zuletzt vom gekonnten Umgang des Trainers mit diesem Widerspruch ab. Beachtet oder begünstigt man eine Seite auf Kosten der anderen, erleidet man leicht Schiffbruch.

Setzt man als Trainer beispielsweise eine Norm der Gleichheit analog dem überbetrieblichen Training, etwa

> *„Wir können hier von außen hereingebrachte Unterschiede insofern außer acht lassen, als es hier um den bestmöglichen individuellen Lernerfolg geht. Dieser erfordert von allen gleichermaßen Offenheit, Ehrlichkeit und gegenseitiges Vertrauen..."*

so *kann* dies nicht funktionieren – die Vorgesetzten und Untergebenen können und *dürfen* im innerbetrieblichen Training den hierarchischen Unterschied gar nicht vergessen. (Selbst wenn sie es theoretisch könnten, bliebe der direkte Seminarerfolg auf der Organisationsebene aus, da er in einer nicht anschlußfähigen Laborsituation erarbeitet wurde.) Betont man umgekehrt das Vorhandensein hierarchischer Unterschiede im Training wie in der Organisation, wird sich unmöglich jene Offenheit entwickeln, welche Voraussetzung für das Erfahrungslernen ist.

Was ist daher zu tun? Zunächst ist zu beachten, daß dieser (unauflösbare) Widerspruch zwischen Gleichheit und Unterschied eine *Realität der Organisation* widerspiegelt: Beispielsweise sind hierarchisch untergebene Mitarbeiter meist in ihrem Fachgebiet ihren jeweiligen Vorgesetzten „überlegen". Gute Vorgesetzte überlassen ihnen daher in der Regel auch einschlägige Entscheidungen. So kommen die operativen, pragmatischen „Machtverhältnisse" in Organisationen zustande. Die hierarchischen Machtverhältnisse bleiben scheinbar im Hintergrund; „nur" im Konflikt- oder Krisenfall, aber auch im Falle des „Lobes von oben" tritt die Hierarchie wieder – disziplinarisch[225] – in Aktion.

Das bedeutet, daß man als Trainer diesen Widerspruch – passend zur Situation und zum Thema – *zu Beginn* ansprechen sollte. Die Teilnehmergruppe

---

225 Das ist das Prinzip des management by exception: „So lange nichts passiert (drastischer: „So lange ich nichts sage"), ist alles in Ordnung". Siehe zur allgemeinen Problematik hierzu Heintel, P./ Krainz, E.E.: Projektmanagement. Eine Antwort auf die Hierarchiekrise? Wiesbaden 1986.

ist dann oft erstaunlich schnell und ohne viel Hilfe in der Lage, einen ihrer Organisation adäquaten Umgang mit dieser Sachlage zu formulieren und *aus sich heraus* einen für die Seminarsituation entsprechenden Modus vivendi zu entwickeln. Als Trainer genügt es meist, darauf hinzuweisen, daß hier für den Erfolg des Trainings *sowohl die menschliche Gleichwertigkeit als auch die hierarchische Unterschiedlichkeit* beachtet und bearbeitet werden sollte – daß man den Widerspruch nicht auflösen kann oder soll, sondern eine passende „Verwaltung" dafür finden muß.

8.4.7 Die „Konsumentenmentalität" – eine organisationspsychologische Deutung der Widerstände

Fast alle Trainer und viele professionelle Trainingsverantwortliche kennen das Phänomen der, wie es hier genannt werden soll, Konsumentenmentalität unter Teilnehmern. Ganz besonders anschaulich ist sie bei jenen zu beobachten, die zur Belohnung oder Motivation[226] hier sind. Von diesen wird das Training manchmal fast als eine Art „Schönheitssalon" betrachtet, wo man sich ein „Lifting" oder „Service" verpassen läßt; innerlich befindet man sich dabei aber wie auf „Urlaub", von welchem man sich nach dem Training wieder abzuholen gedenkt. Ist ein Training daher *wirklich* zum Lernen gedacht, dann gibt es klarerweise Probleme: schwierige Situationen und unangenehme Formen von Widerstand.

Als Trainer oder Auftraggeber kann man sich natürlich entscheiden, mit der Zeit zu gehen und seine Trainings danach ausrichten[227]. Dies wäre jedoch gleichbedeutend mit dem Abschied von jenen Zielen, die Organisationen mit Training noch immer verbinden: Ressourcenentwicklung, Stratifikation und Anpassung (Trainingsfunktionen 1, 2 und 4). Will man das nicht, so muß nicht nur einem gesellschaftlichen Trend entgegengearbeitet werden, sondern auch gegen ein tief verwurzeltes Grundmuster, das in gewisser Hinsicht *in der Organisation selbst* angelegt ist: eine sogenannte „orale Struktur", wie es in der analytischen Psychologie heißt.

---

226 Siehe Abschnitt 3.2: Was soll trainiert werden? Funktionen und Ziele von Trainings.

227 „Mitunter wird diese Tendenz... verstärkt durch einen übermäßig perfektionierten Seminarservice und wohldosierte unterhaltende Teile. Der Trainer scheint sich dem Motto verschrieben zu haben: Brot und Spiele fürs Teilnehmervolk, ob nun Führungskräfte oder Mitarbeiter. Der Applaus ist dem Trainer gewiß... Wo Firma und Marktumfeld eigenständige Kompetenzen (er)fordern, erzielt das Training statt dessen die wohlige Passivität zufriedengestellter Konsumenten..." (Schwendner, R.: Wenn Trainer falsch ausbilden. In: Harvard Business Manager 1/1995, S. 30)

Diese Struktur läßt sich leicht demonstrieren. Das gängige Verhältnis zwischen Chef und Mitarbeiter etwa wird noch selten funktional gehandhabt, sondern gleicht psychologisch noch immer häufig dem Eltern-Kind-Verhältnis[228] („Patronalismus"). Auch im großen läßt sich häufig ein Organisationsverständnis nach dem Motto „Mutter Organisation[229] und ihre Kinder" beobachten. Es sind dies Belege dafür, daß die funktionsorientierten und *nicht* familial-emotionsorientierten Eigenschaften des sozialen Systems „Organisation" vielerorts noch so abstrakt sind, daß die Menschen dazu tendieren, sie durch die Brille des interaktionellen System der Familie zu sehen und umzudeuten (siehe dazu auch den Abschnitt 3.4.6: Mensch und Organisation – Die Wertschätzung der Person im Training).

Im Training bemerkbar macht sich die orale Struktur durch ein spezifisches Verhalten der *Regression,* nämlich der Erwartung, daß die (Er-)Lösung (von) der verspürten Spannung von außen, von der Autorität, also dem Trainer kommen müsse. In der klassischen Trainingsgruppe nach NTL wurde diese Regression bereits labormäßig im Setting beziehungsweise Trainerverhalten nahegelegt[230] und mehr als gründlich studiert; da sie jedoch auch bei einer Fülle von „normalen" Verhaltenstrainings eine Rolle spielt, erleichtert die Kenntnis dieses Musters das Erkennen von und den Umgang mit vielen dortigen Formen von Widerständen beträchtlich.

Man sagt als Trainer zum Beispiel im Eröffnungsstatement einige Worte zu seiner Rolle als partnerschaftlicher Berater, daß man zum Beispiel der Gruppe viel Eigenverantwortung und Selbstorganisation einzuräumen die Absicht hat, anstatt die Teilnehmer mit Maximen und Bewertungen in eine vorgefaßte Richtung zu steuern. Dies wird von manchen Teilnehmern offensichtlich sofort als „Verweigerung der Schutzpflicht" empfunden, und zwar so stark, als ob ein Elternteil seinen halbwüchsigen Kindern eröffnen würde, daß sie sich aus Gründen der Erziehung zur Selbständigkeit ab morgen eigene Verpflegungs- und Wohngelegenheiten suchen müßten. Meist reagieren diese Teilnehmer darauf aufgrund zu großer Irritation *nicht sofort* mit Wut oder Aggression, sondern zu einem späteren Zeitpunkt des Trainings (und häufig an thematisch scheinbar „unpassenden" Stellen).

---

228 Lindner, T.: Das monarchisch-aristokratische Organisationsmodell. In: ZS Gruppendynamik, Heft 1, 1.Jg. 1970 (Stuttgart: Klett) S. 1–11.

229 Zur emotionalen Bedeutung der Organisation im Unterschied zur Gruppe zwischen T. Lindner und G. Schwarz siehe Heintel, P. (ed): Gruppendynamik. Geschichte und Zukunft. Wien 1993, S. 17ff.

230 Siehe Abschnitt 10.2: Was ist Gruppendynamik? Trainingsgruppe und Organisationslaboratorium.

Spricht man diese Stimmung *direkt* an, indem man die Frage der Beziehung zwischen Teilnehmern und Trainer aufwirft, dann wird die Wut meist *argumentiert* mit Belehrungen über Details, was sie für die „Pflicht eines Trainers" erachten: Sie bringen einen ganzen Katalog von sicherheitsstiftenden Aktivitäten vor, den der Trainer ihnen ihrer Ansicht nach *schulde* und daher auch zu *geben* hätte (obwohl er zu Trainingsbeginn über alle diese Punkte „reinen Wein" eingeschenkt[231] hat – daß er zum Beispiel bei den Mahlzeiten nicht anwesend ist, daß keine Standardskripten verwendet werden können, daß Saunabesuche von den Teilnehmern selbst mit dem Hotel zu vereinbaren sind und so weiter). Der Trainer kann aus der Heftigkeit der Aggression auf die Tiefe der Regression schließen.

Mit diesem für viele Teilnehmer scheinbar selbstverständlichen *„Anrecht* darauf, *von außen* die lebensnotwendigen Dinge zu *bekommen"* sollte man als Trainer nun angemessen umgehen. Dies ist eine jener Situationen, in denen man den *Teilnehmern nicht das geben darf, was sie wollen (nämlich „Fütterung"), damit sie das bekommen, was sie im Sinne ihrer Lernchance beziehungsweise im Sinne des Trainingszieles der Organisation brauchen.*

Viele, insbesonders prozeßorientierte Trainings verlangen den Teilnehmern in der Tat ein hohes Maß an Eigenständigkeit und Selbstorganisation ab und bringen sie zugegebenermaßen in eine von der Organisation her vielleicht ungewohnte Streßlage des Nicht-Versorgtwerdens (siehe dazu auch den Abschnitt 5.3.1: Autoritätswahrnehmung und Trainerstile). Man könnte daher hier einwenden, daß dieses Setting der Organisation kulturfremd und daher nicht anschlußfähig ist. Dementgegen scheint es jedoch bis dato keine bessere, frustrationsfreie Möglichkeit zu geben, auf die Ebene partnerschaftlicher Erwachsener mit den Teilnehmern zu kommen, als hier eben *nicht* zu „füttern". Da die Erwachsenenebene ja die Voraussetzung für organisationsbezogene Trainingsarbeit ist, bleibt dem Trainer, wie bereits ausgeführt, nichts anderes übrig, als diesen Konflikt anzusprechen und durchzustehen.

Zusammengefaßt: Im prozeßorientierten Training ist es ohne das Element der „anfänglichen oralen Frustration" unmöglich, die eigentliche Arbeit zu leisten und Trainingsziele wie Eigenveranwortlichkeit und Selbstorganisation zu erreichen. Mit anderen Worten: Da das aus den Organisationen herstammende orale Fütterungsmuster:

---

231 Siehe Abschnitt 8.3.4: Hinweise zur Eröffnung des Trainings.

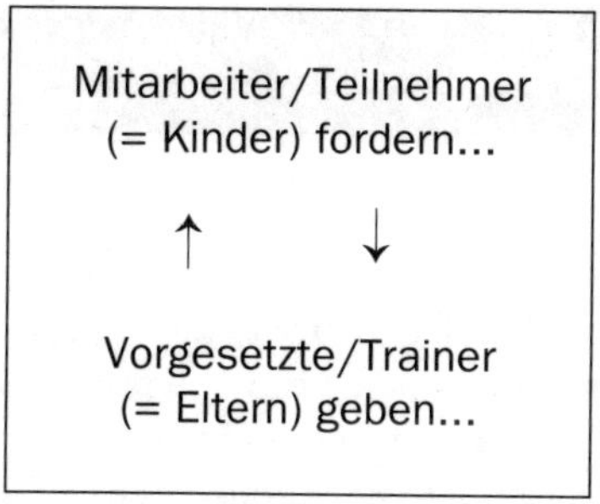

prinzipiell *niemals* zu Ende geht oder befriedigt ist, muß es im Training unterbrochen und seine Kränkungen bearbeitet werden, wenn sich eine Gruppe von der ursprünglichen, familiär-interaktiv getönten Beziehungsqualität in der Organisation in Richtung „funktionsadäquate Kooperationskultur" weiterentwickeln soll. Daher muß speziell innerbetriebliches Training meist wie viele gute, will heißen wirkungsvolle Beratungen oder Therapien zumindest zu Beginn etwas wehtun[232].

232 Dies war schon im antiken Griechenland bekannt, formuliert beispielsweise vom Dichter Aischylos in seinem Göttergesetz, worauf auf das *Tun* das *Leiden* folgt, woraus sich ein *Lernen* ergeben kann. Der österreichische Philosoph Karl Popper wurde mit der Definition von Lernen mittels *Versuch und Irrtumsbeseitigung* bekannt (Popper, KR.: Logik der Forschung. (1934) Tübingen 1976; Popper, KR.: Objektive Erkenntnis – ein evolutionärer Entwurf. Hamburg 1973).

9 Designtechnik

Dieser Abschnitt soll einen Überblick der alltäglichen Designarbeit eines Trainers vermitteln sowie praktische Hinweise und Beispiele für Anwendungsfelder, einschließlich Warnungen vor Stolpersteinen, anführen, ohne jedoch Anspruch auf Vollständigkeit oder situationsadäquate Detailliertheit zu erheben. Diesbezügliche Kompetenzen können nur im Rahmen einer seriösen Ausbildung und einschlägigen Berufspraxis erworben werden – worauf hier bestenfalls „Appetit" gemacht werden kann.

9.1 Lern- und Arbeitssettings

Soziales Lernen erfordert, kurz gesagt, Lernen *in* beziehungsweise *mit* sozialen Systemen. Nach diesen werden daher auch die verschiedenen Lernsettings im Training gestaltet. Unter sozialen Systemen versteht man Paare, Triaden, Kleingruppen, Großgruppen, Organisationen und schließlich Gesellschaften[233] (für welche es im Training aber notgedrungen „natürliche Grenzen" der Simulierung gibt).

9.1.1 Einzelarbeit

Einzelarbeit ist ein wichtiger Bestandteil des Design- und Interventionsrepertoires in Lerngruppen, wenn auch nicht gerade das Hauptinstrument für soziales Lernen. Dies ist ein Unterschied zu den kognitiven Lernmethoden, wie sie in Schule und Universität überwiegend angewendet werden.

---

233 Für den modernen Klassiker der soziologischen Systemtheorie, Niklas Luhmann, gibt es nur drei soziale Systeme: interaktionelle Systeme, formelle Systeme (Organisation) und Gesellschaft. Siehe Luhmann, N.: Soziale Systeme – Grundriß einer allgemeinen Theorie. Frankfurt 1984.

Anwendungsfelder:

1. Einzelarbeit ist oft vor der Gruppenarbeit zur Thematik sinnvoll, wenn Gruppeneffekten, also zum Beispiel dem Gruppendruck[234] oder dem Risky-shift-Phänomen[235], entgegengewirkt werden soll.
2. Einzelarbeit kann den Teilnehmern die Möglichkeit geben, sich zunächst eigene Gedanken zu machen und dann zu testen, wie man liegt oder ob man „recht" hatte;
3. Einzelarbeit dient als Intervention zur Aktivierung, beispielsweise wenn es sich nicht vermeiden läßt, daß nach der Mittagspause ein Theorieblock folgt, der auch bei noch so guter Qualität der Darbietung leicht einschläfernd wirkt.
4. Einzelarbeit dient als Intervention zur Unterstützung eines notwendigen Themenwechsels (siehe dazu folgendes Beispiel).

Beispiel:

In Trainingssituationen sträuben sich Gruppen bisweilen dagegen, sich mit einer neuen Thematik zu befassen, etwa weil man noch lieber im Plenum diskutieren möchte, weil das zuletzt bearbeitete Thema noch so viel hergäbe etc. Forciert man nun das Plenum oder die Untergruppen durch Appelle an die Einsicht oder durch Sachzwänge, sich mit dem emotional gerade so Wichtigen *nicht* mehr weiter zu beschäftigen, erntet man oft Widerstände, welche die Qualität und Sinnhaftigkeit der gewünschten Arbeit beeinträchtigen.
Um dies zu minimieren, muß der *Gruppenprozeß unterbrochen* werden. Dies erreicht man nach dem unbedingt erforderlichen *Ansprechen des Themen-*

---

234 Zu Gruppendruck, Konformitätstendenz siehe Asch, S.E.: Social Psychology. New York 1952; Asch, S.E.: Studies of interdependence and conformity: a minority of one against an ununimous majority. Psychol. Monogr. 70, Nr. 9 (1956); Crutchfield, R.: Conformity and character. Amer. Psychologist. 10, 1955; Janis, J.L.: Victims of groupthink. A psychological study of foreign policy decisions and fiascos. Boston 1972; Janis, J.L. & Mann, L.: Decision making – a psychological analysis of conflict, choice and comitment. New York 1977; Milgram, S.: Das Milgram Experiment. Zur Aufdeckung der Gehorsamsbereitschaft gegenüber Autorität. Reinbek 1974.

235 Dieser Effekt lautet, kurz gesagt: Gruppen entscheiden risikofreudiger als Einzelpersonen. Siehe dazu Stoner, J.A.F.: A comparison of individual and group decisions involving risk. [Unpublished master's thesis:] Massachusetts Institute of Technology/School of Industrial Management, 1961. Zit. b.: Janis, J.L./Mann, L.: Decision making – a psychological analysis of conflict, choice and comitment. London 1977, S. 423.

wechsels sehr gut durch *Einzelarbeit als ersten Schritt in die neue Thematik.* So kann man zum Beispiel Assoziationen zu einem bestimmten Thema notieren lassen, womit die Teilnehmer dann in weiterer Folge in eine Gruppenarbeit gehen. Hier appelliert man quasi an das Individuum und nicht an das „Gruppenwesen" im Teilnehmer, und da sich bekanntlich das Individuum zur Gruppe prinzipiell antagonistisch verhält, hat man die „alte" Gruppensituation durch die Einzelarbeit tatsächlich „aufgelöst".

■ **Stolpersteine:**

1. Einzelarbeit stoppt *immer* den Gruppenprozeß.
2. Einzelarbeit begünstigt *Konflikte* im Spannungsfeld zwischen Gruppe und Individuum.
3. Einzelarbeit zieht grundsätzlich *Zeit von der gemeinsamen Arbeit ab;* daher ist allzu lange Einzelarbeit in Lerngruppen, wo die Anwesenheit anderer genützt werden kann, nicht eben angebracht.

9.2.1 Paararbeit

Bei der Paararbeit geht es um eine intensive Kommunikation mit dem Partner, also mit einem Individuum. Diese Lernform bietet in Gruppen daher ideale Voraussetzungen für den Aufbau von Vertrauen beziehungsweise den Abbau von Ängsten vor Kommunikation, wie sie bei vielen Themen häufig – zu Beginn einer Gruppe fast immer – auftreten.

■ **Anwendungsfelder:**

1. Paararbeit kann die Vertrauensbildung und damit den Prozeß der Gruppenbildung unterstützen: Ehe eine Gruppe als solche in der Lage ist zu arbeiten, müssen sich die Individuen quasi „öffnen", was mit einem einzelnen Partner leichter ist als allein in der „Öffentlichkeit".
2. Paararbeit ermöglicht gegenseitiges *Feedback* in der vor der plenaren Öffentlichkeit geschützten Atmosphäre und ist daher oft besonders ergiebig, wenn auch freilich immer auf der Ebene der Zweierbeziehung.
3. Die Paarkonstellation bietet den Vorteil, daß gewisse, für den einzelnen wichtige, aber „private" Themen in einer Weise bearbeitet werden können, welche sie gleichzeitig ernst nimmt und dennoch die *Gruppe davon entlastet.*

4. Paargespräche ermöglichen es in innerbetrieblichen Trainings, über delikate Themen und Ansichten zu sprechen, welche in höchstem Maße relevant für die Organisation oder das Management sind, manchmal jedoch gewisse Tabus darstellen, etwa der persönliche Führungsstil, das eigene Delegationsverhalten beziehungsweise jenes des Vorgesetzten und so weiter. Diese Themen bleiben gewissermaßen in der „Privatsphäre" verborgen und werden dennoch bearbeitbar gemacht.

Beispiel:

Beliebt und bekannt ist für das Kennenlernen der Teilnehmer die wechselseitige Vorstellung nach vorangegangenen Partnerinterviews. Eine interessante Kombination von eher „harter" Gruppenbildung mit den Vorteilen der gleichzeitigen Entlastung durch die Paarsituation wurde im Abschnitt 8.3.5: Beispiele prozeßorientierter Gruppenbildung beschrieben.

Stolpersteine:

1. Paararbeit bedeutet immer „Privatsphäre" und stoppt Gruppenprozesse.
2. Paare ziehen immer Energie von der Gruppe ab; längerfristige „Partnerschaften" werden von keiner Gruppe leicht verarbeitet und von dieser daher meist nicht gerne gesehen. Deswegen sollte man im Design darauf achten, daß dieselben Paare nicht allzu lange stabil zusammenarbeiten und sich dadurch regelrechte „Zweierbeziehungen" in der Gruppe etablieren.
3. Eine mögliche Gefahr bei der wiederholten Arbeit mit denselben Paaren besteht darin, daß sie sich gerne aufeinander einspielen, wodurch andere Lernchancen nicht genutzt werden.
4. Wichtig ist, daß die Ergebnisse der Paararbeit grundsätzlich vertraulich bleiben, daß aber dennoch gewisse, gefilterte Inhalte für die weitere Gruppen- oder Plenumsarbeit zur Verfügung gestellt werden. Die „Präsentation" der Inhalte von Paargesprächen im Plenum ist daher besonders sorgfältig und vorsichtig zu handhaben.

9.1.3 Triaden

Sozialwissenschaftlich gesehen ist eine *Triade* bereits eine Gruppe[236], da sie nicht nur aus Individuen, sondern auch aus Beziehungen besteht. Dreieckssituationen sind grundsätzlich sehr dynamische Konstellationen in emotionaler, sozialer oder kommunikativer Hinsicht, da sie sich psychologisch von der Vater-Mutter-Kind-Beziehung herleiten.

Das sogenannte ödipale Dreieck ist eine der einschneidendsten menschlichen Erfahrungen. Bis zu einem Alter von ca. drei Jahren sind Kinder bekannlich „nicht gruppenfähig“, das heißt, sie können sich nur auf Individuen beziehen (deshalb gibt es übrigens auch keine Gruppenspiele oder in Gruppen geführte Kindergärten für Kinder bis zu diesem Alter). Sie befinden sich in dieser sogenannten präödipalen Phase in einer symbiotischen, die gesamte Realität einschließenden Primärbeziehung[237] zur Mutter.

Schließlich werden die Kinder „sozial reif für die Gruppe“, das heißt, sie „entdecken“ nicht nur ihre Beziehung zum Vater, sondern auch die Beziehung *zwischen* Mutter und Vater; daß sie sich also in der speziellen Gruppensituation der Triade Mutter-Vater-Kind befinden. Dies wird als die ödipale Phase bezeichnet. Dies bedeutet, daß die Gruppenfähigkeit des Menschen durch die Tridade, die Ödipussituation geprägt wird.

Diese Erfahrung ist entlastend und schmerzhaft zugleich. *Entlastend* ist sie deshalb, weil dem Kind, das bisher in der symbiotischen, also körperlich wie psychisch totalen *Abhängigkeit*[238] zur Mutter, der Primärbeziehung, stand, nun mit der Möglichkeit eines „Koalitionswechsels“ ein neuer Grad an *Selbständigkeit* (Autonomie) offensteht. *Schmerzhaft* ist die Triade deshalb, weil man als Kind erstens erkennen muß, daß die Zeit „paradiesischer Totalversorgung[239]“ unwiderruflich zu Ende ist, daß zweitens die Mutter als meistgeliebte Person erotisch und sexuell „aussichtslos vergeben“ ist, und drittens durch die Erfahrung, daß bei jeder *Paarbildung in der Triade* einer ausgeschlossen und allein bleibt. Eifersucht ist daher ein Wesensmerkmal von Triaden.

---

236 Siehe Abschnitt 8.3.1: Was ist eine Gruppe?

237 Balint, M.: Zur Kritik der Lehre von den prägenitalen Libidoorganisationen. 1935. In: Die Urformen der Liebe und die Technik der Psychoanalyse. Bern/Stuttgart 1966.

238 Nach Ansicht der meisten Tiefenpsychologen ist diese Symbiose das Schönste, was ein Mensch nach der Geburt erleben kann; spätere Paarbeziehungen werden unbewußt immer auch an diesem unerreichbaren Ideal gemessen, und es erfordert einen großen Reifungsschritt in der Persönlichkeit, ehe man sich auf *„reale“* Lebenspartner einlassen kann.

239 In der Psychoanalyse gilt die biblische „Vertreibung aus dem Paradies“ als Metapher für diese Lebenserfahrung.

Anwendungsfelder:

1. Triaden bieten viele Vorteile einer „Gruppe“, sie lassen sich daher als Substruktur (Untergruppe) einsetzen.
2. Triaden lassen sich einsetzen, wo eine Dynamisierung und tiefe Emotionalisierung thematisch und interventionstechnisch sinnvoll erscheint.
3. In bestimmten Sequenzen von Trainings läßt sich diese Arbeitsform sehr häufig als *quasi-therapeutisches Setting* (mit größter Vorsicht!) nutzen.

Beispiel:

In Kommunikationsseminaren bietet die Triade den Teilnehmern die Möglichkeit, einander tiefgreifendes Feedback über gewisse Verhaltensbereiche einerseits geschützt und fast „privat“ zu geben, andererseits dieses Feedback doch in einer dynamisierenden Gruppensituation gleichzeitig zu relativieren und sich damit auch zu entlasten.

Stolpersteine:

1. Triaden bieten nicht die in Subgruppen ab vier Mitgliedern verfügbaren Möglichkeiten zur Entlastung durch die „restlose“ Bildung von *sozialen* Substrukturen wie Paaren: Einer bleibt immer allein, was Eifersucht provoziert.
2. Als stabile und sachbezogen arbeitende Substruktur erscheinen Triaden weniger brauchbar, weil sie zuviel Energie „ödipalisieren“.
3. Konflikte und Eifersucht in Dreieckskonstellationen sind in dieser kaum auflösbar, sondern müßten „ent-trianguliert“, also paarweise gelöst werden. Ohne fremde Hilfe und viel Zeit gelingt dies selten und würde daher das Training belasten.
4. Zur Simulierung von Beziehungen von Funktionen in Organisationen sind Triaden begreiflicherweise eingeschränkt oder gar nicht relevant.
5. Nicht zu verwechseln mit einer „echten“ Triade ist die Dreiergruppe, wo bei einer Paararbeit eine *Beobachterfunktion* angeschlossen ist. Hier besteht die Triade nicht „normal“, da der Beobachter ja als „Funktionsinhaber“ in die Kommunikation nicht eingreifen soll.

9.1.4 Subgruppen („Untergruppen")

Es gibt praktisch keine Trainings, in denen nur plenar gearbeitet werden kann – es sei denn, die Gruppe hat weniger als sechs Teilnehmer, was jedoch die Ausnahme darstellt. Die Arbeit mit Subgruppen (Untergruppen) gehört daher zum täglichen Brot des Trainierens. Synonym für Subgruppe wird oft der Begriff *Kleingruppe* verwendet, wobei zu bedenken ist, daß sozialwissenschaftlich zumeist auch das Plenum eine „Kleingruppe" ist. Zu bedenken ist überdies immer, daß pragmatisch die „vollständigen" Vorteile einer Gruppe ab vier Personen beginnen, auch wenn man von einer „Gruppe" als sozialem System schon ab drei Personen sprechen kann. Nach oben hin läßt sich *numerisch* schwer eine Grenze definieren[240].

Besonders heikel im Design sind *Art und Kriterium der Subgruppenbildung.* Ein oft brauchbares Kriterium ist die „Unbekanntheit": Will man etwa der Tendenz entgegenwirken, daß sich aufgrund der anfänglichen Streßsituation diejenigen Personen in einer Subgruppe zusammenfinden, welche sich ohnehin am besten kennen (womit die sozialen Lernchancen reduziert werden), so bittet man beispielsweise die Teilnehmer, ihre Gruppenpartner nach dem Kriterium der maximalen Unbekanntheit zu wählen.

Sind die Subgruppen einmal gebildet, so muß als erstes deren *Arbeitsfähigkeit entwickelt werden,* damit die Lernorganisation ihre Wirksamkeit entfalten kann. Dies erreicht man etwa durch das schon erwähnte, klassische *Minilab* (Abschnitt 8.3.5: Beispiele prozeßorientierter Gruppenbildung) oder je nach Zweckmäßigkeit durch gemeinsame, „künstlerische" und kreative Aufgabenstellungen, etwa durch eine non-diskursive Vorstellung der Kleingruppen im Plenum.

■ **Anwendungsfelder:**

1. Subgruppen dienen als Instrument für die Behandlung von Themen, für die das Plenum zahlenmäßig zu groß ist (Arbeitsteilung).

2. Subgruppen dienen der Aufarbeitung von Themen, für die das Plenum zu „öffentlich" ist.

3. Subgruppen eignen sich hervorragend als soziale und emotionale *homebase,*

240 Siehe dazu den Abschnitt 8.3.1: Was ist eine Gruppe?

besonders in Trainings mit vielen Teilnehmern, wo das Plenum zuviel Charakter von Öffentlichkeit hat.

4. Subgruppen dienen der Förderung von Differenzierung und Komplexität: Nicht immer ist es optimal, wenn alle gemeinsam zu einem Thema arbeiten, oft steigert es die Qualität des Endergebnisses, wenn zu ein und demselben Thema mehrere Subgruppen als „Kohorten" gleichzeitig arbeiten und hinterher die *Unterschiede* in den Ergebnissen nutzbar gemacht werden.

5. Häufig lassen sich *Entscheidungen* der Gesamtgruppe für den weiteren Prozeßverlauf nur mit Hilfe ihrer Vor- und Aufbereitung in Kleingruppen erzielen.

6. Bestimmte *Kommunikationsformen* lassen sich nur in Kleingruppen realisieren (zum Beispiel ist „durcheinander reden können" oft sinnvoll, wie etwa beim Brainstorming, läßt sich aber rein zahlenmäßig in der ganzen Gruppe nicht durchführen.

Beispiel:

Klassische Aufgaben für Subgruppen sind der vertrauliche Erfahrungsaustausch, die Tagesreflexion (siehe unten), Beratungsübungen, die Ideensammlung als Vorbereitung neuer Themen, die Analyse und Aufarbeitung von Übungen und Rollenspielen etc.

Stolpersteine:

1. Die Arbeit in Subgruppen beendet immer den Plenumsprozeß. Wenn es im Plenum sehr „heiß" zugeht oder man gerade darauf Wert legt, daß der Trainer den Teilnehmern auch zuhört oder zusieht, läßt man sich natürlich nur äußerst ungern „zum Arbeiten hinausschicken", was interventionstechnisch somit sehr delikat werden kann. (Böse Zungen behaupten, daß Subgruppenarbeit vor allem zum Zeitgewinn für den Trainer gut ist, wenn ihm gerade nichts einfällt: Diese Meinung ist teilweise leider zutreffend, hängt aber mit der mangelnden Professionalität vieler Trainer zusammen.)

2. Subgruppen neigen zum Rivalisieren im Plenum.

9.1.5 Plenardiskussion

Diskussionen im unstrukturierten Plenum insbesondere bei Theorieinputs oder Analysen von Übungen und Spielen können nützlich sein, müssen jedoch verhältnismäßig *direktiv moderiert* werden, auch wenn dies scheinbar dem offenen, prozeßorientierten Charakter einer Veranstaltung widerspricht (der Funktionswechsel besonders vom „abstinenten Trainer" zum „direktiven Moderator" muß selbstverständlich *immer* angesprochen werden). Ansonsten gerät besonders die Zeitstruktur schnell unter die Räder.

■ **Anwendungsfelder:**

1. Plenardiskussionen dienen als prozeßbetonte Sequenzen etwa zur Bearbeitung von aktuellen Konflikten zwischen dem Trainersystem und dem Klientensystem, innerhalb des Klientensystems (Untergruppen-Konflikte) oder zur Prozeßreflexion.

2. Plenardiskussionen zur Thematik können als vorbereitende Klärung die interaktive Erarbeitung von neuen Theorien und Modellen unterstützen.

■ **Beispiel:**

In einem Konfliktseminar geht es um die Definition dessen, was ein Konflikt eigentlich ist; nach einer vorbereitenden Einzelarbeit zu diesem Thema dient die Plenardiskussion zunächst zur Klärung, was in der Gruppe unter diesem Begriff verstanden wird. Daran anknüpfend lassen sich dann neue oder abweichende Definitionen erarbeiten, welche den Horizont der Wahrnehmung, Analyse und Handhabung von Konflikten erweitern sollen.

■ **Stolpersteine:**

1. Die Forcierung des Gruppenprozesses in Plenardiskussionen behindert differenzierende Bearbeitungen komplexer Sachthemen.

2. Unstrukturierte Plenen werden ab einer bestimmten Größe, aber auch abhängig von ihrer speziellen Vorgeschichte im Seminar (Dauer, Verlauf, Entwicklung des Gruppenprozesses, Ereignisse vor der Plenarsitzung etc.), leicht regressiv[241].

---

241 Siehe dazu Abschnitt 8.3.1.3: Unstrukturierte Großgruppe.

3. Besonders weniger erfahrenen Trainern fällt es schwer, bei Plenardiskussionen die Kontrolle zu behalten und angemessen straff und rigid zu moderieren.

9.2 Arbeitselemente

9.2.1 Übungen

Schlampigerweise werden die Übungen oft als „Spiele" bezeichnet, was die Abgrenzung zu den davon unbedingt zu unterscheidenden Rollen- und Planspielen nicht gerade erleichtert. Bei Übungen werden soziale Situationen aus ihrem normalen Kontext isoliert und im Seminar von Einzelnen oder Gruppen durchgespielt beziehungsweise „geübt". Übungen sind also *„laborhaft isolierte Echtsituationen"*.

Den Übungen folgt in der Regel das *Feedback* (siehe unten). Gleich dem Alltagsverständnis hängt der Erfolg von Übungen mit der *Wiederholung* zusammen.

■ Anwendungsfelder:

1. Übungen sind das „tägliche Brot" des strukturierten Erfahrungslernens (insbesondere für die Personaltrainings, Trainingstypen 1 und 2): Soziale Kompetenz wird hier *direkt* trainiert.
2. Beim Teamtraining und vor allem beim Funktionsgruppen-Training (Klientensysteme 3 und 4) herrscht mehr oder minder „Echtsituation", weshalb Übungen hier weniger eingesetzt werden: Das gesamte Training ist quasi eine isolierte Echtsituation, also gewissermaßen eine einzige „große Übung".

■ Beispiel:

Klassische Übungen sind die konsekutiven Statements vor der Videocamera in Rhetorikseminaren oder die Erzielung eines Gruppenkonsenses in den NASA-Spielen.

■ Stolpersteine:

In Trainings, die nach der Methode des (vor-)strukturierten Erfahrungslernens

durchgeführt werden, führen die Teilnehmer die Übung quasi unvorbereitet durch, das heißt, sie erfahren vom Trainer bewußt nicht viel mehr als die „Spielregeln" einer Übung. Erst *nach* ihrer Durchführung wird die Situation analysiert und aufgearbeitet, und im letzten Schritt folgt unter Umständen ein Theorieinput. Daher gibt es von seiten der Teilnehmer fast immer die Frage, weshalb sie jetzt eine Übung machen sollen, ohne daß sie zuvor Handlungsanleitungen oder theoretische Hintergründe kennengelernt haben; es wird ihnen gewissermaßen zuwenig Orientierung geboten, die Unsicherheit und damit der Unmut ist bei Teilnehmern, die erstmalig nach dieser Methode arbeiten sollen, relativ hoch.
Daher ist es oft notwendig, den Teilnehmern den Sinn dieser Methode zu erläutern, den *Dreischritt des Erfahrungslernens*[242]:

Erfahrung → persönliche Verarbeitung → Analyse, Theorie(-bildung)

nochmals genauer zu erklären, *nachdem* sie diese für sie irritierende Erfahrung durchlebt haben. So läßt sich der beabsichtigte Erkenntnisprozeß gut unterstützen, da nämlich die umgekehrte, von Schule und Universität gewohnte und damit weniger verunsichernde Trichtermethode dem partnerschaftlichen Verhältnis zwischen Trainer und Klienten letztlich wenig angemessen wäre.

9.2.2 Rollenspiel

Der Unterschied zwischen dem Rollenspiel und dem Planspiel wird oft verwischt, außerdem werden auch die „Spiele" schlampigerweise oft als Übungen bezeichnet. Sie haben selbstverständlich hohen Übungseffekt, unterscheiden sich von diesen aber dadurch, daß aufgrund der Thematik nicht in einer Quasi-Echtsituation agiert werden kann, sondern daß Rollen oder Funktionen zu *spielen* sind.

Beim eigentlichen Rollenspiel[243] liegt der Schwerpunkt auf dem *Verhalten* einer *Person* in einer klar vorgegebenen sozialen Rolle. Die Spieler können sich in

242 Siehe Abschnitt 8.2: Interventionstechnik des Erfahrungslernens.

243 Der Erfinder des Rollenspieles ist wahrscheinlich Moreno, der Begründer des Psychodramas, einer Form der Psychotherapie. Siehe Moreno, J.L.: Psychodrama. New York 1946. Zum Rollenspiel siehe weiters Fiederle, X.: Rollenspiel in der Erwachsenenbildung. In: Erwachsenenbildung (Vierteljahrsschrift d. kath. Bundesarbeitsgemeinschaft für Erwachsenenbildung, Heft 3/77, 1977) und eine Sammlung davon in Antons, K.: Praxis der Gruppendynamik. Übungen und Techniken. Göttingen 1973/1992.

einer Rolle erfahren, erhalten dazu nachher *Feedback* und lernen aus der Differenz zu ihrer Selbstwahrnehmung. Wiederholte Teilnahme an ein und demselben Spiel ist in verschiedenen Seminaren zwar eingeschränkt möglich, aber bei weitem nicht so sinnvoll wie bei den Übungen.

Diese Bemerkungen gelten für den Einsatz von Rollenspielen speziell bei berufsbezogenen Trainings. Darüber hinaus gibt es in den psychodramatischen Therapiemethoden[244] noch Techniken, deren Wirkungen weit über die hier beschriebenen Effekte hinausgehen.

■ **Anwendungsfelder:**

1. Rollenspiele werden dort eingesetzt, wo man soziale Situationen *simulieren* muß, da sie außerhalb der Gruppenrealität liegen.

2. Rollenspiele, deren Inhalt auf *realen Problemen* einzelner Teilnehmer beruht, bieten auch die Möglichkeit der sogenannten *Soziodramatisierung.* Dort spielt der Problembringer nicht sich selbst, sondern die Rolle seines schwierigen Partners, beispielsweise in einer Konfliktsituation. Eine gewisse Reife vorausgesetzt, kann hier der Lern- und Erkenntniseffekt noch höher sein als beim linearen, nicht soziodramatisierten Rollenspiel, wo man sich selbst „spielt“: Hierbei kann zusätzlich die „Empathie“ sensibilisiert werden, also die Fähigkeit, sich in andere hineinzuversetzen.

■ **Beispiel:**

Das Mitarbeitergespräch, das Verkaufsgespräch oder eine Konfliktsituation sind häufige und bekannte Anwendungen des Rollenspiels.

■ **Stolpersteine:**

Rollenspiele sind immer „Spiele“ und somit eine „Sondersituation in der Sondersituation des Trainings“. Sie sind daher nicht das *alleinige* Instrument zum innerbetrieblichen, organisationsbezogenen Training sozialer Kompetenzen (Trainingstypen 2 bis 4): Innerbetriebliche Verhaltenstrainings, die nur auf Rollen- oder Planspielen aufgebaut sind, haben oft einen hohen Unterhaltungswert, sind harmlos und lassen sich gewissen Organisationen dementsprechend gut verkaufen; sie haben aber sehr beschränkte Lerneffekte. Daher ist der Einsatz der prozeßorientierten Methode hier so vorteilhaft, weil diese das

---

244 Siehe dazu Yablonsky, L.: Psychodrama – Die Lösung emotionaler Probleme durch das Rollenspiel. Stuttgart 1978.

Training durch Thematisierung der Trainer-Klient-Beziehung mehr in den Rahmen einer Echtsituation stellt.

9.2.3 Planspiel

Planspiele versuchen, *organisatorische Abläufe zu simulieren.* Hier liegt der Schwerpunkt auf der Lösung einer mehr oder minder komplexen *Sachaufgabe* und den damit verbundenen Möglichkeiten, *Entscheidungen* zu treffen. Die Rollenfestlegungen sind im Planspiel daher offener im Sinne von weniger persönlichkeitsorientiert als bei den Rollenspielen. Durch die Simulation von verschiedenen *Zuständen von Systemen* können die Teilnehmer Erfahrungen sammeln, welche Entscheidung welche Auswirkungen zeitigen kann.

- **Anwendungsfelder:**

Mit Planspielen lassen sich die Auswirkungen gewisser Kooperations-, Konflikt- und Führungsstrategien verschiedener Teilsysteme der Organisation auf das Ganze simulieren.

- **Beispiel:**

Typische Planspiele sind militärische Manöver, wo auch ihr Ursprung liegen dürfte. Im Trainingsbereich wurden vor allem die ungezählten Varianten des *„prisoner's dilemma"*[245] weltbekannt; weiters gibt es noch Unternehmensgründungs-Planspiele, Zukunftssimulationen und vieles mehr.

- **Stolpersteine:**

1. Planspiele sind meist sehr aufwendig, sowohl in der Konzeption, in der Durchführung als auch was die thematische Aufmerksamkeit und „soziale Energie" der Teilnehmer betrifft. Sie können daher andere Sequenzen in den Hintergrund drängen.
2. Planspiele simulieren im Unterschied zu Organisationslaboratorien (siehe Abschnitt 10.2.5: Organisationslaboratorien – Läßt sich die Organisation simulieren?) bestimmte Aspekte der Organisation, stellen selbst jedoch keine echte Organisation dar. Ihr Lerneffekt sollte daher auch nicht überschätzt werden.

245 Mills, J.: Experimental social psychology. London 1969, Kap. 13, 14.

9.2.4 Feedback

Feedback kann sowohl ein Prinzip als auch ein eigenes Designelement in Trainings sein. Es gibt kaum wirksamere Mittel des sozialen Lernens, so daß kein anspruchsvolles Training wirklich darauf in der einen oder anderen Form verzichten kann. Die Lernchance des Feedbacks besteht darin, daß die Differenz zwischen Selbstwahrnehmung und Fremdwahrnehmung[246] sichtbar und erlebbar gemacht wird. Dadurch können die „blinden Flecken" bezüglich der eigenen Person reduziert werden.

Daher folgt in der Regel jeder Übung und jedem Rollenspiel ein – je nach Zweckmäßigkeit – durch Audio- und Videotechnik unterstütztes *Feedback,* und zwar durch

1. die Mitglieder einer Teilgruppe oder einen Partner allein,
2. die Mitglieder einer Teilgruppe oder einen Partner *und* einen Trainer,
3. die Mitglieder des Plenums allein,
4. die Mitglieder des Plenums *und* die Trainer,
5. die Trainer allein.

Im Falle des Feedbacks als eigenem Designelement geben sich die Teilnehmer meist in der Konstellation von Paaren, Triaden oder Subgruppen, seltener auch im Plenum Rückmeldungen zu themen- oder prozeßrelevanten Punkten wie etwa:

- kommunikative Wirkung
- Rhetorik und Hörerbezug
- Konfliktverhalten
- Kooperationsbereitschaft

Anwendungsfelder:

Feedback kann bei der Aufarbeitung sämtlicher verhaltensorientierter Sequenzen eingesetzt werden. Es eignet sich aber auch hervorragend als eigenes Designelement, als Zwischenschritt ebenso wie als Abschlußsequenz des Trainings.

246 Siehe dazu Luft, J.: Einführung in die Gruppendynamik. Stuttgart 1971.

Beispiel:

In einem Rhetorikseminar geben die Teilnehmer als „Publikum“ dem Redner Feedback über Inhalt, Aufbau und Überzeugungskraft seines Statements, welches dieser beim nächsten Mal berücksichtigen kann.

Stolpersteine:

Besonders das Feedback an Einzelpersonen verlangt große Offenheit und schafft dadurch in der Gruppe häufig eine angespannte Situation. Die Teilnehmer tendieren hier gerne zu Fluchtverhalten:

1. Der Feedback-Empfänger kann nicht still zuhören, sondern verteidigt sich durch Argumentieren.
2. Die Feedback-Geber flüchten gerne in
   a) „falsch verstandene Kollegialität“, wo nur positive Rückmeldungen geäußert oder zum Teil „hingebogen“ werden, nach dem Motto:

      Was ich nicht will, das man mir tut,
      füg' ich auch keinem anderen zu...“;

   b) unfaire, beleidigende Destruktivität nach dem Motto: „Angriff ist die beste Verteidigung“;
   c) unpersönliche, pseudo-objektive Ausdrucksweisen, Wertungen (Verwendung von man-, es- und Passivkonstruktionen, *richtig-und-falsch-Termini...),* und
   d) psychologisierende *Interpretationen,* hinter denen man seine Person verschanzt, oftmals vorauseilend in narzißtischer Identifikation mit dem Trainer.

Daraus ergeben sich für Feedbacksituationen vier ebenso simple wie schwierig durchzuhaltende Maximen für die Teilnehmer:

1. *Zuhören* (währenddessen also schweigen) statt rechtfertigen, argumentieren.
2. *Fairneß* (Ehrlichkeit) in der Rückmeldung statt „fertigmachen“ oder „Solidarität.
3. *Subjektivität* statt allgemein-anmaßender Wertungen.
4. *Beschreibungen* statt psychologischer Interpretationen.

Soll Feedback als eigener Arbeitsschritt stattfinden, so empfiehlt sich aus den genannten Gründen oft ein stark strukturiertes Vorgehen mit *schriftlicher Vorbereitung in Form von Einzelarbeit.* So kann man beispielsweise den Teilnehmern eines Kommunikationstrainings als Einleitung der Abendeinheit die Aufgabe stellen, zu jedem Kollegen der eigenen Subgruppe folgende Punkte zum Kommunikationsverhalten zu notieren (wie es bisher im Trainingsverlauf in der Arbeit in Plenum, Arbeitsgruppe und informellem Bereich persönlich erlebt wurde):

1. Was gefällt mir gut und soll beibehalten werden?

2. Was gefällt weniger und sollte weggelassen werden?

3. Was könnte zusätzlich getan werden, was wäre der „persönliche Tip"?

Danach ziehen sich die Subgruppen zurück mit der Aufgabe, jeder Person eine genau abgegrenzte Zeitspanne zu widmen und die Feedbacks zu veröffentlichen. Pragmatischerweise soll dazu eine verbindliche Reihenfolge vereinbart werden, und der Letzte achtet aus gesundem Eigeninteresse auf die Zeit. Die Wirkung dieser Übung kann noch potenziert werden, wenn jeder zu den Fremdeinschätzungen auch eine Eigeneinschätzung verfaßt. Es wirkt in jedem Fall entlastend, wenn die Teilnehmer dazu eine Art „Formblatt" wie im folgenden Beispiel zur Verfügung haben:

Feedback zum Kommunikationsverhalten

Name (auch der eigene)	**„Weglassen"** (gefällt mir weniger)	**„Zusätzlich tun"** (Persönlicher Tip)	**„Beibehalten"** (gefällt mir gut)
....	* * *	* *	*
....	* * *	* *	*
....	* * *	* *	*
....	* * *	* *	*

9.2.5 Audio- und Videoeinsatz

Verhaltensseminare sind heute ohne den Einsatz medialer Unterstützung schwer vorstellbar. Medieneinsatz hat auf die Teilnehmer eine immens starke Wirkung, die sowohl positiv als auch negativ sein kann.

■ **Anwendungsfelder:**

Die Frage nach untersützendem Medieneinsatz muß sowohl aus der Aufgabenstellung als auch aus der Gruppensituation heraus beantwortet werden:

- Geht es aufgrund der Aufgabenstellung um *Verhaltensanalysen* (zum Beispiel bei Rollenspielen, Rhetorik, Kommunikationsverhalten), dann sind Medien hilfreich und fokussierend; geht es um die gemeinsame Erarbeitung einer Sachlösung, wirken sie eher ablenkend.
- Einen starken Einfluß auf die Zweckmäßigkeit von Medieneinsatz übt die jeweilige Phase der Gruppen- beziehungsweise *Themenentwicklung* aus. Am ersten Tag einer Gruppe etwa, die nach der Lernmethode der *temporären Inkompetenz*[247] geführt wird, herrscht gewöhnlich eine extreme Spannung. Würde man hier bereits mit Video arbeiten, wäre dies für den Lerneffekt oft destruktiv. Daher empfiehlt es sich in solchen Gruppensituationen, in denen Medieneinsatz von der Thematik her dennoch sinnvoll wäre, eher die Audiotechnik zu benutzen.

■ **Beispiel:**

Audio- und Videofeedback kann bei der analytischen Aufarbeitung sämtlicher verhaltensorientierter Sequenzen sowie als Unterstützung des „verbalen" Feedbacks eingesetzt werden.

■ **Stolpersteine:**

Dem Audio- und vor allem Videoeinsatz haftet oft der Charakter des „Psychostriptease" an, besonders wenn einzelne darin exponiert werden. Dies passiert, wenn der Trainer hier nicht minutiös seine Verantwortung wahrnimmt, fast von allein:

a) durch den *Mediumeffekt* der Video- oder Audioaufnahme glaubt man leicht, *„versagt"* zu haben: Jeder nimmt sich selbst unmittelbar anders wahr

---

247 Siehe Abschnitt 5.2.3: Grundmethoden des Erfahrungslernens.

als bei der Wahrnehmung seiner Person über ein technisches Medium, und diese Differenz wirkt zu Beginn fast immer „schockierend" (man glaubt also irrtümlicherweise, aufgrund der Aufnahmesituation wesentlich schlechter zu wirken als „normal");

b) durch eine der oben geschilderten Streßsituation des Videos entspringende Tendenz, in der *Gruppe* die eigenen *Schwächen eher zu betonen* als seine Stärken, was psychologisch der eigenen Entlastung dient (nach dem Motto: *„Wenn ich schon Angst habe zu versagen, so möchte ich zumindest beweisen, daß ich meine Fehler erkennen kann und außerdem verhindern, daß andere mir sie vorhalten"),*

c) durch eine gewisse mitgebrachte *Fehlerorientierung* hinsichtlich der fremden Person, wie sie in vielen Organisationen der Wirtschaft und Verwaltung vorherrscht;

d) durch die Tendenz von Individuen und auch Gruppen, komplex-interaktionelle Ereignisse zu *personalisieren,* das heißt, einfache „Ursachen" für Erfolg oder Mißerfolg zu finden und diese einer Person *wertend* zuzuschreiben, anstatt soziale Zusammenhänge zu *analysieren* (zum Beispiel bei der Videoanalyse eines Rollenspiels zum Mitarbeitergespräch: *„Na, Sie haben den Mitarbeiter hier aber mit Ihren Fragen gleich überfahren!" anstatt analytisch zu fragen „Bewirkten zu viele Fragen des Vorgesetzten zu Beginn möglicherweise einen innerlichen Rückzug des Mitarbeiters?").*

9.2.6 Theorieinput, Kurzvortrag

In Trainings nach der Methode des Erfahrungslernens kommen seltener ausführliche Theorievorträge als vielmehr kurze, oft skizzenhafte „Theorieinputs" zum Einsatz. Für die Handhabung von Theorien und Modellen im Training kommt als erste Grundregel wieder der bereits öfter erwähnte *Dreischritt des Erfahrungslernens*[248] zur Anwendung:

Erfahrung → persönliche Verarbeitung → Analyse, Theorie(-bildung)

Interventionstechnisch bewirkt ein Theorieinput bei jedem prozeßorientierten Training eine *Entlastung* durch *Abstoppung* des Gruppenprozesses; dies kann für

248 Siehe Abschnitt 8.2: Interventionstechnik des Erfahrungslernens.

den Trainer wie auch für die Gruppe hilfreich beziehungsweise störend sein. Die Einschaltung eines Theorieinputs ist daher schon im Design sorgfältig zu placieren, wobei die endgültige Entscheidung über Zeitpunkt und genauen Inhalt immer auch vom Verlauf des Prozesses mitbeeinflußt werden sollte. Hier ist die Erfahrung und Routine des Trainers besonders nützlich, wenn er flexibel und spontan aus einem gutsortierten „Bauchladen" von Theorien und Modellen wählen kann.

Anwendungsfelder:

In praktisch allen Trainings nach der Methode des Erfahrungslernens kommen Theorieinputs, Kurzvorträge und Modelle zum Einsatz.

Beispiel:

Nach einem „harten" Gruppenbildungsprozeß und dessen kommunikativer Aufarbeitung erfolgt die Vorstellung des bekannten Modells „JOHARI-Window" nicht nur zur *Erklärung* der damit verbundenen psychodynamischen Vorgänge und Gruppenprozesse, sondern auch als *Entlastung* für die Teilnehmer, die dadurch lernen, daß *jede* neue Gruppensituation für alle Beteiligten eine schwierige Angelegenheit ist.

Stolpersteine:

1. Theorien müssen passend und verständlich sein. Die Teilnehmergruppe und der Prozeßverlauf sollten daher die *Sprache* mitbeeinflussen. Man kann dies systemtheoretisch so zusammenfassen: *Die Sprache muß in bezug auf das Klientensystem anschlußfähig sein.* Damit ist gemeint, daß auf den sozialen wie positionalen Hintergrund der Teilnehmer, aber auch auf die jeweilige Organisationskultur Bedacht zu nehmen ist.

2. Die entlastende, sicherheitsstiftende Funktion von Theorien und Modellen sollte in prozeßorientierten Trainings interventionstechnisch sehr bewußt eingesetzt werden; dies können besonders unroutinierte Trainer oft nur schwer abschätzen.

3. Besonders heikel ist der *Positionswechsel* des Trainers, wenn von einer prozeßorientierten Phase zu einem Theorieinput übergegangen wird. Dies stellt an die Teilnehmer hohe Anforderungen hinsichtlich sozialer Sensibilität und Wahrnehmung von Gruppenprozessen. Als Trainer sollte man hier eher zuwenig als zuviel voraussetzen und sich nicht scheuen, diesen Positionswechsel der Gruppe als Lernchance für die Rollen- und Funktions-

problematik (zum Beispiel zwischen Vorgesetzten und Mitarbeitern) durch Ansprechen zur Verfügung zu stellen.

4. Beim innerbetrieblichen Training geht es immer auch um aktuelle Fragen in der Organisation. Daher ist das Eintreffen von Kontroversen und Auseinandersetzungen mehr als wahrscheinlich, und hier können Theorieinputs leicht zu einer tatsächlichen wie vermeintlichen *Stellungnahme des Trainers zugunsten einer Position* geraten, was nicht immer gerade zweckmäßig ist.

9.2.7 Fallanalyse und Fallsupervision

Hier muß man unterscheiden zwischen den „klassischen", vorbereiteten Fallstudien, wie sie zur Illustrationszwecken bei kognitiven Lernmethoden angewendet werden. Beim Erfahrungslernen wären vorgefertigte Fallanalysen als Spielart des Trichtermodells ungeeignet. Es kommen daher nur *teilnehmereigene* Fälle zur Analyse.

Auch bei der Methode der Teamsupervision[249] wird oft mit teilnehmereigenen Fällen gearbeitet. Dort unterstützen der Supervisor und die Gruppe gemeinsam den Problembringer, selbst eine Lösung zu finden, sie entspricht also ganz dem Sinn der Entwicklung eigener Kompetenz zur Problemlösung.

■ Anwendungsfelder:

Grundsätzlich läßt sich Fallarbeit in allen Trainings gewinnbringend einbauen, insbesondere jedoch im innerbetrieblichen Training (zunehmend von den Trainingstypen 2 bis 4).

■ Beispiel:

In einem innerbetrieblichen Konflikttraining werden teilnehmereigene Konfliktfälle unter Einbeziehung und zum Nutzen der gesamten Gruppe analysiert und nach Lösungsvarianten durchleuchtet.

---

249 Die Beratungsform der Teamsupervision wurde im Abschnitt 3.4.3: Trainingstyp 3: „Teamtraining" skizziert. Siehe weiters dazu Brandau, H. (ed): Supervision aus systemischer Sicht. Salzburg 1991.

■ **Stolpersteine:**

1. Fallarbeit erfordert vom Trainer neben seiner „normalen" Trainerqualifikation eine eigene Beratungskompetenz.
2. Fallarbeit ist aufwendig und verschlingt viel Zeit, die möglicherweise der Bearbeitung anderer wichtiger Inhalte fehlt.
3. Fallarbeit verleitet insbesondere Trainer, welche auch als Berater tätig sind, die Settings und Zielsetzungen von Training und Beratung miteinander zu verwechseln. So wird oft ganze Trainingstage lang und mehr – häufig die halbe Trainingsdauer – an ein und demselben Fall gearbeitet, nur weil hier dieselben Maßstäbe wie bei einer „eigentlichen" Beratung angelegt werden – mit eher fragwürdigem Lerneffekt für die Gruppe. Dies passiert noch dazu häufig unter Umstoßung von getroffenen Zeitvereinbarungen, wodurch die Teilnehmer ebenfalls leicht mehr verunsichert als unterstützt werden. In einem Training ist die Fallarbeit nach der hier vertretenen Auffassung eine spezielle Lernsequenz und daher nach anderen, nämlich mehr „pädagogischen" Maßstäben durchzuführen: zum Beispiel relativ straff und in einem begrenzten, für die Teilnehmer transparenten Zeitrahmen. Der Sinn kann dabei nur darin liegen, an einem Exempel die Problemlösungskompetenz der Teilnehmer zu fördern, nicht jedoch, als Trainer ihre Fälle zu lösen! Siehe auch den Abschnitt 5.2.5: Lernen nach dem Supervisionsmodell.

9.2.8 Tests

Bei den vorstrukturierten Lernformen werden Tests zur Seminarthematik zwecks Standortbestimmung für die Teilnehmer gerne eingesetzt.

■ **Anwendungsfelder:**

Grundsätzlich können Tests bei allen geeigneten Themen zur Unterstützung eingesetzt werden. Auch in Seminaren zur *Persönlichkeitsentwicklung* lassen sich psychologische Tests, soferne sie ein gewisses Niveau aufweisen, sinnvoll als Unterstützung zu dem, was die „Seminaröffentlichkeit" zutage fördert, einsetzen.

Beispiel:

Bekannt sind die „Fälle nach Vroom & Yetton“[250] bei Trainings zur Methode von *Entscheidungen.*

Stolpersteine:

1. Tests werden leicht mit einer „harten Sozialtechnologie“ in Verbindung gebracht und ihre Ergebnisse allgemeingültigen Attribuierungen gleichgesetzt.
2. Unter einem gewissen Niveau dienen Tests bestenfalls zum „Test der Testintelligenz“.

9.3 Reflexionselemente

Es gibt heute eine Fülle von Reflexionsformen für prozeßorientierte Trainings, aus der im folgenden nur exemplarisch herausgegriffen wird. Ausnahmslos gilt die Grundregel: *Keine Prozesse provozieren, die man nicht (mehr) adäquat aufarbeiten kann!*

9.3.1 Reflexionsstops, Kurskritik

Reflexionsstop und Kurskritik sind Standardelemente der prozeßorientierten Methode. Beim *Reflexionsstop* wird die inhaltliche Arbeit beziehungsweise das Prozeßgeschehen zumeist vom Trainer, aber auch auf Wunsch der Gruppe „angehalten“, um auf der Metaebene darüber zu reflektieren, was auf der Prozeß- beziehungsweise Beziehungsebene passiert. Die Kurskritik am Ende oder zu Beginn eines Trainingstages ist eine periodische, institutionalisierte Form des Reflexionsstops, aber auch des Feedbacks an die Trainer.

Anwendungsfelder:

1. Reflexionsstops sind oft in schwierigen, blockierten Situationen (getreu dem Motto: *Störungen haben Vorrang!*[251]) überaus hilfreich und entlastend.

---

250 Vroom, V.H. & Yetton, Ph.W.: Leadership and decision making. Pittsburgh 1973.

251 Cohn, R.: Von der Psychoanalyse zur themenzentrierten Interaktion. Stuttgart 1991.

2. Reflexionsstops empfehlen sich auch dann, wenn sich die Gruppe auf die Sachebene „verläuft", um sich quasi vor der Prozeßebene zu flüchten.
3. Kurskritik ist bei jedem prozeßorientierten Training ein hervorragendes Steuerinstrument und damit eine fast unverzichtbare Komponente im Design.

■ Beispiel:

Die Gruppe läßt deutliche Unlust bei einem der im Design vorgesehenen Arbeitsschritte erkennen, ohne daß jemand dies direkt ausspricht. Der Trainer unterbricht spontan das Programm, teilt seine Wahrnehmung der „Lustlosigkeit" der Gruppe mit und ermuntert jeden Teilnehmer, dazu seine persönlichen Gefühle zu artikulieren. Diese werden dann im Sinne von Beziehungsarbeit besprochen, nach der Beseitigung von etwaigen Hindernissen kann das Programm entweder lustvoller fortgesetzt werden, oder es wird so modifiziert, daß alle damit gut leben können.

■ Stolpersteine:

1. Reflexionsstops und Kurskritik sind nur dann sinnvoll einsetzbar, wenn darauf von Trainerseite seriös – inhaltlich und zeitlich – eingegangen werden kann. Ohne ein von vornherein offenes Design (mit Kenntnis des Auftraggebers!) kann es sonst hinterher zu unangenehmen Überraschungen kommen.
2. Reflexionsstops und Kurskritik werden von wenig professionellen Trainern häufig als oberflächliche Ventilfunktion funktionalisiert und damit nicht wirklich ernstgenommen („...na, wie geht es uns denn im Moment?"); dies rächt sich mit ziemlicher Sicherheit im weiteren Verlauf des Seminars, da diese Einstellung keinem Teilnehmer wirklich entgeht.

9.3.2 Nondiskursive Reflexionsformen

Besonders Reflexionsarbeit tendiert leicht zur „Kopflastigkeit". Gegen diese Tendenz sind daher die „künstlerischen" Darstellungsformen von Prozessen, Beziehungskonstellationen und dergleichen überaus brauchbar.

Anwendungsfelder:

Nondiskursive Reflexionsformen sind in allen prozeßorientierten Trainings einsetzbar, wo bewußt nicht (nur) auf der verbalen Ebene gearbeitet werden soll.

Beispiele:

- Beim sogenannten „Bild“ versucht die Gruppe, ihre momentane Situation auf der Beziehungsebene ohne beschreibende Worte in Form einer Zeichnung, einer Pantomime, eines Songs etc. darzustellen.
- Bei der „Skulptur“ versucht die Gruppe, eine bestimmte Situation des Gruppenprozesses nachzustellen.
- Beim sogenannten „Lebendsoziogramm“ wird wiederum versucht, die Gruppe, das Beziehungsgeflecht der Teilnehmer hinsichtlich gewisser Kriterien wie Nähe und Distanz, Einfluß auf das Gruppengeschehen, Redezeit etc. mit den vorhandenen Personen als „Statuenlandschaft“ darzustellen.

Stolpersteine:

Obwohl die nondiskursiven Reflexionsformen – zieladäquat eingesetzt – oft wahre Wunder für den Lern- oder Prozeßfortschritt wirken können, sind sie exzessiv und planlos eingesetzt mitverantwortlich für den schlechten Ruf von sogenannten „Psychoseminaren“.

> Dazu ein Negativbeispiel. Ein bekannter Psychoanalytiker und systemischer Therapeut bildete ein Jahr hindurch eine Gruppe von hochprofessionellen Gruppendynamikern und Organisationsberatern aus, welche teilweise in enger beruflicher Kooperation und auch in privater Verbindung standen. Die letzte Einheit dieser Ausbildung *beendete* (!) er mit einem Lebendsoziogramm, bei dem eine Subgruppe ihre (kontroversielle) Sicht der Beziehungskonstellation der Gesamtgruppe darstellte. Diese Darstellung löste heftigste Emotionen aus, die aber aufgrund des Endes der Ausbildung einfach im Raum stehenblieben. Die privaten und beruflichen Konflikte, die sich daraus in weiterer Folge ergaben, waren bitter und führten schließlich zu einigen irreparablen privaten wie beruflichen Zerwürfnissen.

9.3.3 Soziogramm

Die Soziometrie beziehungsweise das Soziogramm wurde ursprünglich von Moreno[252] entwickelt und ist eine schwarz-auf-weiß dokumentierte Momentaufnahme[253] von Beziehungskonstellationen in der Gruppe hinsichtlich Dimensionen wie Einfluß und Sympathie.

Anwendungsfelder:

Sinnvoll einzusetzen ist das Soziogramm in T-Gruppen, bei gruppenbezogenen Trainings für über- und innerbetriebliche Personaltrainings (Trainingstypen 1 und 2) und natürlich bei Teamtrainings (Trainingstyp 3).

Beispiel:

Im Rahmen eines „Minilabs“[254] überlegen sich die Teilnehmer der Subgruppen, wer hier die Diskussion in welchem Maße bisher beeinflußt hat und vergeben dementsprechend Punkte. Nach dieser „Offenlegung“ der in der Gruppe bisher nicht vorhandenen Information wird das Thema „Einfluß“ aufgearbeitet.

Stolpersteine:

1. Soziogramme sprechen oft jene Teilnehmer besonders an, die aus ihrer Arbeitssituation heraus an harte Fakten und konkrete Zahlen gewöhnt (zum Beispiel aus der EDV, dem Controlling und so weiter) sind und daher Trainingsinhalten wie „Spielchen“ und „künstlerischen Darstellungen“ eher mit Widerstand begegnen. Diese Teilnehmer neigen dann dazu, das Soziogramm völlig überzuinterpretieren, zum Beispiel als ob es eine „Letztbeurteilung von einzelnen“ ausdrücken würde (gegen die man sich natürlich durch Intervention heftigst zur Wehr setzen muß); oder sie üben sich in herablassender Kritik an der „statistischen Ungenauigkeit des Verfahrens“. Diese Effekte eines Soziogramms bedeuten eine Flucht vor der Gruppendimension und liegen begreiflicherweise alles andere als im Sinne des Erfinders, womit unerfahrene Trainer jedoch nur schwer umgehen können.

---

252 Moreno, J.L.: Psychodrama. New York 1946. Morenos Methode war bahnbrechend für die Kleingruppenforschung.

253 Siehe dazu Höhn, D. & Seidel, G.: Soziometrie. In: Graumann, C.F. (ed): Handbuch der Psychologie. Göttingen 1969/1972 und Friedrichs, J.: Methoden empirischer Sozialforschung. Opladen 1973.

254 Siehe Abschnitt 8.3.5: Beispiele prozeßorientierter Gruppenbildung.

2. Die Einschaltung des Soziogramms vermag jeden Prozeß zu stoppen, wenn es durch Zweierdiskussionen über individuelle Beziehungsklärungen ausgewalzt wird und dadurch die „Gruppe" als solche aus der Aufmerksamkeit verschwindet. Darauf ist von seiten des Trainers einschlägig (sprich restriktiv) zu reagieren, da sonst die Kompetenz zur Reflexion und die Entwicklung der Gruppe unter die Räder kommen.
3. Die Massivität des Soziogramms als Interventionsinstrument wird häufig unterschätzt, vor allem der zu einer seriösen Verarbeitung nötige hohe Zeitaufwand.

9.3.4 ERFA-(„Erfahrungs-Austausch"-)Gruppen

Mit Erfagruppen meint man Subgruppen, die sich in geschütztem Rahmen über gewisse Erfahrungen und Erlebnisse austauschen sollen. In Gruppen, die in mehrere parallel arbeitende Subgruppen (oft sogar mit jeweils einem eigenen Trainer) aufgeteilt sind, empfiehlt sich oft die Installierung von übergreifenden Erfagruppen: Diese setzen sich aus mindestens einem Vertreter jeder Kleingruppe zusammen und tauschen zum Beispiel am Ende des Tages ihre parallel gemachten Erfahrungen und Erkenntnisse aus.

Anwendungsfelder:

1. Erfagruppen eignen sich hervorragend zum Abschluß (auch im Sinne von Entlastung) eines aufwühlenden Tages.
2. Erfagruppen kommen zur Horizont- und Lernfelderweiterung zum Einsatz, wenn mit parallelen Subgruppen (siehe dort) gearbeitet wird.
3. Erfagruppen verhindern durch institutionalisierte Querinformation, daß die einzelnen Subgruppen zu sehr auseinanderdriften.

Beispiel:

Teilnehmer aus den beiden durch je einen Trainer geleiteten Subgruppen eines Konfliktseminars, die parallel Fallbearbeitungen durchführten, tauschen am Abend gegenseitig ihre Erfahrungen aus und sprechen über ihre sich daraus ergebenden Konsequenzen für die Bearbeitung von Konflikten in der Organisation.

Stolpersteine:

Bei aufgrund von Themen und Prozeßverlauf nicht triftigen „Daseinsgründen“ werden Erfagruppen von den Teilnehmern leicht und zu Recht als „Zeitschinderei“ einfallsloser oder arbeitsmüder Trainer empfunden.

9.3.5 Tandem, Fishbowl, Open staff

Gelegentlich ist zur einschlägigen sozialen Kompetenzerweiterung auch eine Art „Reflexion des Reflexionslernens“ nützlich. Bei der Tandem-Einheit[255] wird eine agierende T-Gruppe von der anderen still beobachtet und erhält anschließend *Feedback*. Beim Fishbowl ebenso wie beim Open staff wird die reflektierende Gruppe beziehungsweise der Trainerstaff von einer Gruppe beobachtet und erhält anschließend Feedback. Manchmal wird dieses durch die Einrichtung des *Hot chair* ergänzt, eines leeren Stuhls, auf den eine Person aus der Beobachtergruppe wechseln kann, um eine Frage zu stellen (um diesen nach der Beantwortung wieder zu verlassen).

Anwendungsfelder:

Alle betont prozeßorientierten Trainings eignen sich grundsätzlich zum Einsatz von Tandem, Fishbowl und Open staff.

Beispiel:

In einem Training zum Thema „Beraterverhalten“ sitzen die „Berater“ eines einschlägigen Rollenspiels im Fishbowl, während sie über ihre zuvor im Spiel gemachten Erfahrungen mit den „Klienten“ sprechen. Die Klienten melden daraufhin ihre Eindrücke darüber, wie die Berater über sie gesprochen haben an diese zurück, was allen als Lernchance dient.

---

255 Das Tandem als durchgängige Arbeitsform wurde aus einer personellen Notsituation im Jahre 1961 von G. Schwarz entwickelt. Siehe Heintel, P. (ed): Gruppendynamik. Geschichte und Zukunft. Wien 1993, S. 24.

■ **Stolpersteine:**

Ohne qualifizierte Kenntnisse und Erfahrungen aus den einschlägigen Richtungen der Gruppendynamik[256] beziehungsweise der systemischen Beratung geraten solche „Reflexionsschritte zweiter Ordnung" leicht zu einem lächerlichen und konfusen Happening.

9.4 Dramaturgie und Rahmenbedingungen

Trainings benötigen – nicht anders als „Inszenierungen" auf der Bühne und im Film – eine dramaturgische Struktur. Ein inhaltlich und pädagogisch hervorragendes Training wird daher möglicherweise nur einen mittelmäßigen Erlebnis- und damit Lerneffekt haben, wenn der kognitive und emotionale „rote Faden" nicht durchgehend erkennbar ist und die Zeitstruktur nicht dazu paßt.

Besonders die prozeßorientierten Designs sind diesbezüglich besonders heikel. Ich persönlich habe mich als Teilnehmer mehr als einmal gefragt, wozu gerade jetzt dieser Theorieinput X wohl passen soll, oder warum eine neue, wichtige Frage oder Situation kurz vor Ende eines Trainingstages „eröffnet" und damit gleich wieder abgebrochen werden muß. Prozeßorientiertes Arbeiten bedeutet nicht den beliebigen Umgang mit zeitlichen und inhaltlichen Strukturen, sondern stellt an das Design beziehungsweise den Trainer *höhere Anforderungen* (im Sinne einer flexiblen und dennoch „stimmigen" Handhabung dieser Parameter) als bei durchstrukturierten Trainings.

9.4.1 Pädagogischer und dramaturgischer Designaufbau

Jeder bearbeitete *Inhalt* benötigt beim Erfahrungslernen neben seiner logischen Struktur und Aufbereitung (zum Beispiel durch die Sequenz von Einzel-, Kleingruppen- und Plenararbeit) auch einen *emotionalen Spannungsbogen,* einfach gesagt also einen Anfang, einen Höhepunkt und einen Abschluß. Abschluß bedeutet übrigens nicht, daß die Teilnehmer ohne offene Fragen und Probleme „heimgeschickt" werden sollen, sondern daß der *Sinn deren Bearbeitung im Seminar wahrnehmbar* sein sollte. Diesen Sinn zu vermitteln ist *Bringschuld* des Trainers.

---

256 Kritisch angespielt wird hier auf die personenorientierten, therapeutischen Ansätze der „Gruppendynamik", wie sie in Abschnitt 10.2: Was ist Gruppendynamik? Trainingsgruppe und Organisationslaboratorium dargestellt beziehungsweise kritisiert wurden.

Dramaturgisch anspruchsvoll sind besonders die Theorieinputs (siehe dazu auch den vorigen Abschnitt). Zum Beispiel sollten niemals zwei Theorien zu nahe nacheinander gebracht werden, sonst wird das Erfahrungslernen „kognitiv konterkariert". In der ersten Arbeitseinheit am Morgen sowie nach der Mittagspause gehört es zur Kunst der Designerstellung, die Gruppe zu aktivieren; hier wirken noch so interessante Theorieinputs meist einschläfernd wie langweiliger Schulunterricht und sind daher zu vermeiden, selbst wenn es „logisch" noch so gut passen würde. Auch an das Ende eines Arbeitstages passen Theorieinputs selten, es sei denn, sie sind von emotional provokantem Inhalt und werden mit impulsivem Vortragsstil gebracht.

Es ist in diesem Zusammenhang übrigens keine Kunst, als Trainer mit einem gewissen theoretischen Repertoire die Teilnehmer ständig mit neuen, rasanten und paradoxen Ideen und Theorien zu verblüffen und so von der Frage abzuhalten, wozu all das im Sinne der Aufgabenstellung dient. Die Ernüchterung kommt meistens erst hinterher, wenn die Transferfrage gestellt wird. Dann sind die Teilnehmer möglicherweise noch immer begeistert von einem derartigen Seminar, wissen aber nicht, was der konkrete Nutzen für die Arbeitspraxis sein könnte.

Zur Frage der Dramaturgie gehört auch der Bereich der Erlebnisqualität und des *Unterhaltungswertes* von Trainings. Der Einsatz Externer sollte hier immer auch den Sinn haben, neue Zugänge und Perspektiven in die „Organisationsblindheit" einzubringen. Organisationen können aus ihrem Wesen heraus mit Emotionalität nichts anfangen, daher besteht auch jene durch die Trainingsbranche abgedeckte Nachfrage[257] nach Lernen auf der emotionalen beziehungsweise sozialen Ebene „außer Haus". Emotionale und humoristische Qualität ist daher ein seriöses Merkmal professioneller Trainings.

So gesehen erscheint die (auf den ersten Blick unproduktive) Entlastungsfunktion[258] nicht nur berechtigt, sondern sogar wichtig zur Unterstützung der lern- und entwicklungsorientierten Funktionen. Es gibt freilich eine Reihe von hochkompetenten Experten, die meinen, es könne in einem seriösen Training doch um nichts anders als um die Vermittlung kluger Einsichten gehen. Dies erinnert an die Parabel vom Fuchs und den sauren Trauben. Nach der hier vertretenen Ansicht macht unter anderem erst ein gewisses *Kommunikationstalent* den Experten zum professionellen Trainer.

---

257 Siehe dazu Abschnitt 3.2: Was soll trainiert werden? Funktionen und Ziele von Trainings.
258 Siehe dazu Abschnitt 3.2.3.3: Entlastung.

9.4.2 Zeitstruktur

Es ist seit langem und besonders aus den Erfahrungen mit T-Gruppen bekannt, daß die (vereinbarte oder vorgegebene) Struktur der Arbeitszeiten um so rigider gehandhabt werden muß, je offener die Inhalte sind, weil ansonsten die Unsicherheit aus der inhaltlich offenen Situation potenziert wird und damit in den destruktiven Bereich gerät. Umgekehrt „vertragen“ inhaltlich durchstrukturierte Veranstaltungen eher einen loseren Umgang mit den Arbeitszeiten, wenn diese klar „verhandelt“ werden: Bei *jedem* Training sollte die Regelung der Arbeitszeiten zu Beginn verbindlich bekanntgegeben beziehungsweise vereinbart werden.

Beim Erfahrungslernen haben sich Arbeitseinheiten zu 1,5 Stunden mit nachfolgender Pause als optimaler Grundrhythmus bewährt. Hier halten sich didaktische und biorhythmische Parameter ziemlich perfekt die Waage. Mittagspausen sollten verhältnismäßig lange, also mindestens zwei, manchmal (besonders bei Abendarbeit) bis zu drei Stunden dauern, sonst läßt die Konzentrationsfähigkeit gegen Ende des Seminartages zu stark nach.

Diese Rhythmen sind für viele Teilnehmer und auch Auftraggeber ungewohnt, weil in der Organisation meist ganz andere zeitliche Strukturen den Arbeitseinsatz determinieren. Manche Teilnehmer (und Auftraggeber) entwickeln dagegen regelrechte „moralische Bedenken“. Es lohnt sich daher, gleich zu Seminarbeginn darauf hinzuweisen beziehungsweise zu erarbeiten, daß beim Erfahrungslernen *andere Zeitgesetze* gültig sind als in Organisationen, die technosoziale Artefakte zur Lösung von Sachaufgaben sind.

9.4.3 Raumgröße

Die Raumgröße besonders des Plenums sollte der jeweiligen Teilnehmeranzahl sowie der aufgrund des Themas und des Trainingsziels gewünschten „emotionalen und sozialen Dichte“ eines Trainings unbedingt angemessen sein. Andernfalls kämpfen Trainer und Gruppe mit oft „unerklärlichen“ Schwierigkeiten:

- Prozesse verlaufen eigenartig heftig oder zäh,
- Übungen dauern zu lange oder zu kurz,
- Trainer und Gruppe finden unerklärlich langsam zueinander,
- die Grundstimmung im Plenum „erwärmt“ sich nicht wirklich und so weiter.

Erfahrungsgemäß wirken sich dabei zu große Räume negativ auf die emotionale Dichte und die Stimmung im Plenum aus, während zu kleine Räume besonders bei Führungskräften überdurchschnittliche Ängste und ein zurückhaltendes, übervorsichtiges Verhalten bewirken. Es gibt natürlich keine allgemeine Faustregel für die Raumgröße. Viel hängt hier ganz einfach von der Erfahrung und den subjektiven Vorlieben des Trainers, aber auch des Klientensystems ab. Unbestritten ist jedoch, daß professionelle Trainer beziehungsweise Veranstalter der Raumgröße aufgrund ihrer verblüffenden Effekte immer ein besonders hohes Augenmerk widmen.

9.4.4 Ort, Räumlichkeiten und Technik

Diese Parameter sind zwar nur „Äußerlichkeiten“, können aber jedes noch so professionelle Seminardesign zum Absturz bringen. Als Trainer sollte man diese Dinge daher niemals dem Zufall überlassen.

Es gibt nicht viele professionelle Seminarhotels. Viele Ferien- oder Kurhotels versuchen, in den toten Zeiten die Bilanz mit Seminarveranstaltungen aufzubessern. Leider vertragen sich die Anforderungen aus diesen beiden Geschäftsbereichen sehr schlecht. Es gibt andererseits auch spezialisierte Tagungshotels, die aber dann *viele Seminare gleichzeitig* beherbergen; dort kommt niemals eine wirklich klausurartige Seminaratmosphäre zustande, man hat eher den Eindruck einer „Bahnhofshalle“.

Als Trainer sollte man im eigenen Interesse versuchen, beim Auftraggeber als Veranstalter auf die Auswahl eines geeigneten Spezialhotels und die anderen Parameter *Einfluß zu nehmen.* Selbst wenn das gelungen ist, bedeutet dies allein noch keinen gelungenen Veranstaltungsrahmen: Ich persönlich benütze für die vielen Details regelrechte Checklisten (siehe unten), die mir und vor allem aber auch dem Auftraggeber in der Funktion des Veranstalters sowie der (hoffentlich) qualifizierten Ansprechperson im Hotel (wie es sie in professionell geführten Häusern immer gibt) gute Dienste leisten.

9.4.5 Checkliste für die Rahmenplanung von Tranings

Checkliste für den Trainer	
1. Räume:	Wie viele Räume und in welcher Größe (Plenarräume, Gruppenräume) sind notwendig? Einrichtung mit oder ohne Arbeitstische, d.h. nur die entsprechende Anzahl Stühle im Kreis (vor allem bei Verhaltensseminaren)? Für den Referentenstab ist bei prozeßorientierten Trainings ein größerer, d.h. auch zum Arbeiten geeigneter Eßtisch erforderlich, der sich *nicht in unmittelbarer Nähe der Teilnehmer-Eßtische* befindet.
2. Ausstattung:	Wie viele Flip-charts (ev. mit Papier und Stiften) und Pinnwände mit Moderatorenkoffer pro Arbeitsraum werden gebraucht? (In Verhaltensseminaren stören überflüssige Accessoires wie herumstehende Overheadprojektoren und Projektionswände etc. oft sehr, sind sie eventuell zu entfernen?) Gibt es Befestigungsmöglichkeiten für Flip-chart-Plakate an den Wänden (Magnete oder Klebeband)?
3. Technik:	Wie viele Videoanlagen, Kassettenrecorder etc. sind notwendig, wo sollen sie stehen? (Verlängerungskabel und ähnliche Kleinigkeiten sollten stets in Griffweite sein.)
4. Unterbringung:	Sind die Teilnehmer adäquat untergebracht? (Besonders Verwaltungsorganisationen versuchen gerne durch den Einsatz von Zweibettzimmern für die Teilnehmer Kosten zu sparen. Aus pädagogischer Sicht ist diese Vorgangsweise jedoch für Erwachsene, vorsichtig formuliert, eine Zumutung.) Als Trainer sollte man nicht aus Privilegienreiterei, sondern aus praktischen Notwendigkeiten sowie aus „Berufshygiene“ auf ein ausreichend großes, helles und ruhiges Zimmer bestehen.
5. Arbeitzeiten:	Das Hotel muß darauf aufmerksam gemacht werden, daß während der Arbeitszeiten keine Störungen durch Telefonanrufe, Faxnachrichten etc. passieren (Teilnehmer in den Pausen benachrichtigen!).
6. Essen:	Genaue Essenszeiten sollte das Hotel vor Seminarbeginn beim Trainerstab erfragen (Gute Hotels reagieren hier flexibel auf die Anfordernisse des Seminarablaufes.) Menülisten soll das Hotel entweder bis zum Ende des Frühstücks beziehungsweise Mittagessens herumgehen lassen, nicht während der Arbeitszeiten oder kurzen Pausen (sie beschäftigen die Teilnehmer immer mehr als die Trainingsinhalte, da Störungen bekanntlich Vorrang haben), oder es soll die Vorgangsweise mit den Referenten abgeklärt werden.
7. Pausen:	Das Hotel sollte die genauen Zeiten der Vor- und Nachmittagspausen vor Seminarbeginn beim Trainerstab erfragen. (Nichts ist ärgerlicher als das Warten der Teilnehmer auf Getränke in einer kurz anberaumten Pause.)

9.4.6 Beispiel einer Hotelcheckliste[259]

Hotel-Checkliste	
<u>I. Referenten:</u>	
1. Zimmer:	Ab dem Vorabend für jeden der Referenten ein ruhiges, helles und geräumiges Zimmer.
2. Mahlzeiten:	Für den Referentenstab einen größeren, d.h. auch zum Arbeiten geeigneten Tisch, der sich nicht in unmittelbarer Nähe der Teilnehmer-Eßtische befindet.
<u>II. Seminarbedarf:</u>	
1. Räume:	1 Plenarraum, ruhig und geräumig für ca. 30 Personen. 1 Gruppenraum für mindestens 10 Personen bei Gruppengrößen bis 20 Teilnehmer beziehungsweise 2 Gruppenräume, beide für mindestens 10 Personen, bei Gruppengrößen über 20 Teilnehmer. Alle Räume ohne Arbeitstische, d.h. nur die Stühle im Kreis aufstellen (Tische können ev. an der Wand stehen bleiben), keine Aschenbecher, keine Getränke.
2. Ausstattung:	Je 1 Flip-chart mit Papier, eine Pinwand und einen Moderatorenkoffer pro Arbeitsraum (2-3). Befestigungsmöglichkeiten für Flip-chart-Plakate an den Wänden (Magnete oder Klebeband) in allen Arbeitsräumen. Overheadprojektoren etc. bitte entfernen!
3. Technik:	Je 1 Videomonitor pro Arbeitsraum (2-3). 1 tragbarer Kassettenrecorder, falls im Plenarraum keine Tonanlage mit Kasettengerät vorhanden ist. Pro Arbeitsraum 1 Verlängerungskabel (2-3).
<u>III. Seminarablauf:</u>	
1. Essen:	Genaue Essenszeiten vor Seminarbeginn beim Trainerstab erfragen. Menülisten entweder bis zum Ende des Frühstücks beziehungsweise Mittagessens herumgehen lassen (nicht während der Arbeitszeiten oder während der kurzen Pausen!), oder die Vorgangsweise mit den Referenten abklären.
2. Pausen:	Genaue Zeiten der Vor- und Nachmittagspausen vor Seminarbeginn beim Trainerstab erfragen.
3. Anrufe:	Ausnahmslos keine Störungen während der Arbeitszeiten wegen Menülisten, Telefonanrufen, Faxnachrichten etc.; Memo notieren und sichtbar hinterlegen zwecks Rückruf in den Pausen.

259 Gedacht hier für Trainings mit 15 bis 25 Teilnehmern, zwei beziehungsweise drei Trainern; die Technik stellt teilweise der Auftraggeber zur Verfügung.

10 Anhang

10.1 Wichtige Begriffe im Trainingsgeschehen

10.1.1 Fachliche Aus- und Weiterbildung, „normative Verhaltensschulung"

Dieser Bildungsbereich wird eher selten zu den „Trainings" gerechnet und eher als „Ausbildung" beziehungsweise „Schulung" bezeichnet, obwohl die Grenzen niemals scharf gezogen werden können. Hierbei werden notwendige Fachkenntnisse beziehungsweise soziale und kommunikative Fähigkeiten vermittelt, oder es werden unterschiedliche Qualifikationsgrade „auf einen Nenner" gebracht. Es ist ausschließlich die Trainingsfunktion 1, die Ressourcenentwicklung (siehe Abschnitt 3.2.1), wichtig. Der Typus dieser Veranstaltungen entspricht im Trainings-Kontinuum (Abschnitt 3) entweder dem überbetrieblichen oder dem innerbetrieblichen Personaltraining (Trainingstypen 1 und 2).

Die *Lerninhalte* sind größtenteils standardisiert und damit normativ *vorgegeben*, da es meist um die Vermittlung gängigen Firmen- oder Branchenfachwissens geht. Es handelt sich dabei überwiegend um arbeitsnotwendige Fähigkeiten und Kenntnisse, deren Vermittlung in der Organisation außer Streit steht. Diese können im sachlichen Bereich (zum Beispiel EDV, Verfahrenstechnik) und/oder im kommunikativen Bereich (zum Beispiel Verkaufen, Kundenkommunikation) liegen.

Die *Beziehung des Vortragenden zum Klienten* ist grundsätzlich asymmetrisch und nicht selten sogar „autoritär", das heißt, er ist im Besitz des notwendigen Wissens oder Könnens und vermittelt dieses den Lernenden, die dieses Wissen brauchen beziehungsweise haben sollten. Daher erscheint auch der Klarheit halber hier der Ausdruck „Referent" anstelle von Trainer angemessener. Die Teilnehmer sind quasi „für das Seminar" da, das heißt, sie müssen sich nach den *vom Referenten und Auftraggeber ausgewählten Inhalten* richten.

Die *Lehrmethode* ist überwiegend frontal, bei verhaltensbezogenen Inhalten (beispielsweise Verkaufsschulung) spricht man pädagogisch von *Lernen am Modell*[260],

260 Siehe dazu Abschnitt 5.1: Lernen nach dem „Trichtermodell": Professionals auf der Schulbank?

das heißt vereinfacht, der Vortragende weiß, „wie man es macht", und demonstriert dies normativ den Lernenden, welche durch Nachahmung lernen. Daher paßt hier auch der Begriff der *normativen Verhaltensschulung.* Zur Unterstützung werden üblicherweise ausführliche Skripten und Unterlagen verwendet.

10.1.2 Persönlichkeitsentwicklung

Dies ist ein vieldeutiger Begriff. „Persönlichkeitsentwicklung" *im weiteren Sinn* besteht in der Weiterentwicklung des persönlichen Potentials und ist ein indirekter Effekt praktisch *jeder* Weiterbildung. Im etwas engeren und weniger trivialen Sinn ist Persönlichkeitsentwicklung ein Attribut für inner- und überbetriebliche Personaltrainings (Trainingstypen 1 und 2), wo die Persönlichkeit des Teilnehmers das *direkte Ziel des Lernens* ist. Dieser Sinn ist hier im folgenden gemeint.

Bei der Persönlichkeitsentwicklung geht es im Unterschied zur normativen Verhaltensschulung um *individuelle Weiterentwicklung sozialer Fähigkeiten für den organisationsbezogenen Gebrauch,* also um Themen wie persönliches Kommunikationsverhalten, Führungsverhalten, Teamverhalten und so weiter. Ab einem gewissen Niveau ist die pädagogische Methode selten normativ, das heißt, daß es weniger darauf ankommt, „wie *man* dieses und jenes (in unserer Organisation) macht", sondern wie *jeder persönlich* sich am zweckmäßigsten in bestimmten Situationen verhält (non-direktive Methode, siehe Abschnitt 5: Wie soll trainiert werden? Die Trainer-Klient-Beziehung).

Dies stellt natürlich gewisse Anforderungen an die Vorqualifikation und die Motivation der Teilnehmer. Bei dem hier angewendeten *Erfahrungslernen* beziehungsweise Selbsterfahrungslernen ist ein gewisser Grad an Fachwissen und Berufserfahrung die Voraussetzung für eine sinnvolle Teilnahme, bei absoluten Anfängern ist die vorhandene Basis oft zu schmal, um diese Methode ökonomisch vertretbar anzuwenden.

Die Organisation erwartet sich bei der Persönlichkeitsentwicklung eine arbeitsbezogene Verbesserung der sozialen Fähigkeiten *(social skills)* von einzelnen Personen. Früher fast nur den wichtigen Spezialisten und Führungskräften vorbehalten, erkennt man heute zunehmend ihre Notwendigkeit auch für „normalsterbliche" Mitarbeiter, deren soziale und kommunikative Qualifikation man bisher – wenn überhaupt – wie andere, fachliche *tools* bloß „geschult" hat beziehungsweise heute teilweise noch immer schult (normative Verhaltensschulung, zum Beispiel die übliche Verkaufsschulung).

Die Seminarthemen sind zumeist nur als „Rahmen" vorgegeben, weil bei dieser Lernform bei den Fragen und Themen aus der Praxis der einzelnen

Teilnehmer angesetzt wird. Der Einsatz vorgefertigter Skripten und Arbeitsunterlagen ist hier daher weniger sinnvoll, gelegentlich gibt es jedoch im nachhinein weiterführende oder vertiefende Unterlagen für ein freiwilliges Selbststudium. Diese Lernmethode verlangt daher wie gesagt den Teilnehmern eine gewisse Reife und Selbständigkeit ab.

Das Verhältnis zum Trainer ist in der Regel viel weniger asymmetrisch oder „autoritär" als bei der Verhaltensschulung. Das Seminar ist „für die Teilnehmer da", das heißt, der Trainer richtet sich nach den von den Teilnehmern ausgewählten Inhalten, wenn auch in dem mit dem Auftraggeber vereinbarten Rahmen. Dies stellt an den Trainer eine „doppelte" Anforderung: Er muß sowohl fachpädagogisch als auch gruppenpädagogisch kompetent sein.

Je tiefer man in die „Persönlichkeit" mit Themen wie Rhetorik, Lebensplanung, Streßbewältigung etc. vordringt, desto stärker geht der Trend zur *Externalität* des Trainers. Der Grund liegt auf der Hand: Bei der Persönlichkeitsentwicklung ist für den Teilnehmer ein hoher Grad an Vertraulichkeit und Anonymität notwendig, weil oft viel an den persönlichen *Schwächen* gearbeitet werden muß. In den Organisationen mit hoher formalisierter Kommunikation werden aber derart „private" Inhalte eher vermieden, weshalb sie auch vor einem internen Trainer leicht als „unpassend" empfunden werden. Waren früher tiefgreifende Persönlichkeitstrainings innerbetrieblich fast nicht üblich, so war im Geist der revolutionären siebziger Jahre die psychologische „Nabelschau" oft nicht nur innerhalb von Teams, sondern („jeder mit jedem") quer durch die Hierarchien modern und hat viel zum Imageverlust der persönlichkeitsorientierten Trainings beigetragen.

Noch heute achten daher aufgrund einschlägiger Erinnerungen etliche Organisationen darauf, daß ihre persönlichkeitsorientierten Veranstaltungen keinesfalls in den Ruf von „Psychoseminaren" kommen. Diese „Gefahr" ist bei innerbetrieblichen Veranstaltungen natürlich um so größer, je kleiner die Organisation ist; ab einer bestimmten Größe der Organisation steigt die Chance auf Anonymität der Teilnehmerschaft und kann der Veranstaltung dann das Attribut der Quasi-Überbetrieblichkeit verleihen.

10.1.3 Coaching und Individualtraining

Die Arbeit mit *Einzelpersonen* gehört theoretisch gesehen eher in den Bereich der Einzeltherapie oder Einzelsupervision und weniger zum Thema Training. Diese Lernform hat sich in den letzten Jahren jedoch fest etabliert und wird auch von Trainern ausgeübt, daher soll im folgenden skizzenhaft[261] darauf eingegangen werden.

Zur Ausgangssituation: Führungskräfte stehen heute unter einem sozialen Anforderungsdruck, welcher auf die persönliche Leistungsfähigkeit oft nicht mehr stimulierend, sondern destruktiv[262] wirkt. Nicht nur die Manager als Privatpersonen, sondern auch die Organisationen entwickeln daher ein Interesse daran, die von ihr besonders belasteten Funktionsträger zumindest von den destruktiven Komponenten ihres *persönlichen Anforderungsprofils* zu entlasten. Diese immer auch *selbstbestimmte Belastung* läßt sich nicht mit materiellen Anreizen, Zusatzurlauben oder der Teilnahme an psychologischen Seminaren abbauen. Die passende Lernform an der Grenze des Systems, also an der Schnittstelle von Privatsphäre und Organisationsrealität, ist die Einzelberatung beziehungsweise professionelles Coaching.

Es gibt heute viele Konzepte für Coaching, und nicht alle Erfolgsversprechungen sind wirklich seriös. Nach der hier vertretenen Auffassung kann Coaching psychohygienische Ziele wie *Orientierungshilfe, Selbstmotivation sowie Entlastung von destruktiven Anforderungen* im obigen Sinn verfolgen – nicht mehr und nicht weniger. Demnach sind folgende Elemente wichtig:

1. klares Contracting vor Beginn zwischen der Organisation, dem Coach und dem Klienten (zum Beispiel: Wer bezahlt und verantwortet was? Haben Coach und Klient den für ihre Arbeit notwendigen, geschützen Freiraum von der Organisation..?);

2. realistische Vereinbarung zwischen Coach und Klienten über das Arbeitssetting (Raum, Zeit...) und inhaltliche Ziele des Coachings („Man kann sich nicht ändern, nur entwickeln: wohin?“);

3. professionelle Analysehilfe für den Klienten bezüglich seiner Situation (Fremdanforderungen aus Berufs- und Privatsphäre, Selbsterwartungen, Rollenkonflikte...), dadurch operative Eingrenzung der „Problemlandschaft“;

---

261 Ausführliches zu diesem Thema siehe Looss, W.: Coaching für Manager. Landsberg 1991.

262 Siehe dazu beispielsweise Hesse, J./Schrader, H.C.: Die Neurosen der Chefs. Die seelischen Kosten der Karriere. Frankfurt 1994.

4. keine fertigen „Problemlösungen", sondern Hilfe zur Selbsthilfe durch gemeinsame Entwicklung von Lösungsalternativen, um Abhängigkeiten nicht zu verstärken, sondern abzubauen;

5. wertschätzende Akzeptanz für den Klienten und die Organisation (Vermeidung von Wertungen, Maximen...) während jeder Phase des Coachingprozesses;

6. breite, situationsadäquate Felderfahrung und Methodenvielfalt des Coaches (aus gesprächs- und körperorientierten Therapieformen, Organisationsberatung, Gruppentraining).

10.2. Was ist Gruppendynamik? Trainingsgruppe und Organisationslaboratorium

Der Begriff Gruppendynamik wurde von Kurt Lewin[263] (in terminologischer Anlehnung an seine zuvor entwickelte „soziale Kraftfeldtheorie"[264]) geprägt und bezeichnete das, was wir heute exakter *„praktisch angewandte Theorie und Forschung zum sozialen System der Kleingruppe"* nennen würden. Wenige Begriffe sind in ihrem Gebrauch gleichermaßen unpräzise, schillernd und emotionsgetönt wie die „Gruppendynamik":

1. wird mit Gruppendynamik oft die ganze Tradition jener *Schule* von Kleingruppen-Forschern, Gruppentrainern und Organisationsentwicklern tituliert, die ursprünglich auf Lewin zurückgeht;

2. bedeutet Gruppendynamik für viele ein Kürzel für die *Emanzipationsidee*[265], welche mit der Wiederbelebung der Kleingruppe als sozialer und arbeitstechnischer Formation in Wirtschaft und Gesellschaft verbunden war;

3. wird das Wort Gruppendynamik heute einfach mit der sogenannten *Trainingsgruppe* („T-Gruppe", siehe unten) gleichgesetzt;

4. ist mit Gruppendynamik häufig ein momentan bewegter oder emotional aufgeladener *Gruppenprozeß* gemeint.

---

263 Siehe dazu Marrow, A.J.: The practical theorist. The life and work of Kurt Lewin. New York 1969.

264 Lewin, K.: Feldtheorie in den Sozialwissenschaften. Bern 1963. Ein Standardwerk hierzu ist: Cartwright, D. & Zander, A.: Group dynamics. Research and theory. New York 1968³.

265 Siehe Abschnitt 2.1.3: Emanzipation des mündigen Mitarbeiters.

Die folgenden Ausführungen sind daher der Versuch, in diesem Zusammenhang mehr Klarheit herzustellen sowie eine Reihe hartnäckiger Irrtümer und Mißverständnisse aufzuklären.

10.2.1 Die Anfänge der T-Gruppe

Die Geschichte speziell der *T-Gruppe* begann in dem von Lewin 1945 gegründeten Forschungszentrum[266] für Gruppendynamik. Er und seine Mitarbeiter veranstalteten dort unter anderem Verhaltensseminare in Gruppen, worin hauptsächlich Fallanalysen, Gruppendiskussionen und Rollenspiele zur Anwendung kamen (Lewin hatte schon frühzeitig erkannt, daß man für das Lernen neuer Verhaltensweisen oder, wie man heute sagen würde, für die Entwicklung sozialer Kompetenzen am besten das Lernmedium der „Gruppe" nützt[267]).

Besucht wurden diese Seminare nicht nur von Vertretern sozialer Berufe, sondern bereits auch von Führungskräften diverser Organisationen; das dürfte auch der Grundstein für die heutigen, berufsbezogenen (Verhaltens-)Trainings gewesen sein. Der große Durchbruch der Gruppendynamik wurde jedoch erst durch die überraschenden Auswirkungen einer fast zufällig gemachten Entdekkung möglich:

Jede der Seminargruppen hatte außer ihrem *Leiter* noch einen speziellen „Aktionsforscher"[268], einen *Beobachter der ablaufenden Gruppenprozesse,* der seine Beobachungen (der Gruppe und des Leiters) in den abendlichen Staffsitzungen mitteilte und so für die weitere Planung und Durchführung des Seminars zur Verfügung stellte. Im Jahr 1946 traf sich nun eines Abends wieder der Staff (also alle Leiter und Beobachter) von drei Kleingruppen eines Seminars zur üblichen Besprechung. Dieser Staff wurde überraschend von einer Handvoll interessierter Teilnehmer, welche gerade „nichts Besseres" zu tun hatten, um die Erlaubnis ersucht, die Besprechung still zu beobachten, was auch bewilligt wurde.

Die dadurch bei der nächsten Sitzung ermöglichte *direkte Rückkoppelung* dieser Verhaltensbeobachtungen *in die Kleingruppen* hatte (gegenüber Lewins „herkömmlicher" Methode der indirekten Rückkoppelung über den Gruppenleiter) einen ungeheuren, für alle überraschenden Effekt auf deren weiteren Lern- und

---

266 Lewin, K.: The research center for group dynamics at Massachusetts Institute of Technology. Sociometry 8, 1945.

267 Siehe dazu Marrow, A.J.: Aus der Vorgeschichte der National Training Laboratories. Gruppendynamik 1, 1970.

268 Siehe dazu Marrow, A.J.: a. a. O.

Prozeßverlauf. In der heutigen Terminologie würde man sagen, daß die *Reflexion oder Metakommunikation* über den eigenen Prozeß der Gruppe eine neue Dimension des sozialen Lernens[269] ermöglichte.

Bald nach diesem denkwürdigen Seminar gründeten Lewins Mitarbeiter Lippitt, Bradford und Benne das erste der *National Training Laboratories in Group Development* (NTL), während dessen Vorbereitung (1947) Lewin unerwartet verstarb. Der weitere Verlauf war rasant: Die NTL entwickelten nicht nur die T-Gruppe und die sogenannte „Organisationsentwicklung", womit sie den Aufschwung von Verhaltenstrainings (zunächst für Manager, später auch für Mitarbeiter von Organisationen) prägten, sie beeinflußten auch maßgebend die Entwicklung gruppenorientierter Formen der Psychotherapie.

Heute ist bei der Bezeichnung „Trainingsgruppe" oder „T-Gruppe" immer zu unterscheiden zwischen den personenzentrierten Ansätzen[270] (also aus der psychoanalytischen und psychotherapeutischen Tradition[271] – darunter fällt im deutschsprachigen Raum sicher die Mehrzahl der „Trainingsgruppen" und „Gruppendynamikkurse"!) und den eher systemischen, gruppenzentrierten Ansätzen aus der Tradition der NTL und ihrer europäischen „Tochter" EIT[272] (siehe unten). Für das Thema der berufsbezogenen Trainings ist vor allem der *gruppenzentrierte* Ansatz interessant.

Im nächsten Abschnitt folgt nun eine kurze Darstellung[273] sowie eine kritische Würdigung der von Kurt Lewin begründeten Methode der Trainingsgruppe, da diese bei Nichtspezialisten, aber auch im Sprachgebrauch der Berater, Trainer und Gruppentherapeuten genau so oft durch Unkenntnis, Mystifikation und auch Konfusion gekennzeichnet ist wie der Begriff Gruppendynamik. Es soll damit zumindest für den Rahmen *dieser* Ausführungen eine Klarstellung erreicht werden, was damit exakt gemeint ist.

---

269 Siehe Bandura, A.: Principles of behaviour modification. New York 1969; Bandura, A.: Sozial-kognitive Lerntheorie. Stuttgart 1979.

270 Siehe oben.

271 Siehe dazu Sandner, D.: Psychodynamik in Kleingruppen: Theorie des affektiven Geschehens in Selbsterfahrungs- und Therapiegruppen (selbst-analyt. Gruppen). München 1978, Abschnitt 1.1.3.

272 Das europäische „Baby" der NTL. Siehe Johnstad, T. (ed): Group Dynamics and Society: A Multinational Aproach. The European Institute for Trans-National Studies in Group and Organizational Development. Cambridge, MA 1988.

273 In Anlehnung an das Standardwerk von Bradford, L.P., Gibb, J.R., Benne, K.D.: T-Group Theory and Laboratory Method. New York 1964. Deutsch: Gruppentraining. T-Gruppentheorie und Laboratoriumsmethode. Stuttgart 1972 sowie an die hervorragende Studie von Sandner, D.: a. a. O.

10.2.2 Darstellung und kritische Würdigung des T-Gruppenkonzeptes der NTL

10.2.2.1 Die Entwicklung der Methodik der T-Gruppe

Die Methode der T-Gruppe entstand aus der oben geschilderten Entdeckung des *Effektes der Selbstreflexion von Gruppen.* Lewins Schüler in den NTL institutionalisierten nun sogenannte *BST-Groups* (für *„Basic Skills Training")* als Konsequenz daraus im Trainingsplan, und zwar neben den *inhaltlichen* Lernsitzungen mit ihren Fallanalysen, Diskussionen etc. Diese *BST-Groups* waren reine *Trainingsgruppen,* das heißt, dort wurden *keine* Fallanalysen oder andere inhaltliche Themen besprochen und *keine* Rollenspiele durchgeführt, sondern vielmehr ausschließlich *soziale Fähigkeiten* des Erkennens, Analysierens und Intervenierens in Kleingruppen sowie bei Prozessen *zwischen* Kleingruppen (sogenannte Intergruppenprozesse) „am lebenden Objekt", nämlich an der eigenen Gruppe, trainiert. Das Hauptinstrument war damals dabei die Rückkoppelung der Beobachtungen des Aktionsforschers während oder nach den Sitzungen.

Die Erfahrungen mit diesem und einem ähnlichen gruppendynamischen Großprojekt im Jahr 1948[274] zeigten jedoch, daß eine derartige Fülle von inhaltlichen *und* selbstreflexiven Lernzielen zugleich nicht gut zu realisieren ist. Im Jahr 1949 entstand daher aus der BST Group die *T-Gruppe,* indem quasi das ursprüngliche Konzept nach und nach von allen inhaltlichen Lernzielen zugunsten der Reflexionsarbeit „entrümpelt" wurde und allein übrig blieb.

Mit dem großen Erfolg der *National Training Laboratories* entstanden etwa ab Mitte der fünfziger Jahre eine Reihe von Schulen, die den Terminus T-Gruppe ebenfalls verwendeten und leider auch verwässerten, vor allem die *personenzentrierten* Ansätze im Zuge des sensitivity training[275]. Dort ging es *„nicht mehr um eine systematische Klärung des Gesamtphänomens Gruppe...* Damit trat die Bedeutung der Gruppe, des Gruppensettings, in den Hintergrund zugungsten der individuellen, vor allem der intrapsychischen Problematik der Teilnehmer. Genauer genommen ist für die Klärung der... individuellen Lebensprobleme eine Gruppe nicht unbedingt erforderlich"[276].

---

274 Bradford, L.P. & French, J.R.P.: The dynamics of the discussion group. J. Soc. Issues 4, Nr. 2, 1948.

275 Welschler, I.R., Massarik, F. & Tannenbaum, R.: The self in process: a sensitivity training emphasis. In: Welschler, I.R. & Schein, E.H. (ed): Issues in human relations training. Washington 1962.

276 Sandner, D.: a. a. O.

Heute wird die Bezeichnung T-Gruppe daher ebenso wie der Begriff „Gruppendynamik" auch für Trainings verwendet, die auf *Selbsterfahrung* oder *Therapie des Individuums in Gruppen* ausgerichtet sind; vermutlich werden bereits wesentlich mehr davon durchgeführt als „klassische" oder „eigentliche" T-Gruppen, bei welchen das *Erkennen, Analysieren und Beeinflussen von Gruppenprozessen* im Vordergrund steht. Nach neuerer Diktion könnte man letztere auch als „systemisch" im Sinne der soziologischen Systemtheorie bezeichnen, da es strenggenommen nicht um die Psyche des Individuums, sondern um das Lernen von sozialen Prozessen durch die Gruppe geht.

Bei der „eigentlichen" Trainingsgruppe in der Tradition Kurt Lewins stehen also *die Individuen nicht als psychische Systeme mit ihren Einzelbeziehungen im Vordergrund* der Arbeit, sondern in ihrer Eigenschaft als Mitglieder einer Gruppe (deren „Identität" in der Gruppe erst geschaffen werden muß). Diese Tradition wurde in Europa von mehreren wissenschaftlichen Gesellschaften fortgeführt: Zunächst wurde das EIT gegründet (European Institute for transcultural studies in group dynamics and organizational development, gegründet 1956), im deutschsprachigen Raum ist die ÖGGO (Österreichische Gesellschaft für Gruppendynamik und Organisationsberatung[277]) fast schon eine Nachfolgeorganisation des EIT[278].

Dieter Sandner, Verfasser einer der profundesten Studien auf diesem Gebiet, schlug 1978 vor, anstelle von T-Gruppe den wissenschaftlich präziseren Ausdruck *„selbstanalytische Gruppe"* einzuführen[279]. Zumindest im Trainingsgeschäft hat sich dies nicht durchgesetzt, im Gegenteil: Heute herrscht hier mehr Konfusion denn je. Somit ist und bleibt es oft mühsam zu klären, was nun die „eigentliche" T-Gruppe oder Gruppendynamik ist und was nicht. Dies ist insbesonders dann der Fall, wenn „klassisch" ausgebildete[280] Gruppendynamiker und die Vertreter therapeutischer und personenzentrierter Ansätze der Gruppendynamik gleichzeitig Erklärungen liefern.

10.2.2.2 Anspruch und Grenzen des NTL-Laborkonzeptes

Das Kernkonzept der Trainingsgruppe war und ist die pure laboratoriumsmäßige Aufarbeitung der aktuellen Gruppenprozesse im Hier und Jetzt. Sie *„wird*

---

277 Gegründet 1975 unter dem Namen ÖGGG: Österreichische Gesellschaft für Gruppendynamik und Gruppenpädagogik.

278 Siehe dazu Heintel, P. (ed): Gruppendynamik. Geschichte und Zukunft. Wien 1993.

279 Sandner, D.: Psychodynamik in Kleingruppen: Theorie des affektiven Geschehens in Selbsterfahrungs- und Therapiegruppen (selbst-analyt. Gruppen). München 1978, S. 23.

280 Nach den Richtlinien der NTL oder ihrer europäischen „Ableger" wie des EIT oder der ÖGGO.

als solche sowohl zum Medium als auch zum Gegenstand des Lernens der Teilnehmer“[281]. Erreicht werden soll diese ungetrübte Laborsituation durch

1. Isolation der Gruppe von der „Außenwelt“ der teilnehmenden Personen mittels Verdichtung allen Geschehens in das „Hier und Jetzt“, also Ausklammerung der Umwelt durch Beschränkung auf die Innenwelt der Gruppe (ihre Beziehungen, Konflikte, Normen, Positionen, Rollen etc.);
2. strenge *„Abstinenz“* im Design hinsichtlich spezieller inhaltlicher *Lernziele.*

Das Interventionsverhalten des Trainers umfaßt:

1. Verweigerung jeder inhalts- und zielrelevanten Hilfestellung zu Trainingsbeginn, was die Gruppe (durch Schaffung einer Situation „temporärer Inkompetenz“) bewußt in eine gewisse kontrollierte Regression führt: Der Trainer läßt also die Gruppe zu Beginn in diesem sozialen Vakuum allein, damit diese Grund hat, ihre *eigene* Orientierung, Kompetenz zur Problemanalyse und Problemlösung zu entwickeln, und schaltet sich erst nach dieser Phase helfend mittels der Rückkoppelung seiner Deutungen des Prozesses ein.
2. Zurückspiegeln der von den Teilnehmern geäußerten (Abhängigkeits-)Wünsche an den Trainer nach Orientierung und Führung der Gruppe.
3. Rückführung aller (der Situationsflucht dienenden) Versachlichungen, Verallgemeinerungen, Abstraktionen und Modellbildungen auf konkrete, aktuelle Emotionen (zum Beispiel Ängste) und Wünsche (zum Beispiel Kontaktbedürfnis) des Urhebers.
4. Indirekte Hilfestellung für die Gruppe durch Zurverfügungstellung der eigenen Subjektivität (Emotionalität und Persönlichkeitsaspekte).
5. Hilfestellung bei der Reflexion und Analyse der aktuellen Gruppenprozesse, besonders beim Übergang von der personenzentrierten Sichtweise zur gruppenbeziehungsweise prozeßorientierten Sichtweise.

Die *Kritik* an diesem Konzept, welche eine fast ebensolange Tradition hat wie die T-Gruppe selbst, lautet im wesentlichen:

---

281 Sandner, D.: a. a. O., S. 23.

1. Mit der Trainerabstinenz und der *reinen Laborsituation* sollte die Möglichkeit geschaffen werden, die *Gesetzmäßigkeiten* der Gruppenentwicklung, der Gruppe als solche zu reproduzieren und dadurch beobachtbar zu machen; aber frei nach Watzlawicks erstem Axiom[282] hat sich herausgestellt: *Man kann als Trainer eine Gruppe nicht nicht-leiten.* Die in der T-Gruppenforschung entdeckten Gesetzmäßigkeiten galten daher nicht sehr lange als gültig für alle Gruppen, sondern wurden mit Regelmäßigkeit als durchaus *spezielle* Gesetze erkannt, nämlich bedingt durch dieses Setting und den jeweiligen Stil des Trainers[283].

2. Die *Abstinenz von inhaltlichen Zielen* zugunsten der „Selbsterkenntnis" der Gruppe (mittels Reflexion ihrer Beziehungen und Strukturen) und die *Ausklammerung der Umwelt* könnten nur dann funktionieren, wenn die Gruppe während ihrer gesamten Dauer in strikter Klausur arbeitet und wenn ihre Mitglieder keine Interaktionen außerhalb der Arbeitssitzungen pflegen. Da diese Laborbedingungen schwer durchführbar sind, entstehen eine Reihe sogenannter relevanter Umwelten (zum Beispiel durch „private" Kontakte außerhalb der Arbeitszeiten), deren Bearbeitung mit dem Konzept der Beschränkung auf das „Hier und Jetzt" nicht möglich ist.

3. Wenn darüber hinaus die Annahme stimmt, daß eine Gruppe nur dann eine Gruppe ist, wenn sie unter anderem auch ein gemeinsames Ziel[284] hat, dann läßt sich daraus folgern:

   - Es gibt keine „nackte" Laborgruppe; daher muß auch die reine T-Gruppe sehr wohl ein *inhaltliches Ziel* haben, welches sie *determiniert* (beispielsweise das Ziel, etwas über Gruppendynamik zu lernen).
   - Die T-Gruppe unter Laborbedingungen *ist gar keine Gruppe.*

Ein besonders prominenter Kritikpunkt in der Diskussion der T-Gruppe ist die Frage des sogenannten *Dependenzmodells,* eines Modells der Entwicklung von Gruppenprozessen. Dazu folgen hier einige Erläuterungen.

---

282 Watzlawick/Beavin/Jackson: Menschliche Kommunikation. Formen, Störungen, Paradoxien. Bern/Stuttgart 1969.

283 Eine profunde Analyse dieser Trainerstile in T-Gruppen findet sich in Sandner, D.: Psychodynamik in Kleingruppen: Theorie des affektiven Geschehens in Selbsterfahrungs- und Therapiegruppen (selbst-analyt. Gruppen). München 1978.

284 Siehe dazu die Ausführungen über die Kleingruppe im Abschnitt 8.3.1: Was ist eine Gruppe?

10.2.3 Kritische Würdigung des „Dependenzmodells“

Dieses für die gruppendynamische Tradition der NTL so wichtige Modell geht, angelehnt an Freud, auf L.P. Bradford zurück[285]. Es wurde später von W. Bennis elaboriert[286] und von G. Schwarz in die Begrifflichkeit der Hegelschen Dialektik (These-Antithese-Synthese) gefaßt[287]. Demnach entwickelt sich eine T-Gruppe aus dem anfänglichen Stadium der *Abhängigkeit* von der Autorität des Trainers (Dependenz) über eine Art *gegenabhängige Trotzphase* (Counterdependenz), schließlich zur sogenannten *wechselseitigen Abhängigkeit* (Interdependenz) als Reifestadium.

Das Dependenzmodell wurde sehr häufig kritisiert[288]. Der zentrale Vorwurf besagt, daß hier aus einer Art ideologischer Fixierung auf das Thema der Autorität jene Effekte in der Gruppe *produziert* werden, die *post festum* als allgemeingültiges Modell der Gruppenentwicklung verkauft werden. Mit dem Dependezmodell wird gelegentlich auch das gesamte Konzept der T-Gruppe in der Tradition von NTL, EIT und ÖGGO abgelehnt.

Nach meiner persönlichen Auffassung läßt sich das Dependenzmodell heute sicher nicht mehr als „das“ Modell der Gruppe betrachten, sondern als *ein* höchst brauchbares Modell *einer* Gruppenentwicklung *über* das Thema der *Autorität* (eine Gruppenentwicklung, die selbstverständlich durch das spezielle Setting und Verhalten der Trainer nach NTL-Richtlininen produziert wird).

Die Brauchbarkeit des Dependenzmodells besteht für mich zunächst in seiner Nähe zur Realität der hierarchischen Organisationen, insbesondere der dort nach wie vor starken (und selten funktionalen) Autoritätsorientierung: In einem ihrer Hauptaspekte lassen sich diese Hierarchien als Handlungs- und Entscheidungssysteme beschreiben, die mit dem Widerspruch zwischen einer Struktur funktionaler und disziplinärer Über- und Unterordnung auf der einen Seite und der Maxime des selbständigen, „unternehmerisch denkenden“ Mitarbeiters oder Vorgesetzten auf der anderen Seite zurechtkommen müssen. Die klassische T-Gruppe bildet diese Grundproblematik gut ab und ermöglicht praxisnahe Lerneffekte.

---

285 Bradford, L.P.: Group Formation and Development, 1950 in: Bradford, L.P.: Group Development, San Diego 1978.

286 Bennis, W.G.: Entwicklungsmuster in T-Gruppen. In: Bradford, L.P., Gibb, J.R., Benne, K.D.: T-Group Theory and Laboratory Method. New York 1964. Deutsch: Gruppentraining. T-Gruppentheorie und Laboratoriumsmethode. Stuttgart 1972.

287 Schwarz, G.: Die „Heilige Ordnung der Männer – Patriarchalische Hierarchie und Gruppendynamik. Opladen 1985: Dependenz, Counterdependenz, Interdependenz als Momente der Gruppenentwicklung.

288 Siehe dazu besonders Sandner, D.: a. a. O., Abschnitt 3.5.

Darüber hinaus ist schwer zu leugnen, daß trotz oder gerade nach den Jahrzehnten gesellschaftlicher Emanzipationsbewegungen (von Jugend, Frauen, Dritter Welt und so weiter) autoritäre Denk- und Verhaltensmuster beileibe nicht „überwunden" sind oder gar nicht sein *können* (die Philosophen sprechen hier von einem existenzellen Grundwiderspruch zwischen Freiheit und Ordnung, der *nicht* zugunsten einer der beiden Positionen *auflösbar* ist). Die Themen der Autorität, Emanzipation und Abhängigkeit haben daher nach wie vor Konjunktur.

Selbst wenn das *Soll-Stadium der Interdependenz* in realen T-Gruppen unerreichbar ist, wie manche Kritiker des Dependenzmodells anmerken, so scheint das Modell *per se* insoferne brauchbar zu sein, als es den Widerspruch zwischen Freiheit und Ordnung dialektisch und nicht-trivial verständlich macht. Es hat also hohen heuristischen Wert für die Selbsterfahrung und Persönlichkeitsentwicklung.

So wichtig das Autoritätsthema freilich auch ist, es ist ganz sicher *nicht der einzig mögliche* Angelpunkt der Gruppenentwicklung. Ein anderer wichtiger Fokus wäre zum Beispiel das Erkennen und Akzeptieren von *Grenzen* zwischen dem psychischen System des Individuums und den sozialen Systemen Paar, Gruppe und Organisation oder die bekannten Phasen der Entwicklung einer Arbeitsfähigkeit („forming, storming, norming, performing"[289]).

10.2.4 Schlußfolgerungen zur T-Gruppe

Präzise müßte man die hier erörterten *gruppenzentrierten Ansätze der T-Gruppe als „gruppendynamische Propädeutik"* titulieren, denn hier geht es in der Arbeit immer um die *Grenzlinie* zwischen dem sozialen System „Gruppe" und dem Individuum *in einer Gruppe*[290]. Die Teilnehmer lernen auch hier ihrem Erkenntnisinteresse nach mehr über *ihre* Entwicklung *in* der Gruppe als über das Phänomen Gruppe im allgemeinen.

Das ist jedoch *keine* Unzulänglichkeit der Methode, sondern meiner Ansicht nach eine prinzipielle Schranke, weil eben jede Gruppe zu ihrer Existenz unter anderem ein Ziel im Sinne einer Sachaufgabe benötigt, wie bereits ausgeführt wurde. In der Laborsituation der T-Gruppe gibt es aber keine „konkrete"

---

289 Tuckman, B.W.: Development sequence in small groups. In: Sbandi, P.: Gruppenpsychologie. München 1973.

290 Eine hervorragende Studie zum Spannungsfeld Individuum-Gruppe mit den Phänomenen der Ambitendenz nach Autonomie und Fusion in der Gruppe findet sich in den verschiedenen Aufsätzen in Gibbard, G.S., Hartmann, J.J. & Mann, R.D.: Analysis of groups. San Francisco 1974.

Sachaufgabe, sondern bestenfalls das eher diffuse Interesse, etwas über Gruppen zu lernen. Dies ist in gewisser abstrakter Weise natürlich eine Art Ziel, aber es ist *kein Sachziel* im obigen Sinn und daher auch eher ein summarisch-persönliches denn ein gemeinsam-kollektives Ziel der Gruppe: Es wird von jedem Teilnehmer klarerweise ein bißchen anders interpretiert, und für den Lernerfolg ist es nicht nötig und auch nicht möglich, dieses Ziel in der Gruppe konkret zu „operationalisieren".

Mit diesem abstrakten Ziel des Lerninteresses als ihrer „Existenzgrundlage" entwickelt sich meiner Ansicht nach daher eine T-Gruppe *als Team* sehr begrenzt. Die in den Jahrzehnten perfektionierte Methode der Trainingsgruppe ist für mich positiv gesprochen daher ein hervorragendes gruppendynamisches Sensitivitytraining im Sinne der Entwicklung *individueller* Team*fähigkeiten* durch Simulation einer realen Teamentwicklung oder eben „gruppendynamische Propädeutik".

All diese Punkte bedeuten, daß die in T-Gruppen zu lernenden Gesetzmäßigkeiten zwar nicht *unbedingt* jenen entsprechen *müssen,* wie sie in „realen" Gruppen oder Teams wirksam sind. Dennoch aber *können* T-Gruppen nach NTL mit ihrer streng gruppenzentrierten Durchführung eine hohe Praxisrelevanz haben, sie waren und sind daher eine sinnvolle Spielart von Trainings zur Persönlichkeitsentwicklung und vor allem zur Ausbildung für alle, die mit Gruppen oder Teams in irgendeiner Weise zu tun haben (Führungskräfte, Spezialisten, Trainer, Berater, Lehrer etc.).

10.2.5 Organisationslaboratorien – Läßt sich die Organisation simulieren?

In die Sparte der Entwicklung *individueller* Team*fähigkeiten* sind auch die durch NTL und EIT berühmt gewordenen *Organisationslaboratorien*[291] einzureihen. Es mag paradox klingen, aber nach der hier vertretenen Sichtweise, daß Organisationen *nicht* aus einem Gefüge von Gruppen bestehen, läßt sich sagen, daß auch hier „nur" *gewisse Prozesse der Organisierung* simulierbar und somit lernbar werden. Die Organisation per se ist damit nicht zugänglich, was auch einleuchtet, wenn man ihre Schlüsseleigenschaften betrachtet: Funktionalität, Herrschaftsform und Traditionalität[292].

---

291 Siehe dazu Lindner, T.: Organisations-Laboratorium nach dem EIT-Modell. ZS Gruppendynamik Heft 4, 3. Jg. 1972 (Stuttgart: Klett) S. 391–400.

292 Siehe Abschnitt 3.4.6: Mensch und Organisation – Die Wertschätzung der Person im Training.

Was in überbetrieblichen Organisationslabs über Organisation gelernt werden kann, sind *Intergruppen-Prozesse* und funktionale Differenzierungen in Großgruppen im Vorfeld von Organisierung. Daher sollte der Begriff Organisationslaboratorium korrekterweise auch durch „Intergruppen-Laboratorium" ersetzt[293] werden. Hervorragend trainieren hingegen lassen sich organisationsspezifische Themen in speziell entwickelten *innerbetrieblichen Planspielen* (es geht dabei meist um Entscheidungsprozesse und Arbeitsabläufe innerhalb oder zwischen den Segmenten einer Organisation), weil dort die Parameter Funktionalität, Herrschaftsform und Traditionalität der betreffenden Organisation für alle Teilnehmer real gegeben und Teil des Settings sind.

293 Siehe dazu etwa Blake, R.R./Mounton, J.S./Sloma, R.L.: Das Intergruppen-Laboratorium für Gewerkschaft und Unternehmensleitung: eine Strategie für die Lösung von Konflikten zwischen Gruppen. In: Bennis, W.G./Benne, K.D./Chin, R. (ed): Äderung des Sozialverhaltens. Stuttgart 1975, S. 179–199

11 Literatur

Antons, K.: Praxis der Gruppendynamik. Übungen und Techniken. Göttingen 1973/1992.

Asch, S.E.: Social Psychology. New York 1952.

Asch, S.E.: Studies of interdependence and conformity: a minority of one against an unanimous majority. Psychol. Monogr. 70, Nr. 9 (1956).

Ashby, W.: Principles of the self-organizing system. In: **Foerster, H.v.**: Principles of Self-organization. Oxford 1962.

Balint, M.: Therapeutische Aspekte der Regression. Hamburg 1973.

Balint, M.: Zur Kritik der Lehre von den prägenitalen Libidoorganisationen. 1935. In: Die Urformen der Liebe und die Technik der Psychoanalyse. Bern/Stuttgart 1966.

Bandura, A.: Principles of behaviour modification. New York 1969.

Bandura, A.: Sozial-kognitive Lerntheorie. Stuttgart 1979.

Bateson, G.: Ökologie des Geistes. [1972] Frankfurt 1985.

Beckhard, R.: Organizational development: Strategies and Models. Reading, MA: 1969.

Bennis, W.G.: Entwicklungsmuster in T-Gruppen. In: **Bradford, L.P., Gibb, J.R., Benne, K.D.**: T-Group Theory and Laboratory Method. New York 1964. Deutsch: Gruppentraining. T-Gruppentheorie und Laboratoriumsmethode. Stuttgart 1972.

Bennis, W.G./Benne, K.D./Chin, R. (ed): Änderung des Sozialverhaltens. Stuttgart 1975.

Bennis, W.G. & Schein, E.H.: Personal and organizational change through group methods: the laboratory approach. New York 1965.

Berne, E.: Spiele der Erwachsenen. Psychologie der menschlichen Beziehungen. Reinbek 1967.

Berth, R.: Sind Topmanager noch lernfähig? In: Harvard Manager 4/1991, S. 9–13.

Bion, W.R.: Erfahrungen in Gruppen und andere Schriften. [1961] Frankfurt 1990.

Blake, R.R., Mouton, J.S.: The Managerial Grid. Houston 1964.

Blake, R.R., Mouton, J.S./Sloma, R.L.: Das Intergruppen-Laboratorium für Gewerkschaft und Unternehmensleitung: eine Strategie für die Lösung von

Konflikten zwischen Gruppen. In: Bennis, W.G./Benne, K.D./Chin, R. (ed): Äderung des Sozialverhaltens. Stuttgart 1975, S. 179–199.

Bradford, L.P.: Group Development, San Diego 1978.

Bradford, L.P., Gibb, J.R., Benne, K.D.: T-Group Theory and Laboratory Method. New York 1964. Deutsch: Gruppentraining. T-Gruppentheorie und Laboratoriumsmethode. Stuttgart 1972.

Bradford, L.P. & French, J.R.P.: The dynamics of the discussion group. J. Soc. Issues 4, Nr. 2, 1948.

Brandau, H. (ed): Supervision aus systemischer Sicht. Salzburg 1991.

Buchinger, K. (in Vorbereitung): Wir begleiten den Wandel – Supervision in Organisationen. Heidelberg 1996.

Buchinger, K.: Die Stellung der Gruppendynamik in der Managementfortbildung und Organisationsberatung [1988]. In: **Heintel, P. (ed)**: Gruppendynamik. Geschichte und Zukunft. Wien 1993, S 315ff.

Bühler, Ch.: Psychologie im Leben unserer Zeit. München 1962.

Capra, F.: The Tao of Physics. Berkeley 1975.

Cartwright, D.: Achieving change in people. Some applications of group dynamics theory. Hum. Relations 4, 1951.

Cartwright, D. & Zander, A.: Group dynamics. Research and theory. New York 1968^3.

Cohn, R.: Von der Psychoanalyse zur themenzentrierten Interaktion. Stuttgart 1991.

Crutchfield, R.: Conformity and character. Amer. Psychologist.10, 1955.

Däumling, A.M., Fengler, J., Nellessen, L. & Svensson, A.: Angewandte Gruppendynamik. Stuttgart 1974.

Etzel, G., Frank-Oestreich, H., Rußland, W., Welz, F.G.: Führungsverhaltenstraining in Intervallen und Lerntransfer: Erprobung eines neuen Konzeptes. In: Zeitschrift f. Arbeits- und Organisationspsychologie, 37. Jg. (N.F.11) 1, 1993.

Festinger, L.: A theory of cognitive dissonance. Stanford 1957.

Feyerabend, P.: Erkenntnis für freie Menschen. Frankfurt 1981.

Feyerabend, P.: Wider den Methodenzwang – Skizze einer anarchistischen Erkenntnistheorie. Frankfurt 1976.

Fiederle, X.: Rollenspiel in der Erwachsenenbildung. In: Erwachsenenbildung (Vierteljahrsschrift d. kath. Bundesarbeitsgemeinschaft für Erwachsenenbildung, Heft 3/77, 1977.

Fisch, R., Fiala, S.: Wie erfolgreich ist Führungstraining? In: Die Betriebswirtschaft 44, 1984, S. 192ff.

Foerster, H.v.: Abbau und Aufbau. In: **Simon, F.**: Lebende Systeme. Berlin-Heidelberg, 1988.

Foerster, H.v.: Principles of Self-organization. Oxford 1962.
Foulkes, S.H.: Probleme der großen Gruppe vom gruppenanalytischen Standpunkt aus. In: **Kreeger, L. (ed)**: Die Großgruppe. Stuttgart 1977, S 44f.
French, W./Bell, C.H.: Veränderung und Entwicklung von Organisationsstrukturen. Bern/Stuttgart 1977.
Freud, S.: Vorlesungen zur Einführung in die Psychoanalyse. 1916/17.
Friedrichs, J.: Methoden empirischer Sozialforschung. Opladen 1973.
Fritz, J.: Emanzipatorische Gruppendynamik. München 1974.
Gibbard, G.S., Hartmann, J.J. & Mann, R.D.: Analysis of groups. San Francisco 1974.
Glasl, F.: Konfliktmanagement. Graz 1994.
Golding, W.: Lord of the Flies. London 1954.
Goleman, D.: Emotionale Intelligenz. München 1996.
Graumann, C.F. (ed): Handbuch der Psychologie. Göttingen 1969/1972.
Harris, T.A.: Ich bin OK – Du bist OK. Eine Einführung in die Transaktionsanalyse. Reinbek 1973.
Heintel, P./Krainz, E.E.: Projektmanagement. Eine Antwort auf die Hierarchiekrise? Wiesbaden 1986.
Heintel, P. (ed): Gruppendynamik. Geschichte und Zukunft. Wien 1993.
Hersey, P. & Blanchard, K.: Management of organizational behaviour. Utilizing human resources. Eaglewood Cliffs, 1977.
Herzberg, F./Mausner, B./Snyderman, B.: The Motivation to Work. New York 1959.
Hesse, J./Schrader, H.C.: Die Neurosen der Chefs. Die seelischen Kosten der Karriere. Frankfurt 1994.
Hjelholt, G.: Das Minilab – Ein spezieller Einstieg in ein längeres experimentelles Lernarrangement. In: **Heintel, P. (ed)**: Gruppendynamik. Geschichte und Zukunft. Wien 1993, S 105ff.
Hoffmann, L.: Grundlagen der Familientherapie: Konzepte für die Entwicklung von Systemen. Hamburg 1984.
Hofmann, M. [Hrsg.]: Theorie und Praxis der Unternehmensberatung – Bestandsaufnahme und Entwicklungsperspektiven. Heidelberg 1991.
Höhn, D. & Seidel, G.: Soziometrie. In: **Graumann, C.F. (ed)**: Handbuch der Psychologie. Göttingen 1969/1972.
Homans, G.C.: Theorie der sozialen Gruppe. Opladen 1972.
Janes, A.: Was leistet die Leistungsbeurteilung in neuen Arbeitssystemen? In: **Heintel, P. (ed)**: Gruppendynamik. Geschichte und Zukunft. Wien 1993.
Janis, J.L. & Mann, L.: Decision making – a psychological analysis of conflict, choice and commitment. New York 1977.

Janis, J.L.: Victims of groupthink. A psychological study of foreign policy decisions and fiascos. Boston 1972.

Johnstad, T. (ed): Group Dynamics and Society: A Multinational Aproach. The European Institute for Trans-National Studies in Group and Organizational Development. Cambridge, MA 1988.

Kahr, D.: Weiterbildungsseminare: Wie meßbar ist der Erfolg? (In: Io Management Zeitschrift 63 (1994), Zürich).

Kant, I.: Grundlegung zur Metaphysik der Sitten. 1785.

Kant, I.: Schriften zur Anthropologie, Geschichtsphilosophie, Politik und Pädagogik. Frankfurt 1977.

Kant, I.: Über den Gemeinspruch: Das mag in der Theorie richtig sein, taugt aber nicht für die Praxis. In: Schriften zur Anthropologie, Geschichtsphilosophie, Politik und Pädagogik. Berlin 1793.

Kernberg, O.F.: Innere Welt und äußere Realität. Anwendungen der Objektbeziehungstheorie. München/Wien 1988.

Kohut, H.: Narzißmus. Eine Theorie der psychoanalytischen Behandlung narzißtischer Persönlichkeitsstörungen. [1971] Frankfurt 1990.

Krainz, E.E.: Die männerbündische Organisation. Zur Bedeutung der Geschlechterdifferenz für die Gruppendynamik. In: **Heintel, P. (ed):** Gruppendynamik. Geschichte und Zukunft. Wien 1993, S. 243ff.

Kreeger, L. (ed).: Die Großgruppe. Stuttgart 1977.

Küpper, W. & Ortmann, G. [Hrsg.]: Mikropolitik – Rationalität, Macht und Spiele in Organisationen. Opladen 1988.

Laermann, K.: Verhalten und Gespräche an der Theke. Über einige Kommunikationsformen in Kneipen und Bars. In: Die Psychologie des 20. Jahrhunderts. Verlegt bei Kindler, Zürich 1979.

Lewin, K., Lippitt, R., White, R.K.: Patterns of aggressive behaviour in experimental created „social climates". J. Soc. Psychol. 10, 1939.

Lewin, K.: The research center for group dynamics at Massachusetts Institute of Technology. Sociometry 8, 1945.

Lewin, K.: Feldtheorie in den Sozialwissenschaften. Bern 1963.

Lindner, T.: Das monarchisch-aristokratische Organisationsmodell. In: ZS Gruppendynamik, Heft 1, 1. Jg. 1970 (Stuttgart: Klett) S. 1–11.

Lindner, T.: Organisations-Laboratorium nach dem EIT-Modell. ZS Gruppendynamik Heft 4, 3. Jg. 1972 (Stuttgart: Klett) S. 391–400.

Looss, W.: Coaching für Manager. Landsberg 1991.

Lowen, A.: Körperausdruck und Persönlichkeit. Grundlagen und Praxis der Bioenergetik. [1958] München 1991.

Lowen, A.: Narzißmus. Die Verleugnung des wahren Selbst. München 1984.

Luft, J.: Einführung in die Gruppendynamik. Stuttgart 1971.
Luhmann, N.: „Organisation". In: **Küpper, W. & Ortmann, G.** [**Hrsg.**]: Mikropolitik – Rationalität, Macht und Spiele in Organisationen. Opladen 1988.
Luhmann, N.: Funktion und Folgen formaler Organisation. Berlin 1964.
Luhmann, N.: Organisation und Entscheidung. In: Soziologische Aufklärung 3, Opladen 1981.
Luhmann, N.: Soziale Systeme – Grundriß einer allgemeinen Theorie. Frankfurt 1984.
Marrow, A.J.: Aus der Vorgeschichte der National Training Laboratories. Gruppendynamik 1, 1970.
Marrow, A.J.: The practical theorist. The life and work of Kurt Lewin. New York 1969.
Maslow, A.H.: Motivation and personality. New York 1954.
Mayo, E.: The human problems of an industrial civilization. New York 1933.
Metaplan: Fibel zur Metaplantechnik. Quickborn 1992.
Milgram, S.: Das Milgram Experiment. Zur Aufdeckung der Gehorsamsbereitschaft gegenüber Autorität. Reinbek 1974.
Mills, J.: Experimental social psychology. London 1969.
Mills, T.M.: Soziologie der Gruppe. München 1969.
Moreno, J.L.: Psychodrama. New York 1946.
Pedler, M./Burgoyne, J./Bodyell, T.: Das lernende Unternehmen. Potentiale freilegen – Wettbewerbsvorteile sichern. Frankfurt/New York 1994.
Petzelt, A.: Grundzüge systematischer Pädagogik. Freiburg i. Br. ^{3}1964.
Popper, KR.: Logik der Forschung. [1934] Tübingen 1976.
Popper, KR.: Objektive Erkenntnis – ein evolutionärer Entwurf. Hamburg 1973.
Rogers, C.: Die klientenzentrierte Gesprächspsychotherapie. München 1978.
Rogers, C.: Encounter-Gruppen. München 1974.
Russell, B.: Human Society in Ethics and Politics. 1954.
Sandner, D.: Psychodynamik in Kleingruppen: Theorie des affektiven Geschehens in Selbsterfahrungs- und Therapiegruppen (selbst-analyt. Gruppen). München 1978.
Sbandi, P.: Gruppenpsychologie. München 1973.
Schein, E., Bennis, W.G.: Personal and Organizational Change Through Group Methods. New York 1965.
Schein, E.H.: Process consultation Vol.1. Reading, MA 1969.
Schelp, T., Penning, S.: Führungsverhaltensseminare. In: Personal, 41 (2), S. 2ff.
Schindler, R.: Grundprinzipien der Psychodynamik in der Gruppe. Psyche 11, 1957/58.
Schmidbauer, W.: Helfen als Beruf. Die Ware Nächstenliebe. Reinbek 1983.

Schnelle, E.: Metaplan-Gesprächstechnik. Metaplan Reihe Heft 2, Quickborn 1982.

Schnelle, E. & Stolz, I.: Interaktionelles Lernen. Quickborn 1978.

Schwarz, G.: Konfliktmanagement. Wiesbaden 1992.

Schwarz, G.: Die „Heilige Ordnung der Männer – Patriarchalische Hierarchie und Gruppendynamik. Opladen 1985.

Schwendner, R.: Wenn Trainer falsch ausbilden. In: Harvard Business Manager 1/1995, S. 27–34.

Simmel, G.: Über soziale Differenzierung. Soziologische und psychologische Untersuchungen. Leipzig 1890.

Simon, F./Stierlin, H.: Die Sprache der Familientherapie – Ein Vokabular. Stuttgart 1984.

Simon, F.: Lebende Systeme. Berlin-Heidelberg, 1988.

Simon, F.: Meine Psychose, mein Fahrrad und ich. Zur Selbstorganisation der Verrücktheit. Heidelberg 1995.

Slater, P.: Mikrokosmos. Eine Studie über Gruppendynamik. [1966] Frankfurt 1978.

Smith, P.B.: Kleingruppen in Organisationen. Stuttgart 1976.

Sprenger, R.K.: Mythos Motivation. Wege aus einer Sackgasse. Frankfurt/New York 1992.

Stierlin, H.: Von der Psychoanalyse zur Familientherapie. München 1975.

Stock, D. & Thelen, H.A.: Emotional dynamics and group culture. New York 1958.

Stoner, J.A.F.: A comparison of individual and group decisions involving risk. [Unpublished master's thesis:] Massachusetts Institute of Technology/School of Industrial Management, 1961. Zit. b.: **Janis, J.L./Mann, L.**: Decision Making – A psychological analysis of conflict, choice and commitment. London 1977, S. 423.

Stüber, P.: Organisationsentwicklung... In: Hernstein 1/83, S. 1–2.

Taylor, F.W.: Die Grundsätze wissenschaftlicher Betriebsführung. München 1913.

Thelen, H.A.: Dynamics of groups at work. Chicago 1954.

Titscher, S., Königswieser, R.: Entscheidungen in Unternehmen. Zur Theorie und Praxis des Umganges mit Krisen wechselseitiger Abhängigkeit. Wien 1985.

Titscher, S.: Intervention – Zu Theorie und Techniken der Einmischung. In: **Hofmann, M. [Hrsg.]**: Theorie und Praxis der Unternehmensberatung – Bestandsaufnahme und Entwicklungsperspektiven. Heidelberg 1991.

Titscher, S.: Gruppenforschung. In: **Gaugler, E./ Weber, W. [Hrsg.]**: Handwörterbuch des Personalwesens. Stuttgart 1992.

Tuckman, B.W.: Development sequence in small groups. In: Sbandi, P.: Gruppenpsychologie. München 1973.
Vroom, V.H. & Yetton, Ph.W.: Leadership and decision making. Pittsburgh 1973.
Warhanek, Ch./Simsa, R.: Trainer-Paar mit Männergruppe – Erfahrungen und Deutungen psychodynamischer Effekte. Ers. in: ZS Gruppendynamik, Heft 1/ 1997 (Leske & Budrich).
Watzlawick/Beavin/Jackson: Menschliche Kommunikation. Formen, Störungen, Paradoxien. Bern/Stuttgart 1969.
Weber, M.: Wirtschaft und Gesellschaft. Tübingen 1972.
Wellhöfer, P.R.: Gruppendynamik und soziales Lernen. Theorie und Praxis der Arbeit mit Gruppen. Stuttgart 1993.
Welschler, I.R., Massarik, F. & Tannenbaum, R.: The self in process: a sensitivity training emphasis. In: **Welschler, I.R. & Schein, E.H. (ed):** Issues in human relations training. Washington 1962.
Welschler, I.R. & Schein, E.H. (ed): Issues in human relations training. Washington 1962.
Willke, H.: Elemente einer Systemtheorie der Gruppe: Umweltbezug und Prozeßsteuerung. In: Soziale Welt, Göttingen 1978, S. 343 ff.
Wimmer, R.: Organisationsberatung – eine Wachstumsbranche ohne professionelles Selbstverständnis. In: **Hofmann, M. [Hrsg.]:** Theorie und Praxis der Unternehmensberatung – Bestandsaufnahme und Entwicklungsperspektiven. Heidelberg 1991.
Yablonsky, L.: Psychodrama – Die Lösung emotionaler Probleme durch das Rollenspiel. Stuttgart 1978.

12 Stichwortverzeichnis

A

B

F

G

O

P

T

U

V

W

Z